# 编 委 会

# 汉语文化国际传播实践 与推进策略研究

## CHINESE

主　编◎张德瑞　　孔雪梅

副主编◎贾　涵

暨南大学出版社
JINAN UNIVERSITY PRESS

中国·广州

图书在版编目（CIP）数据

汉语文化国际传播实践与推进策略研究/张德瑞，孔雪梅主编；贾涵副主编. —广州：暨南大学出版社，2017.5
ISBN 978 - 7 - 5668 - 2032 - 7

Ⅰ.①汉…　Ⅱ.①张…　②孔…　③贾…　Ⅲ.①汉语—文化语言学—传播学—研究　Ⅳ.①H1 - 05

中国版本图书馆 CIP 数据核字（2017）第 002027 号

汉语文化国际传播实践与推进策略研究
HANYU WENHUA GUOJI CHUANBO SHIJIAN YU TUIJIN CELUE YANJIU
主　编：张德瑞　孔雪梅　副主编：贾　涵

- - - - - - - - - - - - - - - - - - - - - - - - - - - - - - - - - - - - - - - - - - - - -

出 版 人：徐义雄
责任编辑：姚晓莉
责任校对：黄志波
责任印制：汤慧君　周一丹

出版发行：暨南大学出版社（510630）
电　　话：总编室（8620）85221601
　　　　　营销部（8620）85225284　85228291　85228292（邮购）
传　　真：（8620）85221583（办公室）　85223774（营销部）
网　　址：http：//www. jnupress. com　http：//press. jnu. edu. cn
排　　版：广州市天河星辰文化发展部照排中心
印　　刷：佛山市浩文彩色印刷有限公司
开　　本：787mm×1092mm　1/16
印　　张：11. 25
字　　数：213 千
版　　次：2017 年 5 月第 1 版
印　　次：2017 年 5 月第 1 次
定　　价：38. 00 元

（暨大版图书如有印装质量问题，请与出版社总编室联系调换）

# 序　言

　　一个时期以来，我一直关注语言传播现象。语言传播的情况非常复杂，有自然的传播，如英语中的 tea（茶）、kungfu（武术）、fengshui（风水）、hongbao（红包）等，显然是跟汉语接触的产物。不同时期的汉语文化传播有自己的特点。自改革开放以来，我国在各个领域都有快速的发展，随着综合国力的不断提升，政治、经济、文化等各个领域的国际交往与合作不断发展，汉语文化国际传播事业迅速发展，汉语文化的向外传播出现了新的情况，有关汉语文化国际传播的研究也方兴未艾，无论是研究领域还是研究视角都在不断扩大和更新。有的从国际汉语教学、文化传播学、汉语文化传播历史等领域进行宏观研究，有的则从汉语本体的各个方面，从传统与现代的各种文化现象等方面进行微观的描写和分析，更有人基于助力"一带一路"建设而从不同层面、不同角度探索与汉语文化国际传播的关系。正是在这样的背景下，北京市语言文字工作委员会专门立项，委托北京华文学院汉语言文化传播中心，就汉语文化国际传播实践与推进策略进行专题研究。

　　历时一年，几位作者共同努力，完成《汉语文化国际传播实践与推进策略研究》一书。我在此向他们表示祝贺。我和本书作者同事几年，他们既是对外汉语教师和研究人员，也是汉语文化的学习者、传播者，亲历着或者研究过汉语文化在不同国家、不同民族间传播的真实过程，对于汉语文化国际传播的认识有独到的眼光和视角。作者从汉语文化国际传播的实践和政策层面对诸多研究成果进行了总结：在理论方面，从语言学、传播学等角度入手，阐释了汉语文化国际传播的内涵、传播历史、传播价值和理论基础；在实践方面，纵向梳理汉语文化海外传播历史脉络，横向对比中外语言文化传播经验，结合汉语文化国际传播的实践分析利弊，发现问题，进行对策分析，给出了不少切实可行的、有说服力的应对策略。这给进一步研究汉语文化国际传播带来很大启发，也可作为进一步推进传播策略的参考和指南。

由于汉语文化国际传播涉及的范围广，问题多，实践和相关研究日新月异，现在取得的是阶段性成果，还需要在更长时间内进一步梳理、认识和探索，其对策也还需要实践的检验，书中的一些认识还有一些值得讨论的地方。希望这本书的出版为汉语文化国际传播的系统研究打下基础，我由衷地期待作者有更多更好的成果面世。

受主编之托，在本书即将付梓之际，聊作数语。是为序。

郭　熙

丙申冬月于九一斋

# 前　言

　　《汉语文化国际传播实践与推进策略研究》一书，是本人主持的北京市语言文字工作委员会（以下简称"北京市语委"）委托项目之结题成果。北京华文学院作为北京市语委的研究基地，2014 年接受其委托承担了这一课题的研究任务。当时我因负责研究基地工作，就受命主持该课题的研究工作。有关本课题研究的各项具体工作，都是由以下言及的七位同事承担的，研究经费的使用分配，当然也是在她们七人中进行的。按照撰写的顺序，各章节的具体分工如下：[①]

　　第一章由付秋雨女士执笔。本章对汉语文化国际传播的内涵进行界定，全面梳理汉语文化国际传播的历史概况，阐明传播动因与条件，从政治、文化、经济三方面对汉语文化国际传播的价值进行评估。

　　第二章由邱丽媛女士执笔。本章阐明了汉语文化国际传播的理论基础。汉语文化国际传播的语言学基础即普通语言学、汉语语言学与文化语言学基础；基于传播要素与原则作出分析的传播学基础；基于交际环境的跨文化交际学基础以及教育学与教育心理学基础。

　　第三章由姜向荣女士执笔。本章从实践方面阐释目的语与非目的语环境下汉语文化国际传播的主体、形式、特点，以及依托传播、自然传播、合作传播三种模式，最后以澳大利亚、泰国个案为例进行实践性分析。

　　第四章由王琳女士执笔。本章以英国英语推广机制及成功经验为例，阐明汉语国际地位的提高、我国"一带一路"战略框架的构建已形成对汉语文化国际传播极为有利的国际环境与发展契机，并基于决策与组织者、施教与受教者以及传播媒介视角对汉语文化国际传播的有利因素进行全面分析。

　　第五章由张锦玉女士执笔。本章从当前汉语文化国际传播的语言环境

---

　　① 下述本书编者付秋雨、邱丽媛、姜向荣、王琳、张锦玉、孔雪梅、贾涵均为北京华文学院在职教师。

与背景入手，重点分析汉语的国际地位与目前所面临的挑战，从汉语文化国际传播宏观主客体即政府决策层面，微观主客体即教师与学习者，以及传播媒介即教材、教法三方面，全面梳理了当今汉语文化国际传播过程中所存在的问题。

第六章由孔雪梅女士和贾涵女士共同执笔。本章针对前面章节中所发现的问题进行对策分析，从宏观主客体与微观主客体优化策略等多方面入手，提出国家的语言和文化推广政策与措施作为公共外交的重要组成部分，对国家总体战略布局有着重大影响。今后仍需从增强国家"硬实力"出发，体现尊重，寻求认同，处理好语言文化建设内外关系，整合海外汉语推广资源，加强"三教"建设，加强管理体制改革，提高推广机构自我运转能力，从根本上帮助海外汉语言文化推广机构向着健康、良性循环的方向发展。

作为北京市语委研究基地——北京华文学院汉语言文化传播中心的工作人员，付秋雨女士承担了本课题的前期论证初稿的起草工作，特别是在经费预算方面，经过与课题发布方多次沟通才得以确定；贾涵女士负责了本课题结题报告论证的初稿写作工作，与各位作者日常联系和研究进度的催促工作，特别是在后期课题经费报销方面，她与各位作者进行了大量非常琐碎的但必需的研究经费计算和分配工作；孔雪梅女士除承担了部分章节的撰写工作外，还负责了全书文稿的审核与润色工作；北京市语委贺宏志处长，作为语言文化方面的著名专家，无偿地指导了本课题的申报与结题工作；北京华文学院原副院长、暨南大学华文学院博士生导师郭熙教授，在百忙之中拨冗为本书作序。"得众君所助，青云如闲步"，在此，我作为这一项目的负责人，对上述各位女士与先生作出的贡献表示诚挚的感谢，并期待在未来能够有更多的交流与合作！

张德瑞<br>丁酉仲春于京华

# 目　录

### 第一章

## 汉语文化国际传播的内涵与价值评估

## 第二章

# 汉语文化国际传播的理论基础

## 第三章

# 汉语文化国际传播的主体、 形式、 模式及个案研究

## 第四章

# 汉语文化国际传播中的优势及有利因素分析

## 第五章

# 汉语文化国际传播中的问题分析

第六章

# 汉语文化国际传播优化策略分析

## 第一章

# 汉语文化国际传播的内涵与价值评估

## 第一节　汉语文化国际传播的内涵

### 一、　语言传播的内涵

目前，对于如何定义语言传播，学术界还没有形成共识。从社会语言学的角度来看，所谓语言传播，通常是指一种语言的使用区域的扩大。社会语言学通常把语言传播分为两类，一是自然传播，一是对某种语言有意识的传播，无论是前者还是后者，其结果都是一样的，即强势语言的使用范围不断扩大，而这同时也意味着弱势语言的使用范围在缩小。（郭熙，2006）李宇明认为："语言传播，指 A 民族（包括部族）的语言被 B 民族（包括部族）学习使用，从而使 A 民族（语言领属者）的语言传播到 B 民族（语言接纳者）。"① 从社会实践这一角度来理解语言传播，虽然不够全面，但也大致概括了语言传播的基本内涵。

语言传播是亘古普存之现象，是民族间接触、交流乃至碰撞的方式之一，也是民族间接触、交流乃至碰撞的先导与结果。语言在传播中发展或蜕变，社会在语言传播中争斗与进步。国家是现代社会的重要实体，若引入国家的概念，会看到语言传播也在国家间进行。语言在多民族的国家内传播，与国际传播有同有异。语言传播研究，需区分国内传播与国际传播，分而研究寻特点，合而研究看共性，本书所研究的汉语文化国际传播是指汉语文化的国际传播。

国际上关于语言传播的研究基本上围绕两条线索展开：一条是在"语

---

① 李宇明．探索语言传播规律//北京外国语大学国际汉语教学信息中心．国际汉语教学动态与研究：第 3 辑．北京：外语教学与研究出版社，2007：2.

言扩散"（language spread）的意义上探讨语言传播的过程、规律及结果；（Gumperz，1962；Fish-man，1991；Ferguson，1993；Nichols，1997，2008）另一条是在"语言交际"（linguistic communication）的意义上将语言传播置于人际面对面互动的框架下考察语言在社会互动中的功能和作用。（Mead，1972；Goffman，1974；Blumer，1986）前一条线索旨在探讨语言在地理上的扩散结果，即一定的语言从甲地扩散到乙地，是否完全替代了乙地原先通行的语言，或两种语言仅仅并存于一定的社会场域，或两种语言以社会语体的有序分布，流行于不同的社会群体，适用于不同类型的社会活动。后一条线索旨在考察社会成员如何在日常生活的互动过程中以语言建构出对话的意义世界，并通过对话者内在经验的语言外化过程实现对话者相互间经验和意义的共享，由此透视社会结构、社会过程的成立条件。这两条线索并非完全平行，而是相互影响，使得语言传播呈现出非常复杂的状态。卢德平认为："语言扩散"以日常生活中的"语言交际"为最高目标，使之构成语言传播的最终形态，但在母语之外，一种外部植入的语言变体如要实现这一传播目标，在传播策略上则不可回避其"殖民"或"霸权"模式，从而在语言传播过程中卷入除语言外的政治、经济、文化因素。即使就日常生活中的语言交际而言，语言已经成为社会生活的内在组成部分，构成进入对话和交际的社会成员展示其主体人格、分享彼此经验和情感的社会行动过程本身，而不是服务于其他目的的工具。（卢德平，2016）

## 二、　语言文化传播的内涵

语言传播是通过语言学习来实现的，多数是通过第二语言学习（当然也包括第 N 语言学习）来实现的。语言传播不仅仅是语言的推广和传播，更重要的是以语言为载体，传播文化和价值观，使本国文化在世界多元文化格局中占据更重要的地位，借以提高国家的国际地位和影响力。（曹叠峰，2014）语言是文化的重要载体，文化对语言有制约作用。自 20 世纪初美国的鲍阿斯和萨丕尔的语言学理论问世以来，人类语言学家都强调语言的社会属性，认为语言和它的社会环境是分不开的，因此必须把语言学看作一门社会科学，把语言置于社会文化的大环境中研究。人类语言学的研究传统引发了文化语言学的出现和兴起。从文化的角度来考察语言的交际过程，语言学家们发现人们的语言交际过程不仅涉及语言系统，而且涉及同语言系统紧密关联并赖以生存的文化系统。语言和文化是同步发生的，没有语言就没有文化。语言是文化形成和发展的前提，文化的发展也促进了语言的丰富和发展。有了语言，人类就有了文化。人类的语言是人类社会文化中的语言，它与人类社会、人类的文化有着密切的关系。语言承载着文化，同时语言亦为广义文化的一个重要组成部分。[①]

任何一种语言符号系统都能够将语言共同体的各种情境化的实践经验类型化、范畴化，并形成语言的语义场系统，从而在传播语言符号体系的时候，同步传播相关的语义场系统。从这个意义上说，掌握了一门语言就相当于掌握了一种文化，掌握了一个社会共同体的经验系统。文化最重要的载体是语言，一方面，语言本身是构成文化的要素之一；另一方面，文化的其他要素都必须由语言来传达，从而得到演进和发展。作为文化的一部分和文化传播的媒介，语言具有双重性质，这种双重性质决定了两者不可分割。法国著名思想家和符号学家罗兰·巴特说："无论从哪方面看，文化都离不开语言。"[②] 美国学者塞缪尔·亨廷顿也指出："任何文化或文明的主要因素都是语言和宗教。"

因此，很多国家都非常重视语言传播和推广，将其纳入国家层面的发展战略，甚至通过专门的法案，组建专门的机构，不遗余力地从国家财政层面对其进行保障。英国文化委员会、德国的歌德学院、法国的法语联盟、西班牙的塞万提斯学院经过多则百余年，少则几十年的发展，在保护本民族语言安全，推广本国文化和主流价值观等方面发挥了重要作用。（曹叠峰，2014）

### 三、 汉语文化国际传播的内涵

目前汉语文化国际传播这一概念具有多声部的特点，不同的行动主体都在参与其内涵的建构，表达着自身的立场，而各种声音和立场产生的回声，使得汉语文化国际传播这一概念被多重映射之后不仅产生了内涵的歧义、界定的困难，而且最关键的是，许多以汉语文化国际传播名义阐释的现象已经远远超出了汉语文化国际传播的范畴，甚至超出了一般传播的范畴。在此情况下，汉语文化国际传播无论是概念还是行动，均存在真相和假象叠加的问题。（卢德平，2016）中国目前所推行的汉语文化国际传播实质上是一种政府和民间合作实施的传播运动，其出发点是推介中国的传统和现状，凸显了传播主体的意志。其基本传播出发点不是传播对象需要听什么，而是传播主体想讲什么，或者说，是传播主体通过传播手段和传播过程去吸引传播对象来听。这样一种以传播主体为主导的议程设置方式，不能说不是一种有效的传播，但确实和日常社会生活中的对话性互动

---

[①] http://wenku.baidu.com/view/9c18b200cc175527072208e9.html.

[②] 罗兰·巴特. 神话——大众文化诠释. 许蔷薇，许绮玲，译. 上海：上海人民出版社，1999：126.

过程有着很大的区别。也就是说，在目前的汉语文化国际传播中，推力因素远远大于拉力因素。

从语言是一种符号系统的思考，到语言是一种面对面的人际互动实践的认识，反映了关于语言本质特性的两个认识阶段。索绪尔的语言符号学说以及维特根斯坦的前期哲学代表了前一种认识的高峰；维特根斯坦的后期哲学，奥斯汀（J. L. Austin）、塞尔（John Searle）的言语行为理论，以及米德（Herbert H. Mead）之后所形成的哲学社会学的符号互动论，则代表了后一种认识的高峰。但是，以上述任何一种认识为唯一的理论出发点来界定汉语传播概念，制定汉语文化国际传播政策，实施汉语文化国际传播行动，都不可避免地带来认识和实践的双重偏差。以前一种结构主义的语言观为汉语文化国际传播的理论基础，则必然认为汉语本身形义兼备，是自足的系统，由此认为只要将汉语这套符号系统输出到不通行汉语的地区或国家，汉语所承载的中国人的集体意识、文化记忆、社会制度、传统习俗就能同步输出，进而认为汉语文化国际传播的任务大功告成了。不可否认，这样的认识和实践存在着一定的理论合理性，即立足于汉语作为一种符号系统的理论思路，解决了汉语传播的语言符号地位问题，但无法确立汉语进入对象国日常社会生活的理论依据，也无法回答汉语文化国际传播限度的问题，以及汉语传播实践中的悬置性问题。以后一种理论思路为汉语传播的唯一理论依据，也会带来这样一些问题：日常社会生活对于交际者置身于具体的语言互动语境的现实性要求，在作为母语使用者的中国人不能大规模出现于对象国日常社会生活的条件下，对于跨越国境，且以外语状态出现的汉语文化国际传播，构成了几乎难以逾越的实践障碍，并且在理论上存在过于倚重语境变异性、缺乏对宏观背景规则有效指涉的问题。但关于语言和语言传播的后一种理论思路给我们提供了这样的重要启示：汉语文化国际传播应从传播日常社会生活的内容，包括从具体生动的语言交流者的当下现实出发，才谈得上是关于传统、历史、文化等宏观背景的历时维度的传播。关于语言和语言传播本质特性的上述两种重要理论思路的结合，意味着规则和过程、背景和现实、个体和社会的有机整合，这可能才是确立汉语文化国际传播理论基础的正确方法。（卢德平，2016）

关于汉语文化国际传播研究的主要领域，吴应辉（2010）概括为以下九个方面：①汉语文化国际传播战略研究，其中包括对中国汉语文化国际传播的总体战略、国别战略、孔子学院布局战略等方面的研究，同时还应包括各国关于自己国家汉语推广战略的研究。②汉语文化国际传播国别问题研究，包括国别教育体制、国别语言策略、国别文化与汉语文化国际传播等相关问题以及国别汉语教学需求研究。汉语文化国际传播的成功程度，主要体现在汉语进入国民教育体系的程度。③汉语文化国际传播体制、机制与科学发展研究。汉语文化国际传播是新生事物，其管理体制与这项事业的整体可持续发展密切相关，项目的运行也直接关系到具体项目的可持续发展，如孔子学院及孔子课堂的发展问题研究、汉语教学志愿者项目、公派汉语教师项目的管理机制研究等。④汉语教学的本土化问题研究。国别、语言和文化的不同决定了对汉语教材、教师和教学法的要求不同。随着不同国家汉语需求的增长，本土化汉语教材、教师及相关教学法与教学模式等领域的研究必将成为汉语文化国际传播研究的重要领域。⑤汉语文化国际传播与国家软实力建设研究。语言传播会对提升国家软实力起积极作用，但是通过什么途径、影响力如何测定等都是十分值得探讨的问题，这一领域的量化研究成果对争取国家对汉语文化国际传播事业的投入将产生积极作用。⑥汉语文化国际传播典型个案研究。⑦汉语文化国际传播有关标准研究，包括开展适合不同国家和地区的各种教学相关标准的研究，如汉语教师标准、汉语能力标准、汉语教学大纲等方面的研究。⑧汉语文化国际传播的项目评估体系研究，项目评估有利于确保项目效益，汉语文化国际传播项目众多，有必要研发相应的指标体系，用于有关项目的评估，以确保汉语文化国际传播项目的效益。⑨现代教育技术与汉语文化国际传播研究。汉语文化国际传播必须与现代教育技术紧密结合，汉语和中华文化教学的多媒体化已经非常普及，中国汉语教学技术产品的本土化、网络汉语教学等相关课题非常有研究和应用价值，将对汉语文化国际传播产生巨大的推动作用。

## 第二节　汉语文化国际传播的历史概况与传播动因

### 一、 汉语文化国际传播的历史概况

秦始皇统一中国后统一了文字，统一的文字体系在华夏文化圈各族之间的传播和使用，最终使得汉语文化传统得以历经几千年的传承。汉代确立了儒家文化的精神地位，恢复了以孔子的"圣人之道"治理国家的根本政策，使其成为中华文化对外传播的最基础的部分。从我们现在汉语文化国际传播的传播机构所采用的名称"孔子学院"也可以看出，儒家文化的确立对后代的中华文化以及西方文化都有着重要的影响。

隋唐时期，国力强盛，文化昌明，实行的"遣唐使"制度吸引了大批留学生来华学习中国的语言文化。我们把这一时期的汉语传播称作"文化吸引式"汉语传播。"遣唐使"制度为当时的汉语文化国际传播营造了极其有利的国内和国际环境，汉字传入朝鲜、日本和越南，在东亚地区形成了"汉字文化圈"。（董海樱，2011）

两宋的经济文化是当时人类最先进的，它的传播对世界人类历史起了很大的促进作用，宋朝同样大力支持对外经贸和文化传播，这对宋朝的经济和文化以及儒学的发展起到了良好的推动作用，大大促进了对外贸易的发展和经济文化的联系与交流。（吕振梁，1984）

元朝的统治者在占据了中原后，不断向西发动扩展疆域的远征，在残酷的扩疆征战途中，中华文化也随之传播，文化交流日益密切。这一时期，欧洲对中国的认识，已经不是从西亚的阿拉伯商人的传闻中得来的，而是从那些亲自到中国游历和生活过的旅行家、商人、传教士们的见闻记录中得来的。中国人熟悉的马可·波罗就是以商人的身份来华的，他在中国生活了 17 年之久（1275—1292）。宋、元时期，大航海时代的到来促进了海上贸易的兴起，丝绸之路的重要性渐渐褪去。海上贸易成为拉动汉语传播的关键因素。由于宋、元王朝对中国商人在海外拓展贸易给予积极扶持和支持，汉语通过海上丝绸之路在异域永久地扎下了根。因此，这一时期的汉语传播可称作"贸易拉动式"汉语传播。（齐涛，2011）

清朝时期，新航路开辟和新大陆被发现以后，西方迅速向海外扩张，整个世界被连成了一片，人类的文明和文化超越了地域的限制，开始了世界文化的时代。当时中国的语言文化海外传播出现了大规模、多渠道、多层次地向西方传播的特征。但是清朝末年，国力衰微，国难不断，内忧外患，汉语文化国际传播的步伐停滞不前。

通过对中国近三千年来的语言文化的国际传播进行梳理和回顾，我们对中国语言文化的传播轮廓和发展线索有了更全面的认识、理解。对于研究汉语文化国际传播的工作者来说，必须把视野放宽到历史和世界的角度去看待中国语言文化与世界其他民族文化的融合，这样才能对汉语文化国际传播的内涵有更全面和更深刻的认识。

近现代，汉语文化国际传播主要经历了两个阶段：一是新中国成立初期留学生来华的对外汉语教学阶段，这一阶段以"请进来"为主。1949 年新中国成立，中国历史翻开了新的一页，1950 年，新中国第一个对外汉语教育机构——"清华大学东欧交换生中国语文专修班"成立。此后相当长的一段时间内，对外汉语教学的主要对象是东欧、越南等国家的学生，那时汉语传播的动因主要是政治，也可以说是意识形态。（李宇明，2011）二是 20 世纪 80 年代以来的汉语文化国际传播阶段，这一阶段强调"走出去"与"请进来"相结合，这是汉语真正再次有规模地向世界传播的时期。2000 年，中共十五届五中全会通过了《中共中央关于制定国民经济和社会发展的第十个五年计划的建议》，第一次明确提出"实施'走出去'战略，努力在利用国内外两种资源、两个市场方面有新的突破"。2005 年，中共十六届五中全会通过《中共中央关于制定国民经济和社会发展的第十一个五年计划的建议》，再次明确"积极拓展国际文化市场，推进中华文化走向世界"。2011年，《中共中央关于深化文化体制改革推动社会主义文化大发展大繁荣若干重大问题的决定》中提到："创新对外宣传的方式方法，增强国际话语权。"2013年12月，习近平总书记在中央政治局第十二次集体学习时指出："创新人文交流方式，综合运用大众传播、群体传播、人际传播等多种方式展示中华文化魅力"，"着力推进国际传播能力建设"。2014年5月，刘奇葆在《大力推动中华文化走向世界》的讲话中再次提出："推动中华文化走出去要把内容建设放在第一位，突出思想内涵和价值观念。要积极传播当代中国价值观念，充分展示优秀传统文化的独特魅力，让国外民众触摸中华文化脉搏，感知当代中国发展活力，使中国的形象在世界上不断树立和闪亮起来。要多措并举、多方发力，广泛开展对外文化交流与传播，加强国际传播能力和对外话语体系建设，大力发展对外文化贸易与投资，加大政策扶持力度，综合运用大众传播、群体传播、人际传播方式，着力构建全方位、多层次、宽领域的文化走出去格局，不断增强中华文化的国际影响力。"[1] 由此可见，中国的跨文化交流已从"走出去"的外宣概念逐步向国际传播能力建设转型发展，由政府主导向鼓励走市场化道路转型。

## 二、 汉语文化国际传播的动因和条件

某个民族的语言向另一民族、另一地区的传播，是被某种力量推动着的。（王建勤，2016）语言往往不是通过语言本身来传播的，而是以宗教、文化、贸易等因素为依托，并通过这些因素的拉动而广泛传播，不同的传播方式反映不同的拉动因素。语言传播的条件和动因是复杂的，不同时代不同语言的传播，有着不同的动因。有的是单一动因起作用，多数情况下是多种动因复合起作用。（张西平，2016）有些语言是通过军事或者殖民和移民来实现传播的，例如早期的英语就是伴随着英国殖民者强大的军事侵略和殖民扩张而向全世界传播的；有些语言是通过宗教来实现传播的，例如阿拉伯语随着阿拉伯帝国的扩张和伊斯兰教的传播不断向外传播。语言传播的条件和动因会因历史条件的变化而发生各种变化，如不同动因作用强弱的变化，动因的增减变换等。18世纪中叶，为配合早期殖民扩张的基本外交政策，英国曾把掌握英语看作"教化属地内有色人种最重要的方式"；"二战"后，旧的殖民体系被打破，英国改以"文化交流""援助"等比较间接、隐蔽的方式来推广英语。

---

[1] http://www.gov.cn/xinwen/2014-05/15/content_2680431.htm.

　　各国语言推广机构都将本国语言文化传播作为宗旨和核心任务。从更广视域和更深层面看，各语言推广机构均服从、服务于特定历史阶段的国家利益和整体外交政策，并且推广的方式方法随之不断发展变化。各国语言推广机构发展到今天，虽然宗旨和核心任务大致相同，但由于各国在国情、历史、经济、社会和文化等方面各不相同，他们的组织管理各具特色，推广的手段和方法也各不相同。近半个世纪以来，随着世界交往和人口流动以级数的形式增频加速，语言传播在传播规模、传播速度、传播方式和种类等各个方面都显示出了新的特点和动因。汉语文化国际传播虽然存在着一般语言传播的规律性特征，但又不同于母语共同体内部的语言传播，更多体现出跨民族、跨国界的跨文化传播的典型特征。（李宇明，2011）

　　历史上汉语传播的动因主要是文化和移民，例如上文提到的汉语自汉唐以来向朝鲜半岛和日本的传播，形成了影响至今的东洋汉学。历史悠久的汉文化，特别是汉唐文明，对周边国家产生了很大的吸引力，他们纷纷学习汉语和汉字，用汉字记录他们的语言文化，或者通过借鉴汉字、演绎汉字来创制本民族文字。明代以后，通过传教士和旅行者，汉语传到西洋，形成了至今犹存的西洋汉学。西洋汉学的形成，主要是由于西方对中华文化的兴趣。继利玛窦之后，许多传教士来到东方传教，马可·波罗等旅行家及一些商人也来到中国，他们把汉语和汉文化传到了西方。南洋华语的形成主要是移民因素。当年，华侨背井离乡，辗转来到南洋各地，在当地扎下了根，还有一些华侨则走得更远。不管是老移民还是新移民，他们都是把汉语带向世界各地的一支力量。汉语伴随着劳工和移民漂洋过海传播到东南亚，形成当今东南亚华人的华语。今天世界上许多地方都有唐人街，唐人街上的汉语，也是移民动因形成的。

　　当代，汉语真正再次有规模地向世界传播，是20世纪80年代以来，特别是2005年首届世界汉语大会召开之后。这一时期的汉语文化国际传播动因中，包含文化动因和移民动因，但最主要的动因应该是经济。（李宇明，2011）近些年，中国经济稳步发展，国民生产总值已经排名世界第二，而且发展前途非常乐观，是"金砖五国"之一。对个人来说，越来越多的人相信，掌握了汉语可以为自己谋一份有前景的职业，方便与中国人做生意，进行贸易往来。很多国家关于学习汉语的宣传就是掌握了汉语就能够得到经济发展带来的好处。如果这个判断正确的话，那么就应当充分利用经济因素去推动汉语传播。比如：在汉语传播的对外宣传上，应以"汉语学习的经济价值"作为基本口径；在海外办学机构的设置上，应当充分考虑受中国经济影响较大的区域，应当更多地听取我国经济部门的意见；在国内办学上，与中国经济发展关系密切的专业，应该较多介入，提供宏观策划和课程、师资等方面的具体援助；在课程设置上，除了语言课程之外，应当充分向学生介绍现代中国，特别注意培养学生从事涉华工作的能力，甚至是培养学生在中国工作的能力；中国各有关企事业单位，在推荐吸纳人才时，应当尽量为海外的汉语学习者提供工作机会，让他们学好汉语以后，有可能谋到一份职业，甚至是较好的职业，从而给汉语学习更大的推力。

当然，当下汉语传播还有文化动因和其他动因，在注重经济动因的同时，也要兼顾不同国家、不同学生的其他学习动机，比如对于华裔华侨子弟来说，中华文化是华侨子弟的"母文化"，学习母文化是其"族裔义务"；对于日、韩、越等国的学习者来说，在注意经济动因之时也要重视文化动因，因为自古以来中华文化就通融到了日、韩、越等国的文化中，学习汉语和中华文化对于理解他们自身的文化具有重要意义。

## 第三节　汉语文化国际传播的价值评估

语言不仅是人类用于表达思想、陈述事实的方式，而且直接反映了人类的价值取向和认识态度。汉语文化国际传播作为一种表达形式，毫无疑问地传递着丰富的命题态度和价值含义。语言本身并不产生价值，但是语言使用具有选择性，从而体现了该种语言的政治、经济和文化等方面的价值。增加汉语的传播价值为第一要事，比如：利用丰厚的文化资源和发展中的科技、教育，增加汉语的文化价值；利用产品进出口等经贸往来、国内外旅游业的拓展、在我国举办的大型会议及活动等，增加汉语的经济价值；利用我国在世界组织中的地位和与世界各国各区域的各种合作，增加汉语的外交价值。（张西平，2009）语言传播的价值体现在传达信息和获取信息方面，语言蕴含着一个民族的文化和智慧，具有深厚的文化价值，随着经济社会的迅猛发展，语言与经济的关系越来越密切，语言服务于经济的发展，实现了使用者的经济利益，体现了语言在经济方面的价值。

### 一、　汉语文化国际传播的政治价值评估

党的十八大报告中提出了"推动建设持久和平、共同繁荣的和谐世界"的理念，这是当前我国外交政策的指导方针，既符合我国传统文化的和谐思想，也符合维护世界多样化的国际化发展趋势。汉语文化国际传播作为国家的发展战略，具有传播中华文化的优势，具备推广"和谐世界"理念、实现世界多元文化和谐发展的有利条件。汉语文化国际传播向世界传播"和谐"是中国政府和人民的一项伟大而长远的事业。我国应该以当

前全球"汉语热"为契机，加强汉语文化国际传播，通过在世界范围内普及承载着中国和谐观念、价值和思维方式的语言文化，促使世界各国及其广大人民理解并接受中国在治国、外交等方面的理念，从而为促进和谐世界的构建做出应有的贡献。（董于雯，2013）

语言文化传播已成为各国提升自身文化软实力及开展公共外交的重要途径。公共外交是一个国家在国际社会确立正当性和认同度的一项重要战略。其目的是增强外国民众对本国的认可度及美誉度，树立正面的国家形象，提高本国在国际公众中的认同度，进而增强该国在国际社会的软实力。作为一种新型外交方式，与传统的政治干预、经济或军事制裁等强硬的外交手段相比，公共外交借助信息交流、文化传播等柔性手段来提升国家形象、实现国家利益，受到世界各国政府的高度重视，并逐步发展成为各国实现外交目标的战略手段及国家外交政策的重要组成部分。公共外交注重通过文化、教育、体育、媒体等交流方式，与外国民众建立起沟通和交流的渠道，并影响外国公众对本国的态度，以争取其对本国的了解、理解和好感，进而通过这种民意影响该国政府外交决策的制定朝着有利于本国的方向发展。（赵启正，2012）在英、法、德、日等国的公共外交举措中，一项核心内容就是推广本国语言，以及附于其上的文化和价值观。通过语言文化的传播，并辐射到政治、经济、教育、人文、传媒、科技、体育、军事等多个领域，促进外国公众对本国历史、文化、政治、社会、价值体系和内外政策等方面的了解，培养好感。汉语文化国际传播具有典型的公共外交属性，与公共外交的"沟通、对话、信任、和谐"的理念相契合，已经成为中国公共外交的重要实践方式之一。在进行汉语文化国际传播的过程中，应以公共外交相关理论作为指导，继续以双向交流、平等对话的态度进行汉语及中华文化的传播。通过这种缓和的、富有亲和力的推广方式，能够进一步增强与国外公众的互动、交流及沟通效果，促进其更客观、更全面地了解中国，逐渐获得理解与信任，消除误解及误判，进而达到提升自身美誉度、改善国际舆论环境、塑造国家正面形象的目标。（吴建民，2012）

汉语文化国际传播能够以缓和友好的方式化解各国民众对中国崛起所产生的担忧及恐慌，否定"中国威胁论"等不实言论，从而营造积极有利的中国和平发展的外部环境。随着近年来中国在经济、军事、科技等领域的腾飞，一些国家难免产生担忧情绪，"国强必霸""国盛必侵"等论调依然存在，强国担心自身的世界领导权受到中国的挑战，弱国担心自身的国家安全受到中国的威胁。因此，这种猜忌的态度逐渐转化为对中国的各种偏见，使得这些国家忽略了中国谋求合作与发展的诚意与愿望，一些国家开始从经济、军事、文化等各方面对中国横加指责，对中国的文化软实力发展抱有很深的成见。如诋毁中国的汉语文化国际传播及文化传播活动，指责其是在进行文化侵略及价值观输出，将中华文化与他国文化之间正常的相互交流看作文化扩张和文化渗透。因此，作为一个崛起中的、倡导"和谐世界"理念的大国，如何应对国际社会对中国的诋毁、污蔑和攻击，已成为我国政府必须慎重对待的问题。汉语文化国际传播有助于增强国际话语权，通过其对汉语及中华文化的无形、缓慢、稳健的推广，逐渐形成中华文化的吸引力与影响力，可以在一定程度上扭转被动局面。汉语文化国际传播应该抓住中国综合国力及国际地位不断提高的有利时机，服务于国家的外交战略，更好地向世界说明中国，阐释我国的价值理念、发展道路、发展模式、外交政策等，让世界人民了解到一个更真实的中国，从而维护并巩固中国积极、正面的国家形象，有效地争取民心，获得外国民众的理解与支持，改善国际舆论环境，增强本国文化吸引力和政治影响力，更好地维护国家利益。通过加强中华文化与国外公众的交流，在世界范围内构建出中国和平崛起所必需的软实力和国际舆论环境，从而进一步增强中国的国际话语权及国际地位。（李智，2005）

在全球民主浪潮发展、信息全球化加速、国际关系领域日益强调文化因素的背景下，汉语文化国际传播把他国公众作为行为对象，并以公开的方式进行活动，这本身就显示了其对现代社会公众参与政治的重视，适应并促进了民主化进程，展现了中国开放、包容、和谐的大国形象。因此，汉语文化国际传播通过其发展过程中与别国民众的沟通与互动，在一定程度上维护了中国的国际形象，提升了中国的国际地位，对实现中国的国家利益起到了积极的促进作用。外国民众了解中国所发生的各种变化，有助于增进中国与世界各国的联系与信任，从而降低矛盾与冲突发生的可能性，更好地保障中国的国家安全。

新中国成立六十多年来，中国的综合国力迅速提升，国际地位大幅提高，但西方国家质疑、反对甚至诋毁中国的声音从未停止。中国急需借助公共外交手段积极引导国际社会客观公正地认识中国，更多地理解中国的历史文化、发展道路、治国理念、内外政策等，树立和维护我国和平、发展、合作、负责任的大国形象，从而不断增强国际话语权，确保国家发展战略和方针政策的顺利实施。语言被越来越广泛地使用，相应地会对一国的政治、经济、外交、教育等诸多领域的发展起到有效的促进作用，随之而来的则是综合国力的进一步提升，而国家实力的增强反过来也会为语言的继续推广创造更加有利的外部环境，进一步消除偏见、增进认同。

汉语文化国际传播的另一个重要的政治价值体现在它增进了我国同海外华侨华人的联系，全球华人同宗同祖、同根同源，而现在海外华侨华人为了融入当地社会，民族意识越来越淡薄，我们与华侨华人有着割舍不断的血脉联系，汉语文化国际传播有利于加深华侨华人对中华民族的认同感，维护国家和平统一。

语言文化传播能够消除误解，促进各民族和地区之间的理解和交流，进而增进中国与世界各地区和各民族之间的感情。通过汉语文化的传播，让世界人民了解中国，了解中国的文化及中国的各项方针、政策等，从而营造更好的国际氛围，促进经济发展，维护中国的国家利益，不但在国外公众中树立良好的大国形象，也创造出有利于自身发展的国际环境，中和他国敌意，建立互信互谅，有效防止各种危机的产生，从而促进国家利益的实现。

## 二、 汉语文化国际传播的文化价值评估

语言是文化的载体，两者相互依存、密不可分。因此，传播民族语言就是传播民族文化，语言文化传播是增强文化竞争力的重要手段。汉语文化国际传播不仅影响语言本身的发展，它所带来的文化传播价值更为人们所关注。美国哈佛大学教授、国防部前部长助理约瑟夫·奈（Joseph Nye）于1990年在一系列论著中概括出"软实力"（soft power）这一概念[1]，"软实力"这一概念被提出后，语言文化的传播和交流作为"文化软实力"的一个重要组成部分受到社会广泛关注和讨论。很多国家高度重视和大力支持本国文化的发展传播，把提高文化软实力作为本国重要的发展战略。按照约瑟夫·奈的观点，一个国家的综合国力既包括由经济、科技、军事实力等表现出来的硬实力，也包括由意识形态和文化吸引力等体现出来的软实力，软实力集中归纳为文化影响力、意识形态影响力、制度安排上的影响力和外交事务中的影响力。

在当今全球化背景下，文化与政治、经济相互交融，在综合国力竞争中的地位和作用日渐突出，文化深深地熔铸在民族的生命力、凝聚力和创造力当中，显示出强大的精神力量。在文化的交流过程中，各个国家都试图通过提升文化软实力而获得更多的国家利益，一个国家文化软实力的强弱，取决于该国在国际社会所获得的文化认同感和影响力的大小，一个国家、一个民族的文化传播能力是体现国家整体实力和民族精神的重要标志之一。能否抓住机遇、主动出击，传播自己的文化，既是民族文化发展与推进战略的必然选择，也是一个国家通过其优秀文化展示自身文明成果的重要机会。因此，当今世界各国，无不注意其民族文化的传播，努力开拓

---

① 约瑟夫·奈. 软力量——世界政坛成功之道. 吴晓辉，钱程，译. 北京：东方出版社，2005.

和丰富其文化传播途径。(张西平,2007)

世界上很多国家尤其是发达国家都高度重视文化因素在实现国家公共外交战略及提升国家软实力方面的影响力。有的甚至把推广本国语言和文化列入国家的外交政策和文化政策之中,如法国主要语言推广机构——法语联盟在语言推广中将文化作为最主要的语言推广特征,其主要宗旨是传播法语,弘扬法国文化,并在 138 个国家设立了 1 140 余个分支机构;英国文化委员会目前在全球有 230 个分支机构和 138 个教学中心,其宗旨是推广对外英语教学,增进外国对英国文化的了解,推广英国的价值观念;德国的歌德学院在 76 个国家设立了分校,是德国最大的德语传播和推广机构,其宗旨与目标是促进国外的德语语言教学,增进与各国的文化交流。

近年来,我国政治、经济、社会发展面临愈演愈烈的国际竞争及前所未有的挑战,越过文化障碍,加强汉语文化国际传播,提升中华文化软实力是时代赋予当代中国人的一个重大命题。中国在经历了公共外交的不断探索之后,也逐渐体会到其重要性。在当前全球化发展的背景下,语言推广与文化传播相互渗透,已成为不可阻挡的发展趋势。随着我国综合国力的不断提升,汉语文化国际传播面临着难得的发展机遇,同时由于西方强势文化的入侵,汉语文化国际传播也面临着严重的挑战。为满足世界人民学习汉语的需求,增进世界人民对中华文化的了解,提升中国的国家形象,增进世界各国(地区)人民对中国语言文化的了解,加强中国与世界各国的教育文化交流合作,发展中国与外国的友好关系,促进世界多元文化发展,构建和谐世界,我国在借鉴欧洲国家推广本民族语言经验的基础上,从 2004 年开始便逐步在海外设立以教授汉语和传播中华文化为宗旨的非营利性教育机构——"孔子学院"。经过十多年的发展,孔子学院已经成为世界各国(地区)人民学习汉语言文化、了解当代中国的重要场所,并已经成为欧洲汉语言推广体系中的重要组成部分,在中国对外文化战略中扮演着越来越重要的角色。孔子学院在推广过程中,充分利用了文化传播的渠道和机会,在官方和民间都营造了良好的交流环境,在鼓励"走出去"和"引进来"的过程中,提高了国际影响力,在全球范围内产生了深远的影响。(张西平,2007)孔子学院在短期内取得的成绩,当然值得我们称赞和骄傲,但是与德国的歌德学院、法国的法语联盟、西班牙的塞万提斯学院和英国的英国文化委员会相比,我们的孔子学院还不够成熟和稳健,我们应当吸取他们的发展经验。

汉语文化国际传播不仅是国家文化软实力的核心组成部分和重要表现,也是提升文化软实力的有效工具。汉语文化"传播力"的提升是一个国家"软实力"的重要体现,① 汉语文化国际传播有助于增强国家文化软实力。中央多次提出"进行国家软实力建设"及"提升中华文化软实力"等战略命题。中华文化源远流长,在世界四大文明古国中,中国五千年的文化一直延绵传承着,中国是唯一没有发生文化断层的国家。而汉语作为承载中华文化最重要的要素和载体,是中华五千年文化最核心的向心力。因此,伴随着中华文化的悠久历史,汉语的历史也源远流长,中国的文化虽然经历了兴衰荣辱,却没有发生文化断层的主要原因或者说伟大之处就在于其始终能够一方面打破内向、封闭的状态,敞开怀抱接受新的文化;另一方面又不断地进行新的文化融合,而经融合后形成的文化又对原有的汉语文化进行着新陈代谢。汉语正是通过传播中不断的文化融合,为世界文化交流做出了杰出贡献。

汉语文化国际传播的文化价值还体现在它能够激发民族的文化认同意识,促进对本民族文化的群体认同,提高民族文化的辐射力和影响力,从而提高民族凝聚力。语言是通向文化核心的钥匙,它能够保持国家和民族的身份,具有强烈的象征性,是一种具有凝聚力的符号。通过提高中华文化的影响力来提升民族文化的自信,是国家"软实力"的另一项核心内容。文化自信也是文化传播的基础,对中华文化核心价值理念的传承与弘扬,有利于树立良好的中国国际形象。②

相比政治、经济和军事等因素具体而形象的特点,语言文化因素往往隐含在人的行为背后,沉淀成一种精神存在。汉语文化国际传播以一种缓和的、间接的方式赢得了本国文化在另一国的认同与美誉。回顾中国改革开放以来走过的历程,虽然中国的国际地位及影响力不断提升,但国际社会特别是西方国家对中国的误解、歪曲乃至抹黑的现象依然存在,从"中国威胁论"到"中国崩溃论"再到"中国傲慢论"等,甚至把"国强必霸"的标签都往中国身上贴,极大地损害了中国的国际形象。(吴思科,2011)全球化在带来了更多的文化交流和文化互动的同时也增加了不同文化之间的共识,增加了它们的共性,使得多元文化之间的融合出现了更多的可能,为文化融合的实现提供了更多的路径并加深了融合的程度。"文化融合"主张"和而不同",融合不等同于同化,通过文化融合和交流使各民族之间的文化更为多元化,更加富有活力和生命力。在当前全球化日益发展的时期,各国对文化多元化发展基本达成了共识。全球化发展也带来了现代交通工具和通信工具突飞猛进的发展,国家、民族之间的往来越来越频繁和密切,各国、各民族之间的文化交流,无论是从其规模和广泛

---

① http://wenku.baidu.com/view/8822571d964bcf84b9d57b70.html.

② 刘晓天.提升语言软实力,推动汉语国际传播.光明日报,2012 - 02 - 13.

性来说，还是从其基本态势和发展水平来说，也都日趋深入。各民族之间的相互沟通、相互了解，各文化之间的相互渗透、相互融合，使作为整体的人类有了更多的共同语言，有了共同的价值基础，因而文化的普适性和融合性更为突出。通过汉语文化国际传播来实现中华文化强国的诉求，进而弥补一个大国文化软实力的缺陷，是和平发展的当务之急。只有对此有充分的认识，才能使汉语文化国际传播具有更加广阔的发展空间，使之为我国的和平发展做出应有的贡献。

　　在当今的汉语文化国际传播中，我们在传播语言的同时，也必然传播着中华文化，但传播的中华文化并不只是中国的传统文化，我们必须思考清楚，什么样的中华文化既能代表中国传统文化的精髓，又能体现出当代中国的核心价值观和真正的软实力。作为一个有几千年传统文化的国家，传统文化对汉语传播的作用举足轻重。中华优秀传统文化是中华民族的"根"和"魂"。习近平总书记高度重视中华优秀传统文化，并将其作为治国理政的重要思想文化资源。他反复强调，中华优秀传统文化是中华民族的突出优势，中华民族的伟大复兴需要以中华文化的发展繁荣为条件，必须结合新的时代条件传承和弘扬好中华优秀传统文化，对传统文化进行创造性转化、创新性发展。① 传承和弘扬中华优秀传统文化，并不意味着故步自封，闭上眼睛不看世界。中华民族是一个兼容并蓄、海纳百川的民族，在漫长的历史进程中，不断学习他人的好东西，把他人的好东西转化成自己的东西，这才形成了我们的民族特色。要坚持从本国本民族实际出发，坚持取长补短、择善而从，讲求兼收并蓄，在不断汲取各种文明养分中丰富和发展中华文化。弘扬中华优秀传统文化，要处理好继承和创造性发展的关系，实现中华文化的创造性转化和创新性发展。创造性转化，就是要按照时代特点和要求，对那些至今仍有借鉴价值的内涵和陈旧的表现形式加以改造，赋予其新的时代内涵和现代表达形式，激活其生命力。创新性发展，就是要按照时代的新进步、新进展，对中华优秀传统文化的内涵加以补充、拓展、完善，增强其影响力和感召力。国际社会对我们的误解不少，"中国威胁论""中国崩溃论"等论调不绝于耳，一些西方媒体仍然在"唱衰"中国。在这样复杂的形势下，要讲好中国故事，传播好中国声音，向世界展现一个真实的中国、立体的中国、全面的中国。在汉语文化国际传播中，要把中华传统文化与现代文明相融合，要把"求同存异""和而不同"的和合文化与"坚持包容精神，共建和谐世界"的现代精神相结合，在对中华传统文化进行发掘、认识和梳理的同时，必须给予现代的解读，这样才能让世界更好地理解我们的汉语及中华文化。（程曼丽，

---

① http：//cpc. people. com. cn/n1/2016/0505/c64094 – 28325925 – 2. html.

2006）

　　学习一种语言的过程，也是掌握一种文化的过程。陆俭明教授曾说："语言的学习会加强文化认同感。语言永远只是载体，把中华文化推向世界才是汉语教学的目的。"作为文化的载体，语言的推广不可避免地进行着文化的传播，借助民族语言来推广本国文化，已成为很多国家加强文化软实力建设的不二选择，语言文化软实力能够于无形中影响他国意愿和决策，因此，当今世界各国才会不遗余力地对外推广自己的语言和文化。语言文化传播的事实也表明：语言文化的推广程度与一个国家的发展水平是相辅相成、相互推动的。一个国家的语言和文化得以广泛传播，首先要以这个国家的政治、经济、军事等的发展为前提，而当一个国家的语言和文化在更为广泛的领域得以使用和接受后，又会对这个国家的后续发展提供有力支持，并且持续不断、长期存在。汉语文化国际传播，有助于中国与其他各国的文化沟通，有助于增进世界各国对我们的了解，树立良好的国家形象，同时，还能提升我国语言文化软实力，保障国家文化安全。我们要具有世界的眼光，在语言的推广中自觉传播中华文化，以中华文化深厚的底蕴为支撑，保持和提升中华文化在世界文化之林中的价值，使千古厚积的东方智慧在人类文明中保持自己的一份精彩。也只有这样，才能适应和满足世界各国急速增长的汉语需求和学习热情，加强和增进与各国人民之间的友谊合作和文化交流。[①] 从这个意义上讲，汉语的文化传播是实现中华民族伟大复兴的战略举措和标尺。语言作为一种特殊的文化力量，它是一种内隐的文化竞争力。当中国成为世界发展越来越强大的参与力量，在国际社会发挥着越来越重要的作用的时候，汉语已成为展示中国悠久文化和当代发展成就的重要媒介，它以其特有的魅力散发出迷人的光彩。

　　中国正以其良好的发展态势和独特的历史文化吸引着全世界的目光。汉语文化国际传播也迎来了难得的发展机遇。在这样的时代发展背景下，我们要抓住有利时机，大力支持汉语走向世界，实施中华文化"走出去"战略，为中国的发展赢得更大的空间。将汉语的推广与中华文化的传播有机融合，适时调整语言推广策略，建立以语言知识掌握和语用能力提升为浅层目标、以文化传播为深层目标的发展机制，大力提升汉语在世界语言体系中的国际竞争力，培养欣赏和认同中华文化并致力于中外文化交流的友好力量。文化价值在汉语推广中的彰显，能使汉语获得更深入、更持久的发展动力。我们理应为广大汉语学习者搭建一个语言和文化交流的平台，展现中华文化的深度内涵和文化精髓，增强他们对中华文化的认同感，提高他们对中华文化的鉴赏能力。这是中华文化走向世界的需要，对

---

　　① 胡庆亮，刘韵. 汉语的国际推广与传播策略. 南方论刊，2010（10）.

中华文化的传承和创新有不可替代的作用，同时对我国政治、经济、社会发展也有不可低估的现实意义。重估中华文化在当代社会的价值，弘扬中华优秀文化，提高中华文化在当今世界的地位，这不仅仅是文化教育领域的事情，更是关乎国家和民族生存发展的大计。然而遗憾的是，汉语推广和中华文化的传播还远未达到应有的地步。汉语虽是联合国六大工作语言之一，但它在国际重要交际领域的使用还十分有限，真正使用汉语的地区性或国际性的组织、会议并不多。中华文化的海外传播情况也并非我们想象的那么乐观，不少外国人对中国社会和文化的陌生和误解也让我们感到痛心。汉语文化国际传播是弘扬中华文化、推动中华文化走向世界、树立我国良好国际形象的基础工程。汉语文化国际传播的重要目标之一就是为中国的"和平崛起"创造有利的国际环境。中国语言文化对于世界的影响将是中国扩大政治、经济影响力的有力保证。（沈玲，2011）

汉语文化国际传播能够清除文化障碍，化解跨文化传播和交际的冲突与误解。当我们以无比包容的心态了解和熟悉外国文化时，却发现很多国家的人民对我们的社会和文化还知之甚少。另外，作为汉语使用的主体，汉语在中国的状况也让人担忧。国内全民对英语的追捧和对母语的漠视形成了鲜明对比，以美国为首的西方国家通过传播语言、输出文化产品等方式，对中国本土文化造成了严重冲击，并潜移默化地影响着国民心理，汉语和汉文化可以说处在一个非常尴尬的境地。在汉语国际推广这样一个跨文化的特殊场合中，文化对话具有重要的意义。只有充盈着理解、尊重、包容、平等和自由的对话，才能真正实现文化之间的沟通和相互理解。任何一种能够在世界上长期发展的文化必有其独特的优点和长处，都能为人类提供有价值的资源。各种文化都应该在和其他文化的交往中，兼容并蓄，取长补短，在吸收、改造中创新文化，以适应全球化发展和文化多元的需求。以理解尊重为原则，在平等的基础上对话和交流，在比较中加以鉴别，在互动中得以发展，是文化发展的必然要求。

## 三、　汉语文化国际传播的经济价值评估

语言的经济价值是指为了满足人们提高语言能力的要求而产生的经济活动及其所带来的经济收益。1965 年美国信息经济学的开拓者 Jacob Marschak 提出：语言的使用体现了经济价值，语言成为经济生活中具有市场价值的特殊社会资源。语言被认为是一种人力资源，具有潜在的经济价值。同种语言所产生的经济价值在不同时期的社会经济活动中会因其语言地位、使用频率的变化、人们对该语言的评价以及相关的语言政策等的不同而变化。在知识经济时代，语言是生产力的载体，已经成为增加收益的

工具。多掌握一门语言，就意味着资本的增加。所以说，汉语文化的传播实际上就是在发展和推广先进的生产力，将会产生极大的经济价值。（姜红，2009）在当今世界，一种语言被广泛使用意味着这种语言所承载的文化已经被广泛地了解和接受，该语言的输出国在国际上就能够获得更多的话语权和更广泛的参与权，相应地也会降低与其他国家的交易成本，增加本国的贸易机会，从而推动国家经济社会的进一步发展。借助语言文化的影响力，充分发掘汉语文化国际传播潜在的经济价值，必将增进世界各国对中国的理解和信任。从这个角度来看，汉语文化国际传播正成为保障我国能源安全、资源安全及金融安全，以及提高中国在世界上的经济影响力的一种重要途径和手段。

　　汉语文化国际传播不仅是一项语言文化事业，还具有相当重要的现实经济意义。汉语文化国际传播有利于促进和推动中国经济在国际贸易中进一步发展。习近平主席提出"一带一路"要实现"五通"，即"政策沟通、设施联通、贸易畅通、资金融通、民心相通"。这"五通"为"丝绸之路经济带"西进提出了"语言通"的需求。汉语文化国际传播通过对"一带一路"沿线国家复合型以及高端汉语人才的培养，提升了企业的语言能力和竞争力，必将促进产业和经贸合作。目前，在国际金融危机不断的形势下，中国经济依然保持了健康良好的发展势头，使得汉语文化国际传播的商业价值和经济价值不断攀升。人们学习外语的动机很多，但功利性是学习外语最基本的动力。据统计，人们学习汉语最强烈的动机是获得商业和就业机会。汉语文化国际传播所带来的日益增长的经济价值，成为汉语文化国际传播最重要的动因，而通过汉语文化的广泛传播，中国的语言文化被世界所接受，这将进一步促进中国经济的发展。汉语文化国际传播事业已经成为一项重要的语言文化产业，直接推动了中华文化教育事业的发展，世界上上百个国家已经把汉语纳入国民教育体系中，美、英、法等国已经将中国语言文化列入了大学课程甚至是学位课程。

　　随着汉语文化应用价值的提高，对汉语教师等方面的需求也越来越大，推动了相关专业的就业，对教材、教学设备的需求也推动了文化产业的开拓和研发。此外，随着汉语文化国际传播的进一步深入，越来越多的学生到中国留学，形成了巨大的汉语培训市场，对国内经济的发展起到了直接的推动作用。中国汉语培训市场非学历教育每年收入约 20 亿元人民币，而且在翻倍地增长，作为一种产业，业内人士估计，中国汉语培训市场至少有 50 亿元人民币的规模。语言是人类经济活动中不可或缺的一项技能，汉语文化国际传播作为一项国际性的社会活动和教育活动，已经引起了全世界的关注，取得了具有国际影响力的社会收益。将汉语文化国际传播事业看作增强国家"软实力"的重要举措来加以重视，符合世界经济发展趋势，符合中国国情。我国综合国力的增强增加了汉语潜在的经济价值，反过来，汉语的经济价值又给国家的政治和经济带来了巨大收益。汉语文化国际传播减少了贸易壁垒，培养了潜在的商贸对象，为商贸交流提供了语言文化的平台，营造了便捷和谐的合作环境。在经济贸易和文化交流中，降低了由于语言和文化障碍带来的沟通成本，增加了贸易机会。汉语文化国际传播提高了汉语的国际地位，对增强中国在国际上的话语权，加深世界各国对中国的认识、了解和理解，树立良好的国际形象，推动中国经济可持续发展具有重要作用。汉语文化国际传播有助于实现不同国家、不同文化的"互补共存，共同繁荣"。一个经济发展强势的大国，必须借助文化的影响力，才能保持长期的繁荣。

在国家"一带一路"战略的背景下，汉语文化国际传播应根据"一带一路"战略和"一带一路"产业发展格局调整战略布局，加快汉语走向世界的步伐。2015 年 3 月我国发布了《推动共建丝绸之路经济带和 21 世纪海上丝绸之路的愿景与行动》，得到"一带一路"沿线国家的积极响应。目前已有 64 个国家参与这一合作平台。2015 年 8 月中国国际贸易研究中心发布了《"一带一路"沿线国家产业合作报告》。该报告根据中国海关总署提供的贸易大数据，详细地展示了目前我国与"一带一路"沿线国家经贸合作的总体格局。报告指出，2014 年，我国对"一带一路"沿线 64 个国家的出口总额为 6 370 亿美元，出口国家主要集中在东南亚、俄罗斯以及印度等地区和国家，其中出口总额超过百亿美元的国家 17 个；我国贸易进口总额为 4 834 亿美元，进口国家主要集中在俄罗斯、中东和东南亚等地区和国家，其中进口总额超过百亿美元的国家 15 个。这些数据展示的我国与"一带一路"沿线国家经贸和产业合作的总格局，从某种程度上反映了汉语传播的潜在需求。这两个报告提出的"一个格局"和"两条路径"构成了"一带一路"的总体格局和路线图，为规划汉语文化国际传播战略提供了可资参考的重要依据。基于上述分析，汉语文化国际传播应该根据"一带一路"贸易的重点区域进行战略布局，通过贸易与产业合作拉动语言传播。①

与此同时，汉语文化国际传播作为国家语言能力的具体体现还应助力"一带一路"，服务"一带一路"，助力"一带一路"沿线国家的经贸合作以及产业发展，通过"借力"与"助力"形成汉语文化国际传播的良性循环。李宇明提出了"一带一路，语言铺路"的倡议。② 汉语传播应在"语

---

① 国家发展改革委，外交部，商务部．推动共建丝绸之路经济带和 21 世纪海上丝绸之路的愿景与行动．北京：外交出版社，2015.

② 李宇明．"一带一路"需要语言铺路．http：// theory. people. com. cn/n/2015/0922/c40531 - 27616931. html.

言铺路"中发挥不可替代的作用。因此，资源的分配与布局应服从或服务于国家提出的"一带一路"大战略。首先，国家应从战略高度，根据"一带一路"战略，加强新时期汉语文化国际传播的顶层设计，即把汉语文化国际传播纳入"一带一路"愿景和行动计划。汉语文化国际传播是国家语言能力的体现，"一带一路"的开拓与建设离不开国家语言能力的支持。"五通"的核心是"民心相通"，而语言通是民心相通的必备条件。其次，汉语文化国际传播作为国家重要的语言战略资源，应根据"一带一路"经贸和产业合作格局进行调整，通过整合汉语文化国际传播资源，形成以"一带一路"战略为核心的分布格局，以满足"一带一路"沿线国家经贸和产业合作对语言资源的需求。历史经验表明，语言文化不是通过语言本身来传播的，语言文化传播必须抓住历史机遇，顺势而为。在"一带一路"的现实机遇面前，汉语文化国际传播应与"一带一路"沿线国家经贸与产业合作相结合，借力发展；与此同时，也应通过服务企业走出去，服务企业国际化，助力"一带一路"。"一带一路"沿线国家的经贸和产业合作离不开对语言人才的需求，特别是复合型高端双语人才。（王建勤，2016）因此，汉语文化国际传播不仅要关注普及型人才的培养，更应该满足"一带一路"沿线国家对高端、复合型人才的需求，培养既懂外语又懂专业的复合型人才。此外，汉语文化国际传播不应局限于对汉语人才的培养，也应为企业走出去培养复合型外语人才。"语言铺路"应该是双向铺路，培养双向人才。科技是生产力，语言也是生产力，在信息化时代，语言在促进科技、经济、信息、媒体等各个领域的发展中发挥了重要的作用。"一带一路"同样需要语言的推动。因此，企业要走出去参与"一带一路"建设，应该把语言能力作为企业重要的生产要素，特别是跨国企业，应该把语言能力作为企业的核心生产力，从而提高企业的语言能力。企业语言能力不仅仅是企业员工个体的语言能力，还包括企业利用和整合所有语言资源的能力。"一带一路"沿线国家的企业，包括中国的企业，企业员工大都会使用两种以上的语言进行交际，企业若能充分利用这些语言资源，将会大大提高企业的工作效率，进而真正实现"五通"。因此，参与"一带一路"经贸和产业合作的企业，应该把企业员工外语培训和外籍员工汉语培训列为提高企业语言能力的重要议程，通过企业语言能力建设，加速"一带一路"的建设。

总之，汉语文化国际传播能够为实现"一带一路"的愿景助力，"一带一路"也将会助力汉语在世界的传播。

## 第二章
# 汉语文化国际传播的理论基础

汉语文化国际传播具有多学科交叉的特点，其理论基础包括语言学、传播学、跨文化交际学、教育学及心理学等。下面分别加以论述。

## 第一节　汉语文化国际传播的语言学基础

语言学是研究语言的一门总体性的学科，其下有多个分支学科。其中，普通语言学、汉语语言学、文化语言学、社会语言学等构成了汉语文化国际传播的语言学基础。

### 一、　汉语文化国际传播的普通语言学及汉语语言学基础

#### （一）普通语言学及汉语语言学基础理论

语言是人类所特有的一种社会现象，是人类最重要的交际工具和思维工具。语言是由能指和所指构成的符号系统，具有任意性和线条性。任意性是指一种语言在创制时，音与义的结合是由该社会约定俗成的。线条性是指能指只能在时间线条上依次出现，依照结构规则进行组合。语言系统是一种具有生成性的层级体系，符号与符号之间具有组合关系和聚合关系，这是语言系统中的两种根本关系。语言在运用中不断地发展变化，语言的发展主要受社会发展的影响；但具体如何发展，"是由语言系统内部的各种因素的相互关系决定的"[①]。现代语言学有多种流派，如以索绪尔为代表的结构主义语言学、以乔姆斯基为代表的生成语言学、以韩礼德为代表的功能语言学等。

---

① 叶蜚声，徐通锵. 语言学纲要. 北京：北京大学出版社，2006：175.

中国是语言学的三大发源地之一。在中国古代，对汉语的研究主要包括文字、音韵、训诂三个方面，统称"小学"，即传统的语文学。自以索绪尔为代表的结构主义语言学兴起开始，现代科学意义上的语言学学科才正式创立。中国的汉语语言学研究从传统的语文学转为现代的语言学，始于五四运动时期，开始以结构主义语言学理论研究当代鲜活的口语。对语言本身的研究一般包括语音、词汇、语法、语义、语用等，对汉语的研究同样如此，因此可以细分为汉语语音学、汉语词汇学、汉语语法学等。

## （二）汉语文化国际传播与普通语言学

普通语言学对汉语文化国际传播的影响，一方面体现在语言共性、语言普遍规律、语言对比的研究对于汉语研究及教学的指导作用上，另一方面体现在语言学流派对第二语言教学法流派的影响上。其中，第一方面在下一部分"汉语文化国际传播与汉语语言学"中有所涉及，这里主要论述第二方面。

### 1. 历史比较语言学与语法翻译法

历史比较语言学是采用历史比较的方法，研究语言的亲属关系和谱系分类，寻找语言演变规律的语言学流派。历史比较语言学拥有独立的研究方法和系统的理论，使语言学开始成为一门独立的学科。历史比较语言学认为，当前世界上的诸多语言都起源于共同的原始母语，后来由于分化而经历了不同的演变过程。语言规律是共同的，词汇所代表的概念也是相同的，不同的只是词汇的语音和书写形式。因此通过两种语言词汇的互译和语法关系的替换，就能掌握另一种语言。① 这构成了语法翻译法的语言学理论基础，这种教学法在教学时采用母语，主要教授系统的语法知识，以翻译为主要的教学手段和练习手段。

### 2. 结构主义语言学与直接法

结构主义语言学主张研究语言本身，提出"为语言而研究语言"，区分了语言和言语、共时和历时，主张研究语言的共时状态。主要有欧洲的布拉格学派、哥本哈根学派和美国的描写语言学派三大分支。直接法与语法翻译法相对立，教学时排斥母语而直接使用目的语，通过模仿、记忆、操练形成自觉的习惯，教授内容为鲜活的口语，以句子为教学的基本单位。直接法认为语言是一种习惯，这种教学法的产生与结构主义语言学研究共时语言的主张、语音学的发展有直接关系。

### 3. 美国描写语言学与听说法

美国描写语言学是结构主义语言学的三大流派之一，强调尽可能多地

---

① 刘珣. 对外汉语教育学引论. 北京：北京语言大学出版社，2008：237.

搜集语言材料，对共时语言进行客观的描写，在此基础上整理出语言系统内部的关系，形成了完整的描写语言、分析结构的方法。美国描写语言学派认为，语言的产生是一系列"刺激—反应"的结果，因此听说法强调反复操练，以句型为教学的基本单位，培养口语的听说能力，及时纠正学习者出现的错误。听说法对直接法有继承，也有发展，这是第一个自觉以语言学作为理论基础的语言教学方法。

4．生成语言学与认知法

生成语言学的产生是现代语言学的一次重大转折。生成语言学区分了语言能力和语言运用，提出了"语言习得机制"和"普遍语法"假说，探寻语言的生成过程、原则和参数。在生成语言学影响下形成的教学法是认知法，这是对语法翻译法的继承和发展。认知法强调发挥学习者智力的作用，认为语言的获得不是通过机械的习惯的养成，而是一种有意识的、创造性的活动。因此在教学中，认知法注重以学生为中心，进行大量有意义的练习，对于母语的使用、错误的纠正也采取较为宽容的态度。

5．功能语言学与交际法

功能语言学与以往研究语言形式的语言学流派不同，将研究重点转为研究语言的功能，把语言看作一种社会现象，"研究语言如何使用，分析语言与社会的关系，以及语言功能与语言系统的关系"①。与之相对应的交际法也与以往的以语言结构为纲的教学法流派不同，转为以功能和意念为纲，提出教学目标是培养学生运用语言进行交际的能力。在教学时，创设接近真实的情景，进行综合性的训练，使学生在情景中学会正确、得体地运用语言。

## （三）汉语文化国际传播与汉语语言学

汉语是汉语文化国际传播的主要媒介，汉语语言学是以汉语作为研究对象的语言学。因此，汉语文化国际传播与汉语语言学密不可分。从语言学的角度看，汉语自身的一些特点影响了汉语国际传播的有效性，从而影响了汉语文化的国际传播。

1．语音方面

汉语音节有三个基本的组成部分：声母、韵母、声调。汉语音位组合的一个重要特点是可以分成开、齐、合、撮四呼，形成的音节数量比较少。声母和韵母组合成400多个音节，加上声调也只有1 300多个音节。从这个角度看，汉语的语音学习较为简单。但是，声调在汉语中具有重要

①　刘珣．对外汉语教育学引论．北京：北京语言大学出版社，2008：75．

的区别意义的作用，而其他很多语言中没有声调；辅音的送气和不送气同样如此。对于没有声调、送气与不送气不区别意义的语言的母语者而言，这是他们学习汉语的难点所在。

2. 词汇方面

汉语常用词的音节数量较少，在常用词中双音节词占绝大多数，而使用频率较高的词则以单音节词为主。多数情况下，一个汉字对应一个音节，对应一个语素。而且，汉语中很多双音节词乃至多音节词都是由原有的词复合而成的，词义可以从构成词的语素义中推测出来。但与此同时，汉语中有很多一词多义现象，多音字、多义词、同义词等大量存在；而且，汉语词汇非常丰富，包含了很多外来词、方言词、古语词，加大了学习汉语的难度。

3. 语法方面

汉语中词、短语和句子的构造方式基本一致，大都采用主谓、偏正、并列、述宾、述补五种类型。只要掌握了这些基本类型，将词和短语按照一定的顺序排列起来，便可以组成简单的句子。但是，汉语是意合型语言，语序和虚词在其中起重要作用，而不依赖于严格意义上的形态变化。这对于非意合型语言的母语者而言，一方面可以减少出错机会，减轻记忆负担；另一方面，也可能不习惯汉语中大量的省略、变换等情形，感到无所适从。另外，汉语中还有丰富的量词，名量搭配也是汉语学习的一大难点。

4. 文字方面

一般而言，最容易引起学习者学习兴趣的是汉字，而最容易让学习者望而却步的也是汉字。汉字是一种意音文字，而世界上正在使用的绝大多数文字是拼音文字。汉字的字形往往与字义有一定的联系，而拼音文字的字形与字音有密切联系。在学习汉语之初，汉字对学习者可能会构成较大障碍，但掌握了一定量的汉字之后，汉字的学习对于汉语的学习却有促进作用。另外，在信息时代，用拼音打字代替写字，也可以降低学习汉字的难度，提高学习汉语的效率。

汉语自身的一些特点对于汉语的学习有促进或阻碍作用。找出汉语的特点及与其他语言的共性，是汉语语言学的研究任务。如何利用这些特点和共性，使之服务于教学，是汉语教学的研究任务。而汉语研究、汉语教学最终都可服务于汉语文化国际传播。

## 二、 汉语文化国际传播的文化语言学基础

### （一）文化语言学基础理论

文化语言学是语言学的分支学科，是从文化学角度对语言进行研究。它把语言看作民族文化的模式和构成民族文化的符号系统。① 其方法论基础为语言的文化属性，总体方法为语言的文化阐释法。在研究中应遵循以下方法论原则：通过描写进行解释，宏观和微观兼顾，为语言而不是为文化的研究，求异而不是求同的研究。具体方法有：文化符号解析法、文化思维认同法、文化背景考察法、文化差异比较法、文化心理揭示法等。②

文化语言学有着悠久的学术渊源，其西学渊源主要有欧美文化人类学理论、洪堡特的语言学说、美洲人类语言学等，中学渊源主要有中国传统文化中的文道一统观和小学传统。中国文化语言学的真正开端是罗常培《语言与文化》一书的出版，继承其后的是 20 世纪 80 年代的游汝杰、周振鹤等一批学者。他们大致分为关系论派和本体论派两大流派，前者以语言与文化之间的关系为研究对象，后者则强调研究语言本体，以语言的文化功能为研究对象。这些学者在方言学、词汇学、语法学、言语交际等方面取得了一系列研究成果，推动了中国文化语言学学科的建立和完善。

### （二）汉语文化国际传播与文化语言学

汉语文化国际传播的主要媒介是汉语，汉语与汉语文化休戚相关。从文化语言学的角度来看，汉语与汉语文化的关系主要有以下三个方面。

#### 1. 汉语承载着汉语文化

一个民族的语言是该民族文化最基本、最重要的表现形式之一，在一定程度上是民族文化的模式体现。学习一种语言，必定要学习这种语言的文化；了解一种语言，对于了解相应的文化大有裨益。一种语言的产生、发展、消亡与相应文化的产生、发展、消亡往往是相一致的。

戴昭铭在《文化语言学导论》中提出了"文化符号"的概念，认为文化是由许多要素整合而成的复杂整体，在这个整体中体现各要素的"文化内核"并对该领域的文化建构起着关键作用的是一些特别的语词，这些语词集中概括了相应文化领域的思想范畴、认识成果、意义体系和价值观念，这就是文化符号。各种语言中都有一批文化符号，汉语也不例外。汉

---

① 戴昭铭. 文化语言学导论. 北京：语文出版社，2013：24.
② 戴昭铭. 文化语言学导论. 北京：语文出版社，2013：42－81.

语中的文化符号体现了汉语社会的文化思维，同时也对文化活动进行规范，形成汉语文化的模式。这些文化符号是文化语言学研究的对象之一，也是汉语文化国际传播应着重注意的语言和文化要素。

例如，"五行"是汉语中的一个文化符号，指中国古人所认为的构成世界万物的五种基本要素。在汉语文化中，"五行"并不仅仅指金、木、水、火、土这五种孤立的要素，而是蕴含了对立共存、循环相生的中国古典哲学思想。而且，五种基本要素与五种基本方位、五种基本颜色等一一对应，影响着中国古人对王朝更替的认识、对建筑物色彩的运用等。以这一文化符号为中心向外发散，可以将一系列汉语文化联系起来；这一文化符号的研究成果，可以应用于汉语文化的国际传播。

## 2. 汉语与汉语文化共变

语言及语言文化既具有传承性和传播性，又处在不断的变化发展当中。一方面，社会自身处在变化和发展当中，语言及文化也随之变化和发展；另一方面，社会与社会之间相互交流甚至融合，语言及文化也随之发生接触及融合。汉语、汉语文化与汉语社会之间存在着共变关系。

以现代汉语为例，现代汉语的开端一般以五四运动为标志。这一时期，社会政治发生了急剧的变化，中国延续了两千年的封建统治土崩瓦解，西式的民主思想萌芽并逐渐发展壮大。社会的变化伴随着文化的变化，又对语言产生了影响。与旧制度、旧文化相伴的旧的语言形式——文言遭到摒弃，取而代之的是可以展现新文化、新思想的新的语言形式——白话。这一时期也是汉语社会群体与其他社会群体互动活跃的时期，欧美、日本、苏俄等与中国接触频繁，不同的思想文化被引入汉语社会，来自其他语言的外来词、外来语也被引入汉语当中。

语言与文化的共变关系是文化语言学的研究对象之一，也是汉语文化国际传播应关注的方面。汉语文化的国际传播，传播的不仅仅是中华传统文化，更应包含中国当代文化，其主要媒介是当代汉语。同时，汉语文化的国际传播，必然会引起汉语文化与当地文化的交流。随着双方联系日益密切、理解日益加深，语言的接触也必然会发生。这是汉语文化国际传播中所应注意的。

## 3. 汉语中蕴含着汉语社会的民族精神

民族精神是一个民族在发展过程中逐渐形成的民族性格、信仰、价值观等共有的特质，体现于民族语言的思维方式、审美观念、价值取向等方面，具有相对稳定性。汉语社会经历了几千年的发展，已经形成了较为稳固的民族精神，也构成了汉语中相对稳定的方面。

例如，汉语一直以来都是意合型语言，汉字字形与字义之间的关系、语言符号与符号之间的组合顺序、不依赖于严格意义上的形态变化等，都体现了汉民族的具象思维特征。有些人诟病汉字简化，认为很多简化字失去了汉字本身的音义特征。然而应当看到的是，除去汉字简化的历史必然性之外，其实也有很多新造的简化字保留甚至强化了原字的音义特征。如"认""灯"以更为简单的声符"人""丁"代替了原本较为复杂的声符"忍""登"，"灭"改原本声符并不恰切的形声字为简明易懂的会意字，"灾"将意义并不明朗的意符"巛"改为"宀"使意义更加清晰。这都是汉民族自古形成的思维方式的体现。

　　汉语与汉语文化的传承传播是不可分割的，学习汉语，可以更好地理解汉语文化；了解汉语文化，对于汉语的学习也有促进作用。在汉语文化国际传播中，不应止步于表层的符号性、物质性文化，而应与汉语相结合，使更多的人了解其深层的文化内涵，了解汉语社会的民族精神。

## 三、　汉语文化国际传播与语言学其他分支学科

　　语言学有多个分支学科，除上述之外，还有很多分支学科与汉语文化国际传播的语言学基础相关，如社会语言学、比较语言学、语用学等。这里着重论述社会语言学与汉语文化国际传播的关系。

　　社会属性是语言的本质属性，社会发展是语言发展的基本条件，社会语言学就是研究社会与语言的共变关系的一门学科。社会语言学的研究起源较早，但成为一门独立的学科是在 20 世纪 60 年代的美国。在中国，社会语言学起步较晚，但正逐渐走向成熟。不同的国家有不同的语言国情，这是社会语言学研究的出发点，也是汉语文化国际传播应当关注的问题。郭熙在《中国社会语言学》中提出了中国语言国情的一些特点[①]：

　　1. 语言集团复杂

　　中国各地有多种语言，汉语内部又有多种方言。汉语与其他语言、汉语内部不同的方言之间相互接触、融合，在语音、词汇、语法等各个方面促进了汉语的发展。与此同时，社会内部因年龄、职业、性别等的不同，在语言上也有一定的差异，形成社会方言。汉语语言集团的复杂性决定了汉语文化的复杂多样。从全球的视野看，"汉语文化"亦即"华语文化"。华语可以分成核心圈、边缘圈和外围圈，汉语文化同样可以有这样三个圈层的划分。在汉语文化国际传播中，是否仅限于传播核心圈的汉语文化，这三个圈层分别起什么作用，都是需要考量的问题。

　　2. 有重文轻语的传统

　　汉字是形义结合的文字，不受语音的限制，因此，汉语内部尽管有不

---

① 郭熙. 中国社会语言学. 北京：商务印书馆，2013：90 – 92.

同的方言，其书面语却是基本一致的；从古至今，尽管在语音上发生了重大变化，但古代的书面语现在却不难读懂。汉语书面语的这种超越时空的一致性，保证了汉语文化的顺利传承与传播。自五四运动以来，提倡言文一致，书面语向口语靠拢。在汉语教学中，也提倡教授鲜活的口语，口语的学习往往先于书面语。但是，承载文化的主要是书面语，在汉语文化国际传播中也应是书面语起主要作用。如何处理口语和书面语的关系，是汉语文化国际传播应当思考的问题之一。

### 3. 在语言上有追求统一的传统

不管是语言还是社会，中国都倾向于追求统一，语言的统一与社会的统一是休戚相关的。汉语的统一政策始于秦始皇的"书同文"，但统一的通用语却早于秦朝。统一的语言有助于不同地域、不同社团人们之间的沟通交际；各种地域方言、社会方言的存在则使语言及文化多彩多姿。汉语文化国际传播主要传播的是汉语共同语所承载的文化；从大华语的角度看，主要传播的是核心圈的汉语文化。对于地域方言、社会方言等承载的汉语文化及非核心圈的汉语文化应该持什么态度，也是汉语文化国际传播应当思考的问题。

语言具有社会属性，是一种社会现象。社会语言学作为一门学科虽然在中国成立较晚，但中国很早就有了关于语言的社会属性、语言与社会关系的论述。语言是文化的载体，汉语文化及其国际传播应当成为社会语言学的研究课题之一，社会语言学的一些研究方法和成果也可以作为汉语文化国际传播的借鉴。

语言是文化的载体，研究汉语文化的国际传播，首先要从研究汉语及其文化入手。在语言学的诸多分支学科中，普通语言学、汉语语言学、文化语言学、社会语言学与汉语文化国际传播的关系最为密切，构成了汉语文化国际传播的语言学基础。普通语言学理论构成了汉语文化国际传播的语言观，其流派的演变又影响了语言教学法流派的演变。汉语既有符合语言共性的一面，又有其自身特色，汉语语言学的研究直接影响着汉语教学，进而影响着汉语文化的国际传播。文化语言学理论主要引发我们对汉语与汉语文化关系的思考：汉语承载着汉语文化，汉语与汉语文化共变，汉语中蕴含着汉语社会的民族精神。从社会语言学角度，可以了解到中国语言国情的一些特点，为汉语文化国际传播提供借鉴。

# 第二节　汉语文化国际传播的传播学基础

## 一、传播学相关基础理论

传播是一种信息流通的过程，即信息通过各种符号从信息源传播到信息宿，又由信息宿反馈给信息源，使信息为信息源和信息宿所共有。传播行为随着人类的产生而产生，先后经历了口头传播、文字传播、电子传播三个阶段。传播可以分为自身传播、人际传播、组织传播、大众传播四种，通常所说的传播学一般指大众传播学。传播学在西方兴起于二十世纪二三十年代，到 20 世纪 80 年代才引入中国。传播学研究大致可以分成两大学派：过程学派和符号学派。前者主要关注传播的过程，后者主要关注传播过程中所使用的符号。

语言是最重要的交际符号，在传播中起重要作用。传播语言学就是"研究人类在信息传播活动中语言的运用和理解规律的一门学科"①，是语言学和传播学的交叉学科。传播语言学主要研究语言符号、语言信息、语言运用、语言理解，以及语言传播的类型、媒介、效果等。

对外传播学专门研究以外国人为传播对象的传播，这是一种跨国、跨文化、跨语言的传播。从跨文化的角度看，对外传播"面临着因文化差异而造成的障碍，必须努力克服这些障碍，对外传播才可能有效地进行"，"必须把传播对象对传播内容的了解放在首要的位置"。② 对外传播与对内传播有很大不同，在对外传播时应注意内外有别，加强传播的针对性；其首要任务是增进其他国家对中国的了解，以促进相互之间的理解和沟通；传播时通过提供客观事实来达到传播的目的，文风平实，避免片面性。

## 二、汉语文化国际传播与传播学

汉语文化国际传播是一种跨国、跨文化、跨语言的传播，传播的主要内容是汉语文化，主要媒介是汉语。汉语文化国际传播与传播学在很多方面是一致的，从传播学的角度研究汉语文化国际传播，主要关注的是传播要素、基本原则及传播者的国际观。

---

① 齐沪扬. 传播语言学. 郑州：河南人民出版社，2000：14.
② 沈苏儒. 对外传播的理论与实践. 北京：五洲传播出版社，2004：45 – 46.

### （一）汉语文化国际传播的要素

吴应辉在《汉语国际传播研究理论与方法》中提出，一种语言的国际传播需要同时具备以下要素：语言传播需求、语言国际传播价值、积极的语言传播态度和措施、语言传播的物质基础。[①] 汉语文化国际传播同样如此：

**1. 语言传播需求**

按照传播的方向，传播可以分为输入性传播和输出性传播两种，传播需求也分为输入性需求和输出性需求两种。汉语文化国际传播主要是将汉语文化从本土传播到非汉语文化地区，是汉语文化地区人们的一种主动性行为，源于输出需求，因此属于输出性传播。但是，汉语文化国际传播并非强制性的传播，而是建立在传播对象渴望了解汉语文化、希望加强与中国的沟通交流的需求基础之上，依据平等自愿的原则，采用柔性传播方式，以增进世界其他文化对汉语文化的了解。因此，汉语文化国际传播是互利共赢的。

**2. 语言国际传播价值**

传播价值是由传播需求决定的，需求是传播的动力源泉。中国与世界其他国家之间文化传播需求的强弱，决定了汉语文化国际传播的价值大小。而文化传播需求的强弱是由输入文化的强弱决定的，不同的文化具有平等的地位，但其强弱并不相等。文化的强弱影响传播需求的强弱，传播需求的强弱影响传播价值的大小。汉语文化有数千年历史积淀，加上当今中国国力强盛，在全球拥有举足轻重的地位，汉语文化既有输出需求，又有输入需求，具有很高的传播价值。

**3. 积极的传播态度和措施**

传播态度和措施也是双向的，既包括传播方，也包括传播对象，至少要一方有积极的态度和措施，传播才可能实现。当今，对于汉语文化国际传播，传播方中国一直都具有积极的传播态度，并采取多种措施，推动汉语文化走向世界。很多国家对于汉语文化的输入，也都持积极的态度。例如近几年，泰国政府非常支持汉语教学及汉语文化的传播，以诗琳通公主为代表的很多上层人士亲自参加相关活动，在全国营造了良好的学习汉语、了解汉语文化的氛围。因此，汉语及汉语文化在泰国才得以广泛传播。

---

① 吴应辉. 汉语国际传播研究理论与方法. 北京：中央民族大学出版社，2015：22-24.

4．语言传播的物质基础

物质基础是汉语文化国际传播的保障和重要支撑，主要有传播者、传播材料、传播场所、传播技术、传播平台等。汉语文化国际传播要想得到顺利开展，必须有强大的资金支持等物质基础。物质基础不仅仅来源于传播方，即中国政府及相关机构、院校及每一位传播者，也来源于传播对象。只有传播对象对汉语文化的输入持积极的态度，采取积极的措施，提供一定的物质支持，汉语文化国际传播才能顺利进行。只有传播者和传播对象相互配合，才能优化资源配置，夯实汉语文化国际传播的物质基础。

## （二）汉语文化国际传播的基本原则

吴应辉在《汉语国际传播研究理论与方法》中还提出了语言国际传播的五项基本原则①，这也是汉语文化国际传播应当遵循的：

1．促进和平与发展

和平与发展是当今世界的两大主题。汉语文化国际传播采用柔性传播方式，目的是增进世界其他文化对汉语文化的了解，加强文化之间的对话与沟通，减少误解与冲突。因此，汉语文化国际传播有利于世界的和平与发展，有利于构建和谐世界。

2．维护世界文化多样性

文化的多样性有利于维护文化生态平衡，有利于世界各国制定多元文化政策，建立和完善民主制度，形成多元世界格局。汉语文化国际传播并非文化侵略，并不是为了取代其他文化，而是为了加强文化之间的交流，有利于维护文化的多样性。

3．平等互惠，友谊第一

文化与文化之间是平等的，并没有高下之分。汉语文化国际传播是建立在其他国家希望了解中国、了解汉语文化的基础上的，其顺利传播需要得到传播对象的积极支持。汉语文化国际传播有利于双方加强了解，从而在更多的其他领域开展合作交流，因此是互惠、双赢的传播。

4．满足需求

需求是传播的动力，只有为满足一定需求而进行的传播，才能达到传播效果。在汉语文化国际传播中，既有传播方希望世界了解汉语文化、加强与其他国家交流合作的输出需求，又有传播对象希望了解汉语文化、加强与中国交流合作的输入需求。

① 吴应辉. 汉语国际传播研究理论与方法. 北京：中央民族大学出版社，2015：32–34.

## 5. 科学发展

科学发展，即要坚持以人为本，全面、协调、可持续地发展。在汉语文化国际传播中，应重视发挥传播者的主观能动性，从传播对象的需求出发，做到以人为本；应处理好汉语文化国际传播与其他相关领域的关系，树立全局意识、长远观念，实现科学发展。

### （三）汉语文化国际传播者应树立的国际观

语言国际传播"由于发生在国家之间，所以不仅仅是语言问题，有时还会上升到国际关系问题"[①]。汉语文化国际传播同样如此，因此，汉语文化国际传播者应树立以下国际观：

#### 1. 全球观

当今世界，全球一体化的趋势不断加强，汉语文化国际传播就是应全球化趋势而进行的。汉语文化国际传播者应当树立全球观，尤其是顶层设计者，应当具有全球视野，整体布局，统筹规划，而不是局限于一时一地的状况。

#### 2. 和谐世界观

"和谐"是汉语文化的内涵之一，也是汉语文化国际传播的最终目的。汉语文化国际传播建立在传播需求的基础上，是平等自愿的传播，其首要任务是促进其他文化了解汉语文化，从而实现传播方与传播对象的共赢，构建和谐世界。

#### 3. 国家平等观

汉语文化国际传播虽然以文化为主体，但毕竟发生在国家与国家之间，传播能否顺利进行，受国际关系的影响；传播是否顺利进行，也会反过来影响国际关系。因此，汉语文化国际传播者应树立国家平等观念，避免产生国际纠纷。

#### 4. 多元文化观

世界上存在着多种文化，不同的文化有强弱之分，但没有地位上的差别。国家与国家是平等的，文化与文化也是平等的。汉语文化国际传播者应当具备多元文化意识，搭建汉语文化与其他文化平等交流的桥梁，维护人类文化的多样性。

#### 5. 语言平等观

国家平等观、多元文化观与语言平等观是一脉相承的。汉语的国际传

---

① 吴应辉. 汉语国际传播研究理论与方法. 北京：中央民族大学出版社，2015：28－32.

播是汉语文化国际传播的重要途径，汉语文化国际传播者在汉语教学中应当明确，其他语言与汉语具有平等的地位，避免妄自尊大或妄自菲薄。

研究汉语文化国际传播，起点在汉语及其文化，落脚点在于传播，因此，传播学也是汉语文化国际传播的重要理论基础。传播学主要指大众传播学，在其诸多分支学科、交叉学科中，对外传播学、传播语言学与汉语文化国际传播关系最为密切。汉语文化国际传播是一种跨国别、跨文化、跨语言的传播，应注意克服因文化差异而造成的障碍，使传播对象了解传播内容。汉语文化国际传播者应树立全球观、和谐世界观、国家平等观、多元文化观、语言平等观等基本观念。

## 第三节　汉语文化国际传播的跨文化交际学基础

### 一、　跨文化交际学基础理论

跨文化交际是指不同文化背景的人们（信息发出者和信息接受者）之间的交际[①]，包括跨种族交际、跨民族交际、同一主流文化内不同群体之间的交际、国际性的跨文化交际等。这也是一门交叉性的学科，主要涉及语言学、文化学、人类学、社会学、心理学、符号学等多个学科领域。其理论流派主要有三种：①实用主义观点，重视调查研究；②兼收并蓄、博采众长的观点，主张综合利用相邻学科的研究成果和研究方法；③以普通的交际理论为核心，建立跨文化交际研究的理论的观点。[②]

贾玉新在《跨文化交际学》中认为，跨文化交际是对交际的预测过程，并提出了跨文化交际研究的模式：文化—情景—社会规范—编码—符号—解码—研究方向—交际……对交际行为进行预测，涉及四个主要层系：宽泛的交际环境，具体交际环境，规范系统，符号、编译码和代码系统。其中，宽泛的交际环境包括文化环境、心理环境、自然地理环境；具体交际环境指社会和情景因素，可以从社会语言学、社会心理学、文化学等不同视角进行探讨；规范系统包括民俗、传统习惯、法律。不同层系之间，同一层系内的各因素之间，存在着相互关联、相互影响的关系。正是这些错综的关系，使得交际过程复杂多变。只有理解了这些关系和变化，才有可能对交际行为进行准确预测。

---

① 贾玉新. 跨文化交际学. 上海：上海外语教育出版社，2009：23.
② 贾玉新. 跨文化交际学. 上海：上海外语教育出版社，2009：6－7.

## 二、 汉语文化国际传播与跨文化交际学

汉语文化国际传播主要涉及汉语文化跨民族、跨种族的交际及国际性的跨文化交际，因此，构成跨文化交际研究理论框架的四个主要层系也是汉语文化国际传播中所应考虑的因素。

### （一）汉语文化国际传播中宽泛的交际环境

#### 1. 文化环境

文化环境主要指世界观、价值观。来自不同文化环境中的人们在进行交际时，往往会不自觉地依据自己的世界观、价值观对对方进行预测、解释和评判，因此难免会出现误解、矛盾、纠纷。汉语文化国际传播是将汉语文化传播到非汉语文化地区，传播到相异的文化环境中。如果不注意文化环境的差异，以己方的世界观和价值观要求对方，或流露出己方文化的优越感，就容易产生文化冲突，甚至有文化侵略之嫌。

例如，汉语文化有明显的群体取向。我们重视家庭，重视家庭的和谐、长幼有序，遇事不能只考虑自己，而应考虑整个家庭、家族的利益。从家庭延伸扩展开来，即要将个人置身于社会、民族、国家当中，个人不是独立的存在，为了集体的利益可以牺牲个人利益。这与西方的个人主义取向有很大不同。在汉语文化国际传播中，不可避免地会涉及汉语文化的群体取向，此时不应争辩孰优孰劣，而应着重沟通和理解。只有理解了汉语文化的群体取向，才能明白中国人春节团圆、尊老尊师等传统。

#### 2. 心理环境

心理环境主要指思维方式、认知方式、交际者的态度。来自不同国家、不同民族的人们往往有不同的思维方式和认知方式，交际者积极或消极的态度也是影响交际效果的重要因素。一般而言，世界上的所有民族都存在不同程度的民族中心主义，对其他民族会产生刻板印象或思维定式。在汉语文化国际传播中，应注意摈弃民族中心主义，以平等的态度与其他民族对话；要注意到其他民族不同的心理环境，但也应避免先入为主地受刻板印象的影响。

例如，与上述汉语文化群体取向相一致的思维方式是整体式具象思维，习惯从整体到具体；而与个人主义取向相一致的思维方式是解析式抽象思维，长于概念、判断、推理。但应注意的是，不同的民族都具有这两种思维方式，只是在历史选择中有所凸显和侧重。在汉语文化国际传播中应求同存异，而不是人为地强化、扩大差异。

3. 自然地理环境

自然地理环境主要指所处的自然地理及其他自然条件，这对于生活方式、交际行为等也有很大的影响，尤其是在古代或经济欠发达地区。例如大陆文化与海洋文化的差别，季节气温和城市建筑对生活方式的影响等。在汉语文化国际传播的过程中，应考虑到不同的自然地理环境对不同文化的影响，但不应将这种影响扩大化。尤其是在当代，随着全球化程度不断加深，不同文化之间的交流与融合进一步密切，自然地理环境对文化的影响已经大大减弱。

例如，中国传统文化主要起源于黄河流域，经济上以农业为主，因此，汉语文化主要属于大陆文化。历史上，中国人重农轻商、安土重迁，有完善的祭天祭地、庆祝丰收等礼仪系统。同时，中国的农业以家庭式的小农经济为主，因而形成了上述重视家庭的群体取向。这与欧洲的海洋文化在传统上有明显的差别。了解这种差别的根源，有助于我们更有针对性地传播汉语文化，避免不同文化之间的冲突。

## （二）汉语文化国际传播中的具体交际环境

### 1. 社会语言学视角

从社会语言学的角度看，组成交际情景的变量有：交际参加者的身份、交际目的、交际场合、交往关系。其中，交往关系是跨文化交际中极为关键的情景变量，涉及社会关系、角色和角色关系。[①]

交际参加者的身份主要涉及性别、年龄、职业、宗教等情况。在进行具体的汉语文化国际传播时，应事先了解传播对象的这些背景情况，因人而异地调整传播内容和传播策略，从而收到更好的传播效果。例如，面向儿童的汉语文化国际传播，应较多采用学画脸谱、学编中国结等参与式的表层文化体验活动的方式，以提高他们了解汉语文化的兴趣；而面向成人的汉语文化国际传播，则可以结合文化讲座、传统思想探讨等涉及深层文化的方式，以进行文化上的碰撞，增进双方的理解。对于政治、宗教等身份因素，同样应当加以重视，以免产生文化冲突。

交际目的可以从交际双方的不同视角进行探讨。在汉语文化国际传播中，传播方的目的主要是增进双方的沟通交流、增进世界对中国的了解、将汉语文化发扬光大等。传播对象的目的则可能多种多样：如传播对象为华裔，其交际目的可能是增进对祖籍国的认识、树立"根"的意识、增强

---

① 贾玉新. 跨文化交际学. 上海：上海外语教育出版社，2009：141-143.

归属感；传播对象为非华裔，其交际目的可能是旅游（社会文化型）、经商（社会职业型）、进修（专业型）等。在汉语文化国际传播中，首先应使传播对象明白传播方的目的，排除"文化侵略"等误解；然后传播方尽可能地了解传播对象的交际目的，从而有针对性地进行传播。

交际场合主要包括空间场合、时间场合等，不同的交际目的对交际场合有不同的要求，不同的交际场合对交际行为有不同的要求。在汉语文化国际传播中，应注意交际场合这一情景因素的作用，在非汉语文化环境中，创设与汉语文化相适应的交际场合，从而提高传播的有效性。例如，对汉语教室、中华文化活动中心等进行布置，以各种中华元素进行装点，使其在异域他乡独具汉语文化韵味；在春节、中秋节等中国传统节日举办中华文化活动，借这种特殊的契机在当地传播汉语文化。

社会关系具体体现为"权势"和"同一性"两种关系。"权势"关系即上下、尊卑、长幼等关系，这种关系在汉语文化中较为明显。上述重视家庭的群体取向，形成了中国人对顺序、秩序的重视，在汉语文化中突出体现为一系列完整的亲属称谓、尊称谦称等称谓礼仪。"同一性"关系即平等的关系，这种关系在美国等西方文化中较为明显。在汉语文化国际传播中，应注意"权势"关系在汉语文化、受汉语文化影响的周边文化等中的体现，增进与"同一性"关系文化之间的理解。例如，称谓礼仪可以作为具有汉语文化特色的点，引起"同一性"关系文化对"权势"关系文化的兴趣；而在与"同一性"关系文化进行沟通时，又需尽量避免显露"权势"，以避免产生文化冲突或反感。

社会角色是"对交际个体行为的社会的期望"，在交际中起规范、背景和预测作用。"角色关系因文化而异"，表现在三个方面："正式和非正式程度""个人化程度""允许偏离理想角色行为的程度"。[①] 在汉语文化国际传播中，传播双方身处不同的文化背景中，应依据其文化对角色关系进行考量，对角色行为进行预测。例如，中国的课堂是一个较为正式的场合，教师的权威程度较高，无论教师还是学生，上课时的言行举止都不可过于随便，这与美国的课堂有很大差别。汉语课堂是汉语文化国际传播的一个重要场所，在汉语课堂上应采用何种社会角色，这是传播方应当关注的一个问题。

2. 社会心理学视角

从社会心理学的视角看，主要涉及人际关系，影响人际关系的因素主要有：文化因素、社会因素、心理因素、自然地理和环境因素。[②] 对于人

---

① 贾玉新. 跨文化交际学. 上海：上海外语教育出版社，2009：149.
② 贾玉新. 跨文化交际学. 上海：上海外语教育出版社，2009：157.

际关系的类型，有多种划分方式，从跨文化交际的角度，可以分为情感型关系、工具型关系和混合型关系三种。

汉语文化中的人际关系以情感型关系为核心。人与人之间最初的关系就是家庭成员之间的亲属关系，亲属关系往往是汉语文化群体最为重视的人际关系。由亲属关系扩展开来，有朋友、邻居、同学、同事之间的关系，虽不如亲属关系密切，却也有一定程度的情感关系，甚至可以发展为类似亲属的关系，但其中又掺杂着一定的工具性，这就是混合型关系。汉语文化至今都非常讲究关系网络，这与以工具型关系为主的西方文化有很大不同。在汉语文化国际传播中，应注意这种差异。

同时也应注意到，这种差异是整体性的，而在具体的传播当中，存在着诸多个体的差异。对于具体的汉语文化国际传播实践而言，应对具体的人际关系进行考量，而不应受文化定式的影响。

3. 文化学视角

文化学视角主要涉及交际文化。"不同的文化群体都有自己的交际系统"，这种交际系统即交际文化，指"一个群体所共享的一套如何进行交际的规范系统"。因此，"任何文化群体的成员都必须掌握若干交际系统，才能有效地与不同文化群体的人进行交际"。[①]

交际文化系统包括四方面内容：群体的历史、社会和文化的特征，交际规范，情感和关系，认知能力。在汉语文化国际传播中，应了解双方的交际文化系统，在此基础上进行交际文化系统的对比，从而更好地与不同文化群体的人进行交际，将汉语文化传播到不同的文化群体当中。

## （三）汉语文化国际传播中的规范系统

1. 民俗

民俗即一个社会中日常生活各个方面所要遵循的规范，是这个社会中的成员约定俗成、世代相传的。民俗不仅包括各种行为上的习惯和禁忌，还包括相关的言语行为，即语篇、语用规则。民俗涉及交际中的方方面面，在汉语文化国际传播中，既要了解汉语文化中的民俗规范，又要知晓传播对象的民俗规范，尤其是双方不一致的地方。如果只按照汉语文化中的民俗规范来与对方进行交际，很可能会出现沟通不畅的情况，甚至会触碰到对方的禁忌，为汉语文化国际传播带来负面影响。

2. 传统习惯

传统习惯主要指道德、伦理、宗教等方面的规范，是社会主流价值观

---

① 贾玉新. 跨文化交际学. 上海：上海外语教育出版社，2009：180.

下人们的行为准则，是人们做出善恶评判的标准。同一种行为，在不同的地方可能得到不同的评判。在汉语文化国际传播中，应广泛了解传播对象的传统习惯，尤其是宗教、禁忌等，避免违背对方的传统习惯，产生规范冲突。

### 3. 法律

法律是国家的统治工具，由国家强制力保证实施，对全体社会成员具有普遍的约束力。上述民俗和传统习惯都是非强制性的约束规则，在跨文化交际中，如果违背了民俗或传统习惯，就会影响交际的顺利进行。而如果违背了法律，其后果则更为严重，甚至会上升至国家层面。因此，在汉语文化国际传播时，尤其应学习传播对象当地的法律法规，避免造成严重后果。

例如，2001 年出品的电影《刮痧》是反映东西方文化冲突的一部经典影片。刮痧是一种以中医理论为指导的独具中华文化特色的医疗手段，美国人无法理解这样的文化。主人公身处美国，刮痧在当地人看来违背了当地的规范系统，主人公的一系列行为又触犯了当地的法律，因此产生了文化冲突，毁坏了主人公原本充满希望的生活。类似的现象在跨文化交际中并不鲜见。进行汉语文化国际传播时，应引以为戒，以不违反传播对象规范系统为前提。

### （四）汉语文化国际传播中的符号、编译码及代码系统

符号是用某种形式表示某种意义的标记，形式和意义之间没有必然的联系，其结合是由社会成员约定俗成的。这使得"在信息编码和译码时，存在一套代码系统——一套把信息转换为符号和把传递信息的符号转换为意义的规范系统，代码系统的存在是符号的任意性这一特殊性的必然结果"[①]。

符号是交际的重要手段，可以分为语言符号和非语言符号。其中，语言符号是人类最重要的交际工具。在跨文化交际中，如果懂得彼此的语言，可以大大促进双方的交流沟通，减少误解和摩擦。因此，在汉语文化国际传播中，汉语是重要的沟通媒介。双方语言互通，传播效率才能提高。同时，语言也是思维的工具。传播对象在学习汉语时，也会潜移默化地了解汉语的思维方式，有利于汉语文化国际传播的顺利进行。

面对符号系统时，应明确其任意性和约定俗成性，不能以本文化中形式和意义之间的联系去妄猜对方文化中形式和意义之间的联系。例如，"55555"在泰国表示很开心的意思，而在中国则表示哭泣、伤心。如果不

---

① 贾玉新. 跨文化交际学. 上海：上海外语教育出版社，2009：206.

了解其差异而妄猜，就会出现交际问题，影响文化传播。

汉语文化国际传播是汉语文化传播到非汉语文化地区，因此是一种跨文化的传播。在研究汉语文化国际传播时，应注意借鉴跨文化交际学的相关理论，对交际行为进行预测的四个要素也是汉语文化国际传播应注意的四个方面：在宽泛的交际环境方面，应注意传播双方文化环境、心理环境、自然地理环境的差异，避免不同文化之间的冲突；在具体交际环境方面，应注意传播双方的身份、传播目的、传播场合、社会关系、社会角色、人际关系、交际文化等，从而灵活应对；在规范系统方面，应注意传播双方的民俗、传统习惯、法律，尤其注意不能触犯传播对象的规范系统；在符号、编译码及代码系统方面，应注意语言在汉语文化国际传播中所起的作用，同时注意符号的任意性和约定俗成性。

## 第四节 汉语文化国际传播的教育学及教育心理学基础

### 一、 汉语文化国际传播的教育学基础

#### （一）教育学基础理论

教育是培养人的一种复杂的社会活动，与人类几乎同时产生，并随着人类文明的发展而发展。教育有广义和狭义之分，通常所说的教育是狭义教育，即学校教育。"从世界范围说，现代教育制度始于18、19世纪欧美国家的义务教育。"① 当代世界教育的规模迅速扩大，教育体制和结构方面发生了重大变化，教育的内涵不断拓展，呈现出全民化、终身化、民主化、信息化的趋势，但仍存在严重的不平等现象。现代教育以发展人为最高追求，其主要功能是提高人的地位、培养人的素质。教育作为一种社会活动，与社会的其他方面都有着密切的联系，如经济、政治、科技、文化等。

教育学属于社会科学，其思想源于古代的哲学、社会学思想。在当代，教育学呈现出多元化、综合化的趋势，不仅在学科体系、学科内容等方面产生了不同的理论观点，而且还注重借鉴其他学科的研究方法、研究成果，形成了丰富的教育理论体系。当代教育学的主体理论包括师生关系、学习理论、课程理论、教学理论、教学策略、教育评价、学校德育、学校管理等，涉及了教学的全部过程。

---

① 袁振国. 当代教育学. 北京：教育科学出版社，2012：4.

## （二）汉语文化国际传播与教育学

教育与文化之间关系密切。教育既是一种特殊的文化现象，又可以传递并深化文化。教育与文化相互依存、相互制约。在这种相互依存、相互制约的过程中，教育与文化又互相促进、共同发展，在更高水平上继续达成一致。目前，汉语教育以学校教育为主，教育学对汉语文化国际传播的影响，首先体现在汉语教育与汉语文化的关系上，具体主要包括以下几个方面：

### 1. 学校文化

学校文化主要包括办学理念、办学目标、办学特色、管理制度等。在海外进行汉语教育、汉语文化国际传播的机构主要有孔子学院和华文学校。《孔子学院章程》规定："孔子学院致力于适应世界各国（地区）人民对汉语学习的需要，增进世界各国（地区）人民对中国语言文化的了解，加强中国与世界各国教育文化交流合作，发展中国与外国的友好关系，促进世界多元文化发展，构建和谐世界。""孔子学院本着相互尊重、友好协商、平等互利的原则，在海外开展汉语教学和中外教育、文化等方面的交流与合作。"这体现了全球各孔子学院统一的办学理念和目标，其中渗透着和谐、友善等汉语文化。而海外华文学校尽管没有统一的章程，但在办学理念、管理制度等方面往往向国内中小学看齐。例如，意大利佛罗伦萨中文学校是海外"华文教育示范学校"之一，其办学宗旨是"提高中文教育水平，增强弘扬中华文化力度，让更多的华侨华人子女，接受更好的教育"。孔子学院、华文学校的学校文化与汉语文化的一致性，使其成为汉语文化国际传播的重要阵地。

### 2. 教师文化

教师文化主要指教师群体的价值取向、教育理念、角色特点等。《国际汉语教师标准》中，"文化与交际""综合素质"两大模块是国际汉语教师文化的体现。"文化与交际"要求教师具备多元文化意识，了解中国和世界文化知识及其异同，掌握跨文化交际的基本规则；"综合素质"主要对教师的职业素质、职业发展能力和职业道德进行了描述。除此之外，国家公派汉语教师项目要求教师"热爱汉语国际推广工作，具有较强的使命感、光荣感和责任感；爱岗敬业，组织纪律性强，具有奉献精神"；汉语教师志愿者项目要求志愿者"具备良好的政治和业务素质，热爱祖国，志愿从事汉语国际推广工作，具有奉献精神，有较强的组织纪律性和团队协作精神，品行端正"。无论教师还是志愿者，都在汉语文化国际传播中起着重要作用，他们所体现的教师文化，对学生和传播对象都有重要影响。

### 3. 学生文化

学生文化主要指学生群体的价值取向、人际关系、行为特点等。在汉语文化国际传播中，学生的国别、民族、年龄、语言背景、文化背景、家庭背景等都有很大的差别，学生文化多种多样，这给汉语教学和汉语文化国际传播带来了很大挑战。大致而言，学生群体可以分成华裔和非华裔两类，从而呈现出两种学生文化：华裔学生一般有一定的中华文化底蕴，学习目的以"融入性"为主，其学生文化与中国的学生文化有一定的相似性；非华裔学生的学习目的以"工具性"为主，其学生文化往往千差万别。面对不同的学生文化，应采取不同的教学方式和传播方式。另外，不同的学生在汉语文化国际传播中起着不同的作用，华裔学生由于本身具有一定的文化底蕴，也较容易接受汉语文化，因此，他们不仅是汉语文化国际传播的重要对象，更是潜在的传播者。

### 4. 班级文化

班级文化是由某一班级的班主任和全体同学共同形成的，主要包括环境、制度等显性文化和风气、情操等隐性文化。班级是学生每天学习和生活的地方，将汉语文化融入班级文化，对汉语文化国际传播可以起到积极作用。例如，在物质文化建设方面，在教室环境布置中尽可能多地增加汉语文化的元素，使身处其中的学生得到潜移默化的熏陶；在制度文化建设方面，在汉语课堂上提倡遵循中国课堂的礼节、规章制度，使学生产生汉语学习的仪式感；在精神文化建设方面，对学生进行道德、品质等方面的汉语文化教育，形成具有汉语文化内涵的班风。在班级文化建设中，班主任应明确自己汉语文化国际传播者的身份，引导学生建设蕴含汉语文化的班级文化。

汉语教学是汉语文化国际传播的重要方式，教育学是汉语教学的基础理论之一。教育学对汉语文化国际传播的影响，还体现在教育学理论对汉语教学理论的影响上，主要包括以下三个方面：

### 1. 教育的作用及目的

教育的作用及目的在前面提到过，现代教育以发展人为最高追求，其主要功能是提高人的地位、培养人的素质。对社会而言，教育的作用是传授前人的知识、技能、思想、道德等，以促进社会的延续和发展。具体到汉语教学而言，在社会方面，可以促进汉语及汉语文化的传承和传播；在个人方面，可以培养学习者运用汉语进行交际的能力，提高学习者的汉语文化素养。汉语教师作为汉语文化国际传播者，不仅要传授汉语及汉语文化，同时也要帮助母语非汉语的学习者完成从母语文化向汉语文化的过渡。

## 2. 教学过程及原则

教学过程由教师和学生共同参与，代表性的教学过程模式主要有传授式、活动式、发现式、发展式四种。在教学过程中，应遵循一些普遍的教学原则：科学性与思想性相结合，知识传授与智能发展相结合，理论联系实际与以理论知识为主导相结合，教师的主导作用与学生的主动性、自觉性相结合，统一的培养要求与因材施教相结合，系统性与循序渐进性相结合，直观性，巩固性，量力性。① 在汉语教学中，应因地制宜、因材施教，采取多样化的教学模式，吸取各家之长；对于这些普遍的教学原则，也应当结合实际，创造性地加以运用。

## 3. 教学内容及方法

教学内容主要涉及课程设置，课程理论主要有学科课程论和活动课程论两种。前者以学科的知识体系为中心，按照各学科知识自身的逻辑体系来安排课程；后者以经验为中心，按照生活经验的发展顺序来安排课程，教学中以培养学生解决实际问题的能力为主。教学内容的不同决定了教学方法的不同，如以语言讲授、观察、训练、陶冶为主等。在汉语教学中，应当灵活安排教学内容并选择恰当的教学方法，避免生搬硬套。

## 二、 汉语文化国际传播的教育心理学基础

### （一）教育心理学基础理论

教育心理学是教育学和心理学的交叉学科，其思想无论是在中国还是在西方都古已有之，20 世纪时发展成为一门独立的学科。其研究方法主要有定量研究与定性研究、教育行动研究、设计型研究等，常用的具体研究方法有问卷法、实验法、观察法、访谈法、微观发生法等。当代教育心理学日益重视学习者的主体性，研究领域日益深入，研究方法日益多元化，研究趋向于国际化、本土化、跨学科化、综合化。②

教育心理学主要研究教与学的基本心理规律，围绕如何教、如何学、教和学之间的相互作用，研究学习的基本理论、具体学习心理、教学心理、学生心理和教师心理。学习理论是教育心理学最核心的研究内容，有行为主义学习理论、认知学习理论、建构主义学习理论、人本主义学习理论等。具体的学习心理包括学习动机、知识建构、问题解决、自我调节学习、品德学习等。教学心理包括教学目标分析、教学过程设计、课堂行为

---

① 刘珣. 对外汉语教育学引论. 北京：北京语言大学出版社，2008：92－96.

② 陈琦，刘儒德. 教育心理学. 北京：高等教育出版社，2012.

管理、教学测评等。学生和教师是教学活动的主体，对他们心理的研究包括学生的心理发展、个体差异，教师的素质和发展等。

## （二）汉语文化国际传播与教育心理学

教育心理学对汉语文化国际传播的影响，主要体现在对汉语教学理论的影响上，尤其是对第二语言教学法流派的影响。

1．官能心理学与语法翻译法

官能心理学认为，心灵可以划分为认识、情感、意志等不同的官能，各种官能可以分别进行训练，以促进其发展。因此，教育应当着重于通过训练发展官能，而不是通过知识的获得。这构成了语法翻译法的心理学理论基础，这种教学法主要用演绎法教授词法、句法，强调对语法规则的掌握，学习规范的书面语，训练学习者的记忆能力、逻辑思维能力，促进学习者智力的发展。

2．联想主义心理学与直接法

联想主义心理学认为，"人的学习方式与动物一样，是刺激与反应直接联结，否认意识在其间的作用"①。因此，教学的目的就是养成语言的习惯。以此为心理学基础的直接法，在教学中排除母语，靠直接感知目的语当代通用的语言材料，直接建立起目的语的形式与意义之间的联系。

3．行为主义心理学与听说法

行为主义心理学认为，所有的学习都可以用条件发射，即刺激与反应的联系来进行解释，学习就是一系列刺激与反应之间的联系的积累。在此基础上形成的听说法强调，语言教学主要是进行大量的模仿和操练，从而形成刺激与反应之间的联结并加以强化，最终形成新的语言习惯，掌握一门新的语言。

4．认知心理学与认知法

认知心理学反对将学习等同于外显的刺激与反应，等同于行为习惯的加强或改变，而是着重于研究学习者对外界刺激的内部加工机制，认为学习是主动的心智活动，是大脑抽象思维活动的结果。以此为心理学基础的认知法反对机械的模仿和操练，而是强调从学习者理解语言材料、语法规则开始，在此基础上进行有意义的练习。

5．人本主义心理学与交际法

人本主义心理学强调研究人的本性、潜能和价值，促进人的潜能发挥

① 刘珣．对外汉语教育学引论．北京：北京语言大学出版社，2008：239.

和自我实现。人本主义心理学的学习理论研究学习者的成长历程和人性的发展，在教学中注重人的理性和情感的均衡发展，实现认知与经验的结合。与之相对应的交际法强调以学生为中心，依据学习者的需要决定教学内容和教学方法，发挥学习者的主动性。

汉语教学是汉语文化国际传播的重要途径，因此，教育学及心理学的相关理论也是汉语文化国际传播所应借鉴的。教育学方面，一方面涉及普遍的教学理论、课程理论、学习理论等在汉语教学中的应用，主要包括教育的作用及目的、教学过程及原则、教学内容及方法；另一方面涉及教育与文化之间的关系——学校文化体现汉语文化，教师文化对传播对象有重要影响，学生是汉语文化国际传播的重要对象及潜在传播者，班级文化建设对汉语文化国际传播起积极作用。心理学方面，主要体现在教育心理学理论对汉语教学理论的影响、心理学流派对语言教学法流派的影响。教育学及心理学作为汉语文化国际传播的理论基础之一，其相关理论和研究成果直接影响汉语教学，从而推动汉语文化国际传播。

以上简要论述了汉语文化国际传播的语言学、传播学、跨文化交际学、教育学及教育心理学理论基础，除此之外，汉语文化国际传播还涉及文化人类学、社会学、地理学、外交学等多个领域的多个学科。汉语文化国际传播具有多领域、多学科的交叉性，研究汉语文化国际传播，不应局限于某一学科的理论，而应当兼收并蓄，吸取诸多相关学科的成熟理论及前沿成果，以指导汉语文化国际传播实践；同时，在实践中使理论得到检验、丰富和深化。

## 第三章

# 汉语文化国际传播的主体、形式、模式及个案研究

汉语文化国际传播以语言教学为基础，以汉语和中华文化走向世界为目标，为构建语言多元化和文化多元化的和谐世界而努力实践着。近年来，伴随着中国国力的快速提升和汉语走向世界步伐的加快，汉语文化国际传播事业取得了诸多的成就。本章将对汉语文化国际传播的具体实践进行分析和探讨，将从汉语文化国际传播的主体、汉语文化国际传播的形式、汉语文化国际传播的模式及典型案例几个维度展开。

## 第一节  汉语文化国际传播的主体

从传播学角度看，传播活动至少包含三方面因素：传播主体、传播受体和传播信息。传播主体指在传播活动中运用特定手段向传播受体发出信息的行为主体；传播受体指在传播活动中接收信息的行为主体；传播信息指在传播活动中经由传播主体到达传播受体的信息。

在汉语文化国际传播活动中，传播主体指在全球范围内传播汉语和中华文化的行为主体，传播受体指全球范围内所有对汉语及中华文化有学习需求和了解意愿的人，而传播信息则是汉语和中华文化。其中居于最优地位的无疑是汉语文化国际传播的主体。作为传播过程的控制者，汉语文化国际传播的主体发挥着主动作用，是汉语文化国际传播过程产生直接影响的重要因素，不但掌握着传播工具和手段，而且决定着信息内容的取舍选择。

对外语言传播是各国政府部门承担的任务之一，因此，无论是哪种语言的国际传播，各国政府都会从维护国家利益的角度出发，制定相应的政策法规来推动本国语言在海外的传播。从某种意义上说，各国政府是其本国语言最大的传播主体。

在很长一段历史时期里，汉语文化国际传播的主导者是国家，是代表

国家行使管理职能的政府。随着社会历史条件的变化、信息传播技术的改进和更新，汉语文化国际传播的形态也发生了相应变化，国家（政府）不再是唯一的传播主体，政府之外的其他机构与个人也摆脱了依附地位，成为传播主体。这就使汉语文化国际传播主体发生了质的变化，由一元（政府主体）向多元（政府组织、非营利性组织、企业、个人）转变。

从传播受体所处的环境来看，汉语文化国际传播可分为：目的语环境下的传播、非目的语环境下的传播；从传播主体的性质上分，汉语文化国际传播的主体有：政府组织、非营利性组织、企业和个人。因此，可以综合两方面的因素——传播受体所处的环境、传播主体的性质——来考察汉语文化国际传播的主体。

## 一、 目的语环境下的汉语文化国际传播主体

### （一）政府组织

政府组织是汉语文化国际传播的主要机构，其在汉语文化国际传播中的作用体现在：①确保汉语文化国际传播活动中国家利益的安全性；②创造有利的国际舆论环境，取得最大限度的国际支持与合作，保证汉语和中华文化在世界范围内宣传传播的广泛性。为此，中国政府从上到下成立了一系列语言推广机构，并配给了大量的人力、物力、财力。

1. 教育部及其下属部门

（1）语言文字信息管理司。

语言文字信息管理司研究并审定语言文字标准和规范，制定语言文字信息处理标准。其与汉语文化国际传播相关的具体职责有：制定和审定汉语汉字的规范和标准；制定和审定汉语汉字信息处理的规范和标准；语言文字信息处理工作的部级协调与宏观管理；监督检查信息技术产品中汉语汉字规范标准的贯彻执行情况；国内外语言文字信息处理技术进展与动态调查研究；组织指导汉语汉字信息处理的研究与应用等。

（2）国际合作与交流司。

国际合作与交流司的职能为：组织指导教育方面的国际合作与交流，拟定来华留学、中外合作办学和外籍人员子女学校管理工作的政策；承担教育涉外监管的有关工作；指导驻外使（领）教育处（组）的工作；规划、协调和指导汉语国际推广工作，开展与港澳台的教育合作与交流。

（3）语言文字应用管理司。

语言文字应用管理司与汉语文化国际传播相关的职责有：拟定语言文字工作的方针、政策和中长期规划；组织实施语言文字规范化工作；监督

检查语言文字的应用情况；组织推行《汉语拼音方案》，指导推广普通话工作以及普通话师资培训工作；承办国家语言文字工作委员会的具体工作。

2013 年 1 月，语言文字应用管理司颁布了《国家中长期语言文字事业改革和发展规划纲要（2012—2020 年)》，明确规定工作的主要任务包括弘扬传播中华优秀文化和提升中文国际地位，也明确规定了在文化传承方面的重点工作为：鼓励海外侨胞来华学习汉语；举办海外华侨华人子弟"母语寻根"夏令营活动；实施海外华文教师普通话培训工程；加大普通话培训测试的海外推广力度，深化与境外相关机构在普通话培训测试、汉语口语水平测试等方面的合作，进一步拓展在境外的培训测试范围；推进国家通用语言文字培训测试与国际汉语教育、海外华文教育的有效对接。

2. 国务院及其下属部门

（1）侨务办公室及其下属的文化司。

国务院侨务办公室，围绕"侨"开展工作，主要有：开展对海外侨胞及其社团的团结友好工作，联系海外华文媒体、华文学校并支持其工作，促进海外侨胞在经济、科技、文化、教育等方面与我国的合作交流。其中负责指导、推动涉侨宣传文化交流和华文教育工作的主要是文化司（下设院校处、华文教育处、华文教育发展中心)，其职能是：研究推动侨务文化和华文教育工作并提出政策建议；拟定华文教育规划；协助管理直属院校；协助指导有关团体工作。

（2）国家语言文字工作委员会。

国家语言文字工作委员会的主要职能是：拟定语言文字的方针、政策，制定语言文字标准，发布语言文字管理办法，促进语言文字的规范化、标准化。

1988 年 7 月，国家教委和国家语委发布了《汉语拼音正词法基本规则》，2001 年，国家语委制定了《〈汉语拼音方案〉的通用键盘表示规范》。2012 年 6 月，《汉语拼音正词法基本规则》重新修订，并同时发布了《中国人名汉语拼音字母拼写规则》。《汉语拼音方案》得到了国际标准化组织（ISO）的承认，这不仅是汉语拼音迈向世界的新步伐，也是中华文化迈出的国际新步伐。

（3）文化部的一些机构。

其与汉语文化国际传播相关的职能有：指导、管理对外文化交流和对外文化宣传工作；组织拟定对外及对港澳台的文化交流政策；指导驻外使（领）馆及驻港澳文化机构的工作；代表国家签订中外文化合作协定；组织实施大型对外文化交流活动。

（4）外交部的一些机构。

其与汉语文化国际传播相关的职能有：按照外交总体布局，就文化、侨务、教育、科技、外宣等重大问题，负责与有关部门进行协调，向党中央、国务院报告情况、提出建议；发布重大外交活动信息，阐述对外政策，负责国家重要外事活动新闻工作，组织公共外交活动，主管在华外国记者和外国常驻新闻机构事务；负责海外侨务工作，保护本国侨民等。

## （二）非营利性组织

非营利性组织大多以民间机构的形式成立，在一定程度上保持了自身的独立性，政治色彩略显淡化。① 这使得非营利性组织在开展各项汉语及文化传播活动时，能较为容易地被传播受众所接受，能使语言文化传播较为顺利地进行；另外，民间的非营利性组织积极参与汉语文化国际传播，也在一定程度上减轻了中国政府的行政和财政负担。

### 1. 国家汉语国际推广领导小组办公室

国家汉语国际推广领导小组办公室简称"国家汉办"，是国家汉语国际推广领导小组的常设办事机构，致力于为世界各国提供汉语言文化的教学资源和服务，最大限度地满足海外汉语学习者的需求，为携手发展多元文化、共同建设和谐世界做贡献。其主要职能是：支持各国各级各类教育机构开展汉语教学和中华文化传播；制定、完善和推广国际汉语教师标准、国际汉语教学通用课程大纲；选派和培训出国汉语教师和志愿者；开发和实施汉语水平考试；实施"孔子新汉学计划"，支持开展中国研究；组织管理孔子学院奖学金；建设国际汉语教学网络、电视、广播立体化平台并提供数字化资源等。

作为汉语文化国际传播的有效机构、主要执行机构，国家汉办设立十几年来，除了筹建孔子学院和孔子课堂、研发教学标准和教材、培训和外派教师、研讨教学等传统工作外，还逐步增加了对对象国政府、民间、学校等的关注和投入，如设立和举办汉语桥比赛、冬夏令营、校长访华团、教育官员访华团、春节系列活动等，在汉语文化国际传播中逐渐发挥出了品牌效应。

### 2. 各类学校

汉语文化国际传播在汉语教学方面的任务基本上是由各类学校承担的。

---

① 当然，这些机构在发展过程中，或是接受政府的资助，或是间接地接受政府的指导，与政府有着不可割舍的联系。

（1）侨办下属的院校。

直属于国务院侨办的院校有北京华文学院、暨南大学和华侨大学。

北京华文学院（原北京归国华侨学生补习学校，北京中国语言文化学校），始建于 1950 年，是直属国务院侨务办公室的华文教育专业院校。其办学宗旨是：为海外华侨华人和各国学生学习中国语言文化提供条件，为促进中外文化交流和友好往来服务。其建设目标是成为"海外华裔青少年学习体验中国语言文化的中心，专业化、高素质华文教师的培训中心和中国华文教育理论的研究中心"①。

暨南大学是中国第一所由国家创办的华侨学府，被誉为"中国第一侨校"，也有"华侨最高学府"之称。其华文学院是暨南大学面向海外开展华文教育、对外汉语教学及预科教育的专门学院，被国务院侨办确定为"华文教育基地"；被国家教育部确定为"国家对外汉语教学基地""支持周边国家汉语教学重点院校"。暨南大学华文学院积极开拓在海外的华文教育，重视与海外华校、华文教育机构等的联系合作。例如，与新加坡华夏管理学院联合招收语言学及应用语言学专业的硕士研究生；在印尼万隆、坤甸、棉兰等地设立函授点培养华文师资等。

华侨大学是 1960 年由国家创办的著名华侨高等学府。其办学宗旨是"为侨服务，传播中华文化"。华侨大学是全国拥有境外学生最多的大学之一，全球五大洲均设有办事处或招生机构。

（2）教育部下属的各高校。

教育部下属的许多高校都设置了汉语国际教育专业，每年为汉语文化国际传播培养出了大量的师资。例如北京语言大学，下设有汉语国际教育学部（含汉语学院、汉语进修学院、汉语速成学院、预科教育学院、华文教育学院），既承担着对来华留学生进行汉语、中华文化教育的任务，又承担着培养汉语师资的任务。北京语言大学一直保持着在汉语国际教育领域的特色和优势，迄今为止，学校已经为世界上 176 个国家和地区培养了 16 万余名懂汉语、熟悉中华文化的外国留学生，其中很多校友已经成为学界、政界、商界的知名人士。

3. 国际学校

国际学校招收的学生以来华人员随行子女为主，在身份上为外籍非留学人员。这样的汉语学习者数量并没有统计到每年来华留学生人数中，国际学校的市场规模也没有具体的数据。② 但国内目前专为外国人设立的国际学校也承担了汉语教学的任务，为汉语和中华文化的广泛传播贡献了力量。

---

① 源自国务院侨办前主任李海峰在北京华文学院新校区开学典礼暨董事会成立大会上讲话。
② 王建勤. 全球文化竞争背景下的汉语国际传播研究. 北京：商务印书馆，2015：246.

4. 基金会

（1）中国华文教育基金会。

中国华文教育基金会是一家专门为海外华文教育事业服务的全国性公募基金会，其宗旨是弘扬中华文化，发展华文教育事业，促进中外文化交流。中国华文教育基金会先后开展了华文师资培养工程、华文教师暖心工程、华裔青少年中华文化传承工程、传统节庆文化活动拓展工程、华文教辅材料开发工程、华文教育现状调研工程等系列华文教育项目。在此基础上，还形成了华文教师从大专学历、本科学历到研究生学历的培养资助体系；海外华裔青少年从高（职）中、大专到本科的奖助体系；海外华文学校发展资助体系；海外华裔青少年中华文化（海外）行及远程网络教育等品牌活动，惠及全球众多国家和地区的华文教育组织、华文学校、华文教师和华裔青少年。

（2）中华文化基金会。

中华文化基金会于2013年11月经澳门特区政府正式批准成立，是一个为全球的中华文化研究者、传播者提供项目合作和资金支持的公益组织，旨在履行"传承中华文明，系统整理研究中华优秀的文化遗产，促进两岸四地社会进步和文化认同；促进世界和平，建构既包含中华传统文化基因，又符合西方现代文明理念的新思想、新观念，为全球各民族贡献价值信仰体系"的使命。

5. 世界汉语教学学会

世界汉语教学学会是由世界各地从事汉语教学、研究和推广工作的人士及相关机构组成的非营利性国际民间学术团体。其宗旨是："促进汉语作为外语教学和研究的国际交流与合作；推动世界汉语教学与研究的发展；加强世界各地汉语教学和研究工作者之间的联系；增进和发展各国人民之间的相互了解和友好合作，为维护世界和平贡献力量。"

6. 研究中心

（1）中国语言战略研究中心。

这是由教育部语言文字信息管理司与南京大学共建的实体性科研机构，专门从事语言政策、语言规划、语言国情和中国的国际语言战略等方面的科研研究工作。其工作目标是：①提出适应当前形势和我国国情的新的语言规划理论；②传播语言规划研究和语言战略研究的新成果，推动有关科研成果的转化和应用；③针对国内外重大语言问题展开研究，向国家语言文字工作委员会提出政策建议和战略预案，使语言文字工作为我国的经济社会发展提供有力的支持和保障。

（2）中国语言资源开发应用中心。

中国语言资源开发应用中心，由教育部语信司指导、商务印书馆主办设立。该中心为语言文字研发实体机构，采取"产学研协同创新模式"，充分发挥政府、企业、学界各自的优势，致力于把语言和语言知识转化为生产力和文化产品，力争成为中国语言产业的研发、示范基地，更好地为国家、社会和学界服务。

综上，作为政府战略规划的重要执行机构，非营利性组织在汉语文化国际传播中充分发挥着桥梁作用——一方面提供大量的语言文化产品与服务（如提供汉语学习的出版物，制定与组织标准化考试、师资培训与职业培训，外派教师与志愿者等）；另一方面深入挖掘汉语传播的各项资源，充分发挥学术界、行业协会和企业等社会各界力量，共同拓展海外汉语教育市场，与政府、企业和个人一同将汉语推向世界。

## （三）企业

汉语文化国际传播活动中，企业的主体作用不是很明显。传播活动在很大限度上是由政府主导，非营利性组织大力开展的，但是由于政府部门和非营利性组织无法直接进行商品生产，所以，音像、影视媒体、版权交易、文化用品等传统商品化市场，主要是由企业主导，[①]依靠中国企业海外投资和本地化生产来发展的。除此之外，企业的参与更多地体现在捐赠与资助汉语文化国际传播机构方面。[②]

### 1. 出版发行机构

国内对外汉语教材的出版机构，以市场为导向，以教学法的发展为理论指导，致力于研发系列汉语综合性教材，进行产业化运作。比如，北京语言大学出版社是对外汉语的专业出版社，其汉语教材品类最多，用户最多，市场占有率最高，先后出版了《汉语教程》《发展汉语》《成功之路》《拾级汉语》《新实用汉语课本》《汉语纵横》等系列教材；华语教学出版社的几套教材都是面向海外的，有《当代中文》《环球汉语》，而且《环球汉语》是耶鲁大学跟华语教学出版社联合推出的，从欧美人从小学习英语和其他外语的习惯和规律入手，利用DVD连续剧剧情，让欧美人学习汉语跟学习母语一样容易，发行不到一年已经覆盖到全美150所高中及大学。其他主要出版汉语教学产品的出版社，如北京大学出版社、高等教育出版社、外语教学出版社、人民教育出版社、商务印书馆等，也致力于开发不同层次的对外汉语用书。

---

① 王建勤. 全球文化竞争背景下的汉语国际传播研究. 北京：商务印书馆，2015：258.
② 如孔子学院与中资企业联合办学的"院企合作模式"，企业以提供奖学金、出资办学等方式参与汉语文化国际传播。

2. 影视传媒机构

报纸、电视台、广播电台、电影等传统媒体顺应媒体变革，和互联网、微信等新媒体结合，讲好中国故事，传播中国声音，为汉语文化国际传播开辟了新的广阔天地。例如，人民日报早在 2011 年 5 月就在 Facebook 上注册了账号，是国内最早一批在海外社交平台上注册账号的官方媒体。除此之外，新华社和中央电视台也在 Facebook 等海外社交平台上注册了账号。新华社于 2013 年底开始在 Facebook、Twitter 和 YouTube 上开设账号，于 2015 年把在这三家海外社交媒体平台上的账号统一更名为"New China"（新中国），并相应更换了标识。为增强在网络和新媒体平台的影响力，在新的媒体格局下打造"网上通讯社"，新华社组建了一支 100 余人的队伍，专门负责对海外社交媒体账号进行运营和维护，每天 24 小时以文字、图片和视频的形式不间断地向用户推送中国、涉华和国际新闻。[①]

3. 私立的对外汉语授课机构、师资培训机构、汉语教师劳务出口机构

随着中国国际地位的上升和汉语经济价值的增长，传统的高校对外汉语教学模式已经不能完全满足汉语学习者的需求，民办对外汉语培训机构的数量呈现上升趋势。但目前汉语培训机构面临的最大缺口是对外汉语教师少，远远少于市场的需求，因此，专门培训对外汉语教师的师资培训机构也相应地越来越多，同时为满足海外市场需要的汉语教师劳务输出机构也越来越多。

这类私立机构是市场化的、专门从事汉语文化国际传播的教育服务机构，向外国人培训对外汉语课程，向有志于从事汉语文化国际传播的中国人提供对外汉语教师培训、人才输出等服务。例如，新东方目前开设的对外汉语教师培训班，讲授"国际汉语教师资格认证课程"，经过 10 天密集型的培训，合格者可以考取美国汉语教学总会颁发的"国际汉语教师资格认证（TCSOL）"和国际教育集团颁发的"英国国家从业资格证"。再如，上海的儒森汉语是专门致力于对外汉语语言培训、国际对外汉语教师培养的机构，同时也是具有出国劳务资质的国际对外汉语教师培训海外劳务输出基地。

这类私立机构根据市场需求，开发出了日臻完善的教学体系，其市场化的运作造就了一些语言综合服务机构，有的机构生源稳定，有的机构管理完善。但总体而言，这类私立机构仍处于萌芽阶段，需要相关部门的引导或监管，不能唯市场化，若一味地追求市场效应，对于汉语培训机构的发展很不利，也会在一定程度上给汉语文化国际传播带来不利影响。

① 陈浩洲.薛陈子：中国传媒应趁早布局海外社交媒体.传媒大观察，2016－07－26.

在汉语文化国际传播中，企业以产业化的方式提供语言教育与语言文化产品，将语言传播与文化产业（出版、影视、互联网）的发展结合起来，将语言产品与文化产品有机融合，形成完善的语言教育产业链推向市场，一方面获取利润，为语言传播提供经费支持，另一方面创造新的需求，为语言传播提供新动力，同时让汉语与中华文化及价值观以更加和平的姿态走向世界。企业在这个过程中成为汉语文化国际传播的中坚力量。

## （四）个人

"每一个社会成员都应该具有民族自豪感和中国语言文化的传播意识，在跨文化交流中成为本民族文化的使者，让世界了解中国"，因而"社会的每个成员都既可以是文化的传承者，又可以充当文化的传播者"。① 即个人也是汉语文化国际传播的主体，尤其是那些在国际上具有一定影响力的社会活动家、知名专家等个人主体，在汉语文化国际传播中的影响更大些。

### 1. 国家领导人

作为特殊的个人，国家领导人对汉语文化国际传播高度重视，相继出席了一系列推动汉语文化国际传播的重要活动。国家汉办《孔子学院10年发展回顾》显示，10年来，党和国家领导人利用出访机会，出席孔子学院活动260多次。

胡锦涛任国家主席期间，曾16次到孔子学院考察工作和看望学习中华文化的外国学生，2004年6月还出席了乌兹别克斯坦什干孔子学院的协议签字仪式。2005年，温家宝总理访问葡萄牙期间，出席了米尼奥大学孔子学院协议签字和授牌仪式。2009年，胡锦涛在对毛里求斯进行访问时在中华文化中心与学员进行了亲切对话。② 

习近平在担任国家副主席时就曾亲自参与3个孔子学院的挂牌仪式。在全球孔子学院建立10周年暨首个全球"孔子学院日"来临之际，习近平主席还特意致信祝贺，对孔子学院的成绩深表赞赏并指出："10年来孔子学院积极开展汉语教学和文化交流活动，为推动世界各国文明交流互鉴、增进中国人民与各国人民相互了解和友谊发挥了重要作用。"③ 国家总理李克强亦致以贺信，希望孔子学院坚持中外合作办学模式，不断提高办学质量和水平，加深中外文化交融，让"和为贵""和而不同"的理念得到传承和发扬，为促进世界文明多样性和各国人民和谐共进做出更大

---

①　骆峰. 汉语国际传播的性质、体系和模式. 汉语国际传播研究, 2013 (1).

②　转引自杜保国, 刘章才. 汉语国际推广与齐鲁文化传播. 戏剧丛刊, 2015 (9).

③　转引自张德瑞. 对孔子学院国际传播战略的思考. 学术前沿, 2016 (2).

贡献。①

党和国家领导人以身作则，为汉语文化国际传播做出了垂范，越来越多的海内外人士开始关注汉语文化国际传播事业。

2. 知名人士

知名人士传播汉语和中华文化，能起到"明星效应"，他们或在社会上有影响，或在经济上有实力，或在学术上有造诣，如香港亚洲金融集团董事长陈有庆担任首届北京华文学院董事会董事长，演艺界著名明星成龙、张铁林担任董事。②

汉语文化国际传播要支持和鼓励文艺界、体育界培养中国的国际文化人才，利用如张艺谋、姚明、刘翔等人的世界明星效应来传播汉语和中华文化。

个人主体在汉语文化国际传播中发挥着隐性传播的作用，"互联网＋"时代为个人主体参与汉语文化国际传播带来了前所未有的机遇，个人主体能更方便、更自发主动地参与到汉语文化国际传播活动中来。国家政要、社会名流、影视明星等个人主体传播中国的语言和文化，扩大了汉语以及中华文化的国际影响力与感召力，起到了政府、非营利性组织和企业所起不到的效果。

## 二、 非目的语环境下的汉语文化国际传播主体

海外华语传播现状表明，汉语文化国际传播的主战场正从国内走向国外。③ 汉语文化国际传播在海外的迅速发展，从某种意义上说，得力于非目的语环境下的各传播主体，他们与目的语环境下的各传播主体一样，为汉语文化国际传播的事业和产业贡献着力量，是不可忽视的一部分传播主体。

### （一）对象国政府

各对象国政府作为管理者，通过制定语言政策和规划，以政治力量和行政手段管控着汉语在其国内的传播。对象国政府的积极参与，能有效提高其国内汉语学习者的学习积极性。

汉语和中华文化在非目的语环境下的广泛传播，与对象国政府的态度密切相关。综观汉语文化国际传播效果显著的对象国，其政府的积极参与

---

① 转引自杜保国，刘章才. 汉语国际推广与齐鲁文化传播. 戏剧丛刊，2015（9）.
② 北京华文学院新校区开学典礼暨董事会成立大会在京举行，中国新闻网，2012－09－30.
③ 郭熙，祝晓宏. 海外华语传播与《中国语言生活状况报告》. 语言文字应用，2007（1）.

无不体现在以下几个方面：制定汉语政策和战略；制定汉语推广规划和措施；建立健全汉语推广机制；提供汉语推广资金支持和管理服务；提供汉语推广正确舆论导向等。

例如，美国国务院、教育部和国防部于 2006 年推出"国家安全语言倡议"，投巨资实施"关键语言"战略，设立"汉语旗舰项目"，培养汉语高级人才。新加坡①政府扩大了以汉语为第一语言的中小学范围；改革汉语教学方法，在中小学以简化课文复杂性、激发学习兴趣为主，在大学以修改汉语考试的评估方式、鼓励高校开展中华文化和语言教学研究为主；提供政府奖学金鼓励学生到中国大陆或中国台湾高校深造等。泰国政府制订了《促进汉语教学，提高国家竞争力战略规划》，支持各级教育机构开展汉语教学，研发本土化教材，制定本土师资培训计划、汉语教师标准、课程标准；建设汉语教学网络平台；组织、管理和推广汉语相关考试等。这一系列措施，推动了汉语教学进入该国主流教育体系。

## （二）非营利性组织

### 1. 孔子学院、孔子课堂

"孔子学院"是在世界各国本土开设的非营利性机构，开设的目的是推动汉语加快走向世界，提升中国语言文化的影响力。其宗旨是增进世界人民对中国语言和文化的了解，发展中国与外国的友好关系，促进世界多元文化发展，为构建和谐世界贡献力量。其主要职能是：面向社会各界人士，开展汉语教学；培训汉语教师；开展汉语考试和汉语教师资格认证业务；提供中国教育、文化、经济及社会等信息咨询；开展当代中国研究。

### 2. 海外的华文学校组织、中文社团、华校等

海外的华文学校组织、中文社团（尤其是东南亚地区的华人社团），一直以来都是汉语海外传播的中坚力量。

在美国有两个全国性的华文学校组织——"全美中文学校协会"（The Chinese School Association in the United States，CSAUS）和"全美中文学校联合总会"（National Council of Associations of Chinese Language Schools，NCACLS），均成立于 1994 年，前者具有大陆背景，后者具有台湾背景。两个协会组织网站显示，前者的成员学校已经达到 300 余所，遍布于美国

---

① 从严格意义上讲，新加坡及后文提到的马来西亚和菲律宾，与同属东南亚地区的印度尼西亚和泰国等国家不同，这些国家的汉语学习者学习汉语和中华文化当属"传承"，而不是典型的"传播"。但从广泛意义上看，新加坡、马来西亚和菲律宾华人社团所做的一切努力，也是在传播汉语和中华文化。因此，我们把新加坡、马来西亚和菲律宾的汉语和中华文化的学习情况，都纳入汉语文化国际传播的研究范围之内。

41 个州，学生总数为 60 000 人左右；后者的成员学校遍布于美国 47 个州，在校学生超过 100 000 人。两个协会的建立及迅速发展，为汉语在美国的传播起到了突出作用。

在马来西亚代表并领导华文学校的有两个非营利性民间文教组织：马来西亚华校董事联合会总会（简称"董总"）及马来西亚华校教师会总会（简称"教总"）。由于这两个组织为发展华文教育长期并肩奋斗，一般就统称为"董教总"。"董教总"为反对歧视汉语教学的教育法令出台、维护汉语教学发展，与马来西亚政府持续抗争了 40 年，创立了华文独立中学和第一所华人大专院校——南方学院，从而形成了东南亚最完备的汉语教学体系。

在菲律宾，菲华商联总会（成立于 1954 年）于创建之初就着手培训华文师资，解决汉语教学力量青黄不接的问题，1999 年陈永栽出任理事长后，大规模推动华文教学，积极联络国内有关高校开展师生交流，2003 年与孔子学院总部签署《关于组织汉语教师志愿者赴菲律宾华文学校任教协议书》，该协议执行至今，每年派遣到菲律宾的志愿者有 300 余名，菲律宾成为仅次于泰国的东南亚汉语教师志愿者需求国。[①]

海外华校是中华语言文化在海外传播最正规、基础最雄厚，而且效果最好的一种教育形式。全球现在大概有两万所华文学校，有几十万名华文教师，有数百万在校的华裔后代，华裔青少年大都在华校就读。然而令人无奈的现实是：华校太少[②]。

3. 国外高校

全球化形势下与日俱增的跨文化交流需求，使得国外的高校（公立大学、私立大学）也开始设置汉语教学课程。例如，新加坡国立大学、南洋理工大学均开设了汉语本科和研究生专业；越南开设中文专业或将汉语作为第二外语的高校有 40 多所，个别学校还设立了硕士、博士专业；马来西亚国立大学、泰国法政大学、朱拉隆功大学等国立大学也都开设了中文系。在推动汉语教学方面，私立大学的作用十分重要，特别是华人创办的私立大学，这些学校直接开设汉语专业，成为当地汉语教学的主要力量，如泰国华人于 1993 年创办的华侨崇圣大学，马来西亚华人于 2001 年创办

---

① 周倩. "一带一路" 视野下的东南亚汉语推广市场分析. 云南师范大学学报（对外汉语教学与研究版），2015（5）.

② "根据国务院侨办提供的数据，目前在日本约有 82 万华侨华人，但仅有 5 所华校，在校生不足 3 000 人。" 见张红. 日本华文学校紧俏，全日仅 5 所华校，学生不足 3 000. 人民日报（海外版），2014 – 03 – 21.

的拉曼大学等。①

### 4. 中外高校间的国际合作

这类合作主要是由外国高校负责运营组织，由中国高校参与的一些合作项目。例如美国学校运营、组织的项目：普林斯顿暑期北京中文培训班（Princeton in Beijing，简称"普北班"）和哈佛北京学院（Harvard-Beijing Academy）等项目。

"普北班"是普林斯顿大学在北京师范大学开办的中文短期培训班，创立于1993年，是第一个由中美大学联合举办的"沉浸式"暑期中文培训班。学生主要来自普林斯顿大学、耶鲁大学、斯坦福大学、加州大学、布朗大学、康奈尔大学、宾夕法尼亚大学等美国名校。"普北班"的课程分为语法课、讨论课、一对一谈话、电影课等，重视小班授课，一般五六个人，最多不超过十个人，严格实行语言誓约②。

除了教授学生中文以外，"普北班"也是培训对外汉语教师的重要基地。自成立起，"普北班"已培训了超过1 300名的对外汉语教师。

"普北班"一直是生源最多、效果最好的中文项目，享有极高的声誉，可谓美国高校在华举办的短期中文培训班的样板，创立20多年来，至今仍运转良好。

### 5. 基金会

海外的一些基金会，也是汉语文化国际传播事业中不可或缺的力量。例如：

（1）海峡两岸中华传统文化交流基金会。

这是由一批爱国华侨于2012年在英国注册成立的公益性文化机构，其宗旨是推动海峡两岸文化交流，以及在海外传播中华文化。

（2）新加坡中华语言和文化基金会。

此基金会由新加坡宗乡会馆联合总会和新加坡中华总商会共同成立，旨在提高新加坡华裔的汉语水平，让新加坡华裔保留其语言和文化特色。

---

① 周倩．"一带一路"视野下的东南亚汉语推广市场分析．云南师范大学学报（对外汉语教学与研究版），2015（5）．

② 即开班之前每个学生都要写保证书，签上名字，保证在"普北班"期间不说自己的母语。如果被发现说汉语以外的其他语言，会被开除，学费也不予退还。语言誓约还规定，普北班学员必须住在北师大学生宿舍，不允许在外面住，而且要求同宿舍舍友之间也要严格执行语言誓约，只说中文。唯一的例外是和父母打电话，但也必须到没有人的地方悄悄地打，只要有其他人在场，就必须说中文。教师也一样，如果被发现用英语教学或谈话，也会受到严厉的批评。（参见美国学生不愿在中国高校学汉语：赶不上在外国学汉语．澎湃新闻，2014－11－09）

### （三）企业

#### 1. 海外华语媒体

华语媒体不仅是主流社会了解华人社会和中国的重要渠道，更是外国学生学习汉语、了解中华文化的重要窗口，是汉语和中华文化在海外广泛传播的不可忽视的重要主体。

以美国为例。美国华语传媒相当发达，较有影响力的华文报纸主要有四份：《世界日报》《星岛日报》《侨报》《明报》。这四份报纸的发行量合计达 70 万份左右，约占美国华文报纸总发行量的一半。① 美国华语电视有50 家左右，除此之外还有为数众多的网络电视。② 另外，华语广播电台及全国性的、地方性的华文网站也很多。

#### 2. 海外的中资企业

北京同仁堂药业、中信建设有限责任公司等海外的中资企业开始参与到汉语文化国际传播事业中来。2008 年 7 月，北京同仁堂新加坡科艺公司和新加坡南洋理工大学孔子学院合作，携手推动中华语言文化与中医药文化的发展；2014 年 3 月，孔子学院总部与安哥拉内图大学、中信建设有限责任公司分别签署了合作协议。

海外的中资企业参与到孔子学院和海外文化中心建设中来，有益于国际汉语学习动机意识的培养，有利于推动汉语和中华文化在国际上的广泛传播。

#### 3. 私立的汉语培训机构

海外的私立汉语培训机构主要分为两种：一种是多语种培训学校，另一种是只经营汉语培训的学校。汉语培训机构的创办者以华裔为主，创办的主要目的是营利，但同时，对汉语和中华文化的深厚感情也是他们开办汉语培训机构的重要原因。这些机构的设立客观上为广大华侨华人子女学习汉语和中华文化提供了方便。

在泰国专门开办汉语培训的机构中，曼谷的东方文化书院办学规模最大，全年接收的学员多达 4 000 人。

日本的民间语言培训学校遍布全境，有近 5 000 个授课点，成为大学之外传播汉语的主要机构。学校主要由中日友好团体、民办教育集团主办。③ 在东京及周边地区，专门面向企业的汉语学校有十几所，仅"海外

---

① 陈奕平，范如松. 美国华侨华人与中国软实力：作用、机制与政策思路. 华侨华人历史研究，2010（2）.

② 彭伟步. 美国华语电视现状、问题及整合. 新闻爱好者，2012（11）.

③ 王建勤. 全球文化竞争背景下的汉语国际传播研究. 北京：商务印书馆，2015：68.

放送中心"2003 年一年就培训了 150 多家日本著名企业的 1 000 多名
员工。①

## （四）个人

中国语言、文化的国际传播有很多途径，而人的传播最为重要。② 再
加上"互联网的出现，使国际传播中的传受关系发生了根本性的改变，只
要具备上网条件，任何人都可以摆脱相对封闭的信息环境，走入开放的、
无疆界的信息空间"③。因此，在海外——汉语文化国际传播的非目的语环
境下，个人主体的一言一行直接关乎外国人对中国、中国人、中华文化等
的态度和评价，进而影响外国人的二语选择。

1. 对象国政府的政要

俄罗斯总统普京、英国王储查尔斯、比利时前首相范龙佩、巴西前总
统罗塞夫、美国前总统老布什等，都多次出席孔子学院活动。④ 马来西亚
前教育部副部长魏家祥还亲自参加了汉语口语水平测试（HKC）和普通话
水平测试，他是目前参加汉语考试的最高级别外国政要。⑤ 新西兰惠灵顿
市长西莉娅·韦德布朗跟随孔子学院教师学习中文，HSK 成绩接近满分，
为汉语"实力代言"。⑥

对象国政府的政要或对孔子学院/孔子课堂进行关注，或对汉语学习、
汉语考试身体力行进行实践，这都对汉语和中华文化的传播起到了良好的
示范引领作用。

2. *海外华侨华人与归国的来华学习者*

"具有中国语言与文化根底的华侨华人与留学生是传播中国语言与文
化的民间大使，他们身体力行，对汉语的国际传播起到了无可替代的积极
作用。"⑦

海外华侨华人是汉语文化国际传播不可或缺的重要主体，"只要有条
件，他们就会努力对下一代进行母语教育"⑧。而"来华留学生不仅能够把
中国语言文化带到世界各地，而且他们来华学习及将来的自身发展，就是

① http：//news. sina. com. cn/w/2004 - 01 - 07/13181526953s. shtml.
② 李宇明. 留学生不该当做外宾对待. 社会科学报，2016 - 08 - 11.
③ 程曼丽. 国际传播主体探析. 中国传媒报告，2005（4）.
④ 转引自张德瑞. 对孔子学院国际传播战略的思考. 学术前沿，2016（2）.
⑤ "汉语国际传播：跨文化视域下的语言与文化"国际学术会议举行. 同济大学新闻网，
2014 - 10 - 28.
⑥ http：//www. hanban. edu. cn/article/2016 - 08/02/content_652020. htm
⑦ 王建勤. 全球文化竞争背景下的汉语国际传播研究. 北京：商务印书馆，2015：78.
⑧ 郭熙. 海外华语传播与《中国语言生活状况报告》. 语言文字应用，2007（2）.

'中国故事'的一部分"。而且，"留学生讲'中国故事'有许多优势：他们了解中华文化及其本国文化，能够选取适合他们国际口味的'中国故事'，使故事具有'听众针对性'"，"留学生中很多人会成长为社会栋梁，在本地区或国际上具有话语权，因而他们讲的故事听众多、影响大"。①

海外华人及曾来华留学的归国者，都是汉语文化国际传播的人才资源。比如，哈萨克斯坦前总理马西莫夫、埃塞俄比亚现任总统穆拉图过去都曾在中国留学，而他们现在都已成为推动两国对话关系的重要人物。汉语文化国际传播离不开这些人才资源，那些返回本土并志愿从事汉语教学的人才，更是汉语文化国际传播不可或缺的重要力量。

3. 孔子学院的公派教师、志愿者及侨办系统的外派华文教师

为了帮助世界各国解决汉语师资短缺问题，孔子学院实施了国家公派教师项目、汉语教师海外志愿者项目，目前国家公派教师岗位共计357个，截至2010年底，已向五大洲89个国家派出1万余名志愿者。② 而国务院侨务办公室长期开展选派教师支持海外华校的工作，目前外派教师遍布五大洲的近300所华校，主要集中在华校规模较大的东南亚国家。

汉办的公派教师、志愿者和侨办的华文教师，在海外进行汉语教学的同时，作为汉语文化国际传播最重要的一线工作人员，也直接或间接地参与了中华文化传播活动，他们是汉语文化国际传播的参与者、实施者，是传达中华文化的民间使者。

## 第二节  汉语文化国际传播的形式

汉语文化国际传播是在世界范围内传播汉语和中华文化，其迅速传播开始于2004年，在政府的指导下，民间非营利性组织、企业与个人自发参与、主动牵头、密切配合，使汉语文化国际传播取得了不少成就，并形成了动力十足的汉语文化国际传播形式——其中不光有传统的"请进来"形式，还有积极主动的"走出去"形式。具体的传播形式有：

1. 设置传播机构

目前，汉语和中华文化的传播是以政府为主导力量的，为了加快传播，中国政府设置了专门的传播机构——国家汉办。2004年，国家汉办在海外设置了专门以教授汉语和传播中华文化为宗旨的非营利性公益机构——孔子学院。

孔子学院总部/国家汉办是汉语文化国际传播主要的组织者，中国政

---

① 李宇明. 留学生不该当做外宾对待. 社会科学报，2016-08-11.
② 此数据来源于孔子学院官方网站。

府语言传播政策的具体行动，很大限度上是通过孔子学院总部/国家汉办来执行的。其和汉语文化国际传播联系最为直接的工作内容，就是为对外汉语教学补充师资力量——一方面进行教师培训，一方面向海外选派教师。

2. 组织汉语教学

汉语文化国际传播积极开展多层次的汉语教学，满足汉语学习者的不同需求。

（1）学历教育的课程教学。

面向外籍高中毕业生，在有招生资格的高校（如暨南大学、华侨大学、北京语言大学等）内，开设汉语言课程或华文教育课程，培养学习者全面掌握汉语专业知识和华文教学技能的能力。学制 2 年或 4 年，毕业时可获得高校颁发的专科或本科文凭。

（2）非学历教育的短期培训。

这种非学历教育的短期培训，能分层次、分需求、最大限度地满足汉语学习者的需要，能让学员在较短时间内不同程度地掌握汉语语言知识。担任这种非学历短期汉语培训任务的有各类学校和校外的培训机构。

（3）网上远程汉语教学。

近年来，国内外传播主体充分利用网络资源的开放性、共享性，利用多媒体创办网络汉语学校，开展网上远程汉语教学。如以汉语播客为教学素材的网络 Chinesepod，通过游戏，让外国人在轻松愉快的环境下学习汉语。这种远程汉语教学扩展了汉语国际教学的规模和发展空间。泰国素攀孔子学院积极与合作方川登喜皇家大学大力发展孔子学院的远程教育，以满足远距离汉语爱好者的需求。[①] 孔子学院总部/国家汉办也主办了网络孔子学院，来满足世界各国（地区）人民对汉语学习的需要，增进世界各国（地区）人民对中国语言文化的了解。

3. 开发汉语测试

在语言的国际传播过程中，语言考试是语言传播的主要途径之一，而开发语言测试是一种有效的、重要的对外传播手段，能够最大限度地吸引海外学习者学习语言，有助于语言和其所携带的文化迅速、广泛地传播。

为适应世界各地汉语学习者对汉语考试的需求，汉语文化国际传播的相关机构先后研发并实施了汉语水平考试（HSK）、汉语水平口语考试（HSKK）、海外中小学生汉语考试（YCT）、商务汉语考试（BCT）和孔子学院/课堂测试（HSKE）等多种汉语考试，为汉语学习者测试学习成绩、

---

① 谭淑玲，郭宇路. 中华文化在泰国的传播路径——以泰国川登喜大学素攀孔子学院为例. 应用研究，2013（3）.

留学中国、申请来华留学奖学金，学校开展教学评估以及用人单位进行员工招聘等提供了客观有效的测试标准。

目前，专为海外华侨华人子弟所设的华文水平考试正处于研制之中。

4. 进行师资培训、资格认证

汉语文化国际传播师资培训的最重要的基地是高校。截至 2013 年 9月，全国开设"汉语国际教育"本科专业的高校已超过 300 所，是 2007年的一倍；2013 年 9 月招生人数首次超过了 15 000 人。① 还有一些高校（如北京语言大学、清华大学、华东师范大学、国家开放大学等）开设了采取成人教育、继续教育和远程教育方式授课的汉语教师培训。

国务院侨办为提高海外华文教师的教学水平，每年都会对海外的华文教师进行培训。培训的方式分为两种，一种是把海外华文教师"请进来"在中国培训，一种是组派专家团"走出去"赴海外对华文教师进行培训。前者如 2015 年 12 月国务院侨办举办了"华文教育·华文教师证书班"暨马来西亚华文独中商科教师研习班，共有十余个国家和地区的 121 名华文教师参加了培训学习。② 后者如 2008 年国务院侨办，共从国内 21 所学校选派了 46 位教师，组成了 12 个讲学团组，先后赴 11 个国家，培训海外华文教师 3 600 余人。③

目前，汉语教师的资格认证有两个，一个是《国际汉语教师证书》考试，是由孔子学院总部/国家汉办主办的一项标准化考试；另一个是国务院侨办为海外本土汉语教师推出的《华文教师证书》，海外华文教师参加"培训、考核、认证"三位一体的培训，并通过专业考试，便可获得《华文教师证书》。

5. 制定相关标准

语言标准的制定，既有利于语言测试的开展，也对语言教学、教材编写等有较大的参考作用。

在教学标准上，1988 年中国对外汉语教学学会公布了《汉语水平等级标准和等级大纲（试行）》；1996 年国家汉办组织修订出版了《汉语水平等级标准与语法大纲》；2007 年，国家汉办颁布了《国际汉语能力标准》，2008 年在参照《国际汉语能力标准》以及《欧洲语言教学与评估框架性共同标准》等国际认可的语言能力标准的基础上，国家汉办制定了《国际

---

① 参见我国开设汉语国际教育本科专业高校逾 300 所 . http：//news. xinhuanet. com/edu/2013 – 10/26/c_117884425. htm.

② 参见四大洲百余位海外华文教师前来中国进行华文系统培训 . 中国新闻网，2015 – 12 – 11.

③ 参见国侨办"走出去"开展师资培训　关注海外华教发展 . http：//www. gqb. gov. cn/news/2009/0730/1/14885. shtml.

汉语教学通用课程大纲》。

在教师标准上，国家汉办推出了《国际汉语教师标准》（2012 版）。此标准构建了国际汉语教师的知识、能力和素质的基本框架，形成了较为完整、科学的教师标准体系，为国际汉语教师的培养、培训、能力评价和资格认证提供了依据。

6．开展教材研发

"汉语热"和汉语对于国家软实力的作用，促使教材的研发部门在品种、语种、需求层次方面大做文章，编写出版了许多具有针对性、体现立体化和个性化的优质教材。

教材的研发部门还积极更新教材观念和编写理念，在需求分析与中外合作的基础上，实施本土化教材的编写，如高等教育出版社和云南师范大学受泰国教育部的委托，尝试编写了本土化教材《体验汉语》。在泰国教育部和国家汉办的共同推动下，该套教材于 2007 年成功进入泰国国民教育体系，当年超过 15 万泰国中小学生使用了该套教材。2010 年 2 月，该套教材经过泰国教育部审查核定，正式列入泰国中小学教材目录，成为历史上第一套进入对象国基础教育教材目录的汉语教材。据 2010 年统计，每年来自 1 000 所中小学的 30 万泰国学生在使用该教材以及"体验汉语互动学习系统"，2010 年该套教材在泰国印制总册数为 30 多万册，教材销售码洋折合人民币 1 000 多万元。[①] 这些努力大大助推了汉语的国际传播，从而实现了汉语文化国际传播的长远价值。

7．利用媒体传播

媒体的快速发展，为汉语文化国际传播提供了更为广阔的平台。

借助电视媒体，2002 年孔子学院举办了"汉语桥"中文比赛，比赛内容包括汉语语言能力、中国国情知识、中华文化技能和综合学习能力，共分为"汉语桥"世界大学生中文比赛、"汉语桥"世界中学生中文比赛和"汉语桥"在华留学生汉语大赛三项比赛。2013 年，国家语言文字工作委员会和中央电视台联合推出了大型原创文化类电视节目——"中国汉字听写大会"。在 2014 年第二届"中国汉字听写大会"上，共有包括港澳台和外国学生在内的 180 名学生参加复赛，收视人数达 4.3 亿。

8．开展文化交流

为激发海外学生学习汉语的积极性，鼓励其踊跃学习汉语、了解中华文化，在汉语文化国际传播中，我国的传播机构开展了各式各样、不同层

---

① 吴应辉，央青，梁宇，等．泰国汉语传播模式值得世界借鉴——泰国汉语快速传播模式及其对汉语国际传播的启示．汉语国际传播研究，2012（1）．

次的文化交流活动。其中已经成为知名品牌的有：孔子学院/国家汉办每年开展的"汉语桥"系列中文比赛、"汉语考试夏令营"项目；国务院侨办每年都组织的中国"寻根之旅"夏令营；文化部和相关国家政府部门合作举办的"中华文化年（节）"等。这些不同层次的文化交流活动，大大丰富了汉语文化国际传播的方式，避免了传统刻板的宣传，更加符合汉语文化国际传播受体的接受心理和习惯，有效促进了汉语和中华文化的传播。

另外，还会组织一些高端专家来华交流。例如，国家语委从 2013 年起开始实施"语言文字国际高端专家来华交流项目"，不定期邀请一批国际上从事语言文字应用研究的高端专家来华开展交流活动，以借鉴国外语言文字工作的研究成果，加强国家语委相关科研机构和专家队伍建设，提升我国语言文字工作的国际合作与交流水平。

9. 召开国际会议

在汉语文化国际传播中，为吸引国外的专家学者共同探讨语言推广、语言文化等问题，会召开三种国际会议——世界汉语大会、世界汉学大会和孔子学院大会。

世界汉语大会，是由国家汉办主办的、以"世界多元文化架构下的汉语发展"为主题的世界性大会，为繁荣和发展世界汉语教学和推动汉语文化国际传播提供了一个文化交流的平台，同时也是中国语言文化和世界各语言文化交融的汇合点。世界汉语大会期间，还会组织大型系列活动，包括国际汉语教学讨论会、海外汉学学术研讨会等。

世界汉学大会，是由孔子学院总部/国家汉办与中国人民大学主办的世界性汉学家大会，旨在通过"汉学"搭建国际交往平台，促进不同文化之间的对话、理解与合作。

孔子学院大会，是由孔子学院总部/国家汉办主办的，旨在联系全球各地的孔子学院，搭建国际交流平台，促进孔子学院的建设，其对汉语文化国际传播起到了积极作用。

另外，还有由东盟十国联合举办的"东南亚华文教学研讨会"，它见证了新时期东南亚华文教育的发展变化。作为一个联合性组织，它使华文教育不再是一个政治敏感性话题。

此类会议还有 2010 年 4 月，由厦门大学、香港大学、复旦大学、辅仁大学、明道大学、台湾修平技术学院联合主办的"2010 两岸三地华文教育研讨会"；2012 年 10 月在同济大学举办的"首届汉语国际传播学术研讨会"；华侨大学创办的"国际华文教学研讨会"；国务院侨务办公室与中国海外交流协会创办的"国际华文教育研讨会"等。

10. 设立奖学金

为促进汉语和中华文化传播，培养合格的汉语教师和各类汉语人才，孔子学院总部/国家汉办设立了孔子学院奖学金，资助外国学生、学者和汉语教师到中国有关高等学校攻读汉语国际教育专业硕士学位或学习汉语言文学、中国历史、中国哲学专业。

另外，还有国务院侨办"华文教育奖学金"、教育部"优秀来华留学生奖学金""中亚基地汉语奖学金"以及各学校内部的各类汉语奖学金等，项目种类繁多。

# 第三节　汉语文化国际传播的模式

传播指传播主体和受体之间的信息流通过程，整个传播活动要受到多种因素的影响和制约。汉语和中华文化的任何传播模式、拉动因素，都是历史赋予的机遇。

## 一、 汉语文化国际传播的基本模式

### （一）古丝绸之路——依托非语言因素传播

古丝绸之路时期的汉语文化国际传播，大都局限于东亚，是一种区域性传播。这种区域性传播在一定程度上限制了汉语传播的规模。①

王建勤（2016）将这一时期的汉语传播模式总结为以下几种：

（1）后汉时期，主要由往来于驿站之间的商人和庞大的翻译队伍推动汉语的传播，可称作"驿站式"汉语传播。

（2）东汉至魏晋南北朝时期，一些来自印度的僧侣把佛经翻译成汉语，还有一些来自西域和印度的僧人为了传播宗教而开始系统地学习汉语。这种主要通过佛教而进行的汉语传播，可称作"宗教伴随式"汉语传播。

（3）隋唐时期，有许多西域人和印度人来华定居，这些移民的后代因双语背景而成为来华僧侣学习汉语的理想教师。此外，隋唐时期国力强盛、文化昌明，吸引了大批留学生来华学习中国的语言文化。汉字传入朝鲜、日本和越南，在东亚地区形成了汉字文化圈。因此，可称作"文化吸引式"汉语传播。

---

① 本部分的观点来源于：王建勤."一带一路"与汉语传播：历史思考、现实机遇与战略规划.语言战略研究，2016（2）.

（4）宋、元时期，海上贸易成为拉动汉语传播的关键因素。汉语经苏门答腊通往印度，继续向南进发。15世纪，通过海路移居东南亚的华人达1 200余万，在当地说着各自的方言或普通话。这一时期，汉语和中华文化通过海外拓展贸易在异域永久地扎下了根。因此，可称作"贸易拉动式"汉语传播。

汉语文化国际传播，无论是"驿站式""宗教伴随式"，还是"文化吸引式"，抑或"贸易拉动式"，都揭示了一条基本规律，即语言往往不是通过语言本身来传播的，而是以宗教、文化、贸易等非语言因素为依托，并通过这些因素的拉动而广泛传播。

## （二）海外移民——华裔主体自然传播

伴随着海上贸易，华商移民现象逐渐形成。而"移民的定居及其本地化、移民的陆续增加，使语言的跨文化传播有了更加深厚的基础"①。

海外的华侨华人及其后代数量庞大，分布广泛，且自华人移民开始后，从未停止过。根据国际移民组织分散统计与估算，海外中国移民被认为是国际上人数最多的移民群体，在世界各地的中国移民已达到3 500万人，约为国际移民总人数的18.3%。② 华人移居海外，也将汉语带到了海外③，并逐渐建立起了汉语社区，形成了海外移民的"语言共同体"，这是汉语在海外延续至今的根本动因。④

早期移民到海外的华侨大多为聚居型，华侨之间交流基本上使用的是原籍的方言，保持了自然接触。华侨参加海外同乡组织举办的各种活动，交流最方便的语言当然是他们共同的、熟悉的方言，这是华侨之间、华侨与祖国之间的联系纽带，容易保留下来。在同乡组织的活动中，不光语言得以长时间的维持，中华民族的文化传统和生活习惯也得以长时间的保留。

海外华人"都把文化传承放在核心地位"⑤，在子女的语言教育问题上，海外华人有可能出于各种现实的考虑，将所在国的语言放在第一位，但是都会努力地让子女接触汉语（或某汉语方言），去传承祖籍国的语言文化。他们或者在家中自己指导子女学习汉语，或者把子女送到华侨华人

① 周福芹. 论语言的跨文化传播. 东北师大学报（哲学社会科学版），2003（2）.

② 文喆. 海外移民的数量及分布. 侨园，2009（1）.

③ 据西方学者描述，移居东南亚的华人大都说闽南话，有的说粤语和客家话，在移民马来西亚的450万华人中，约有50万人说普通话。数据引自尼古拉斯·奥斯特勒（2011：135）（转引自王建勤，2016）。

④ 王建勤. "一带一路"与汉语传播：历史思考、现实机遇与战略规划. 语言战略研究，2016（2）.

⑤ 郭熙. 关于新形势下华侨母语教育问题的一些思考. 语言文字应用，2015（2）.

自己办的华文学校里，或者利用假期把孩子送回国内探亲访友，参加各种学习和游历活动。"在当今世界上，可能很难再找出像华人这样执着地传承和维护母语教育的族群。"①

自移民开始，海外华侨华人无论是自己自然接触、保持着使用汉语，还是把情感迁移到子女身上，让子女传承汉语、了解中华文化，都是在海外自然传播着汉语和中华文化。因此，由人口流动带来的汉语的传播，可称为"自然传播模式"。

海外华侨教育、华文教育所进行的华语传播，就是典型的自然传播模式的汉语文化国际传播。这种自然传播模式，有助于国家和中华民族文化认同的建构，有助于中华优秀传统文化的传承，也有助于汉语文化国际传播的发展。②

自然传播模式带给我们的启示：

（1）语言是文化的载体，汉语③和中华文化是联系全球华人的纽带。

（2）汉语在华人移民浪潮中的传播，始终伴随着华人的身份认同、母语保持和文化传承。

（3）华裔学生一直是汉语文化国际传播的特殊受体，海外华人社团（尤其是东南亚华人社团）是汉语文化国际传播的中坚力量。"海外华语社会是汉语国际传播的重要阵地，重视海外华文教学和教育，对汉语的国际化有积极的意义。"④

## （三）"一带一路"——院企合作传播模式

2013 年 9 月和 10 月，国家主席习近平在出访中亚和东南亚国家期间，先后提出了共建"丝绸之路经济带"和"21 世纪海上丝绸之路"的重大倡议（简称"一带一路"）。"一带一路"战略的提出，不仅为中国和世界经济的发展提供了新动力，也为汉语文化国际传播提供了不可多得的现实机遇——"一带一路"沿线国家产业经济合作全球化拓展使汉语文化国际传播有所依托，不仅赋予汉语文化国际传播以新动力，同时也赋予汉语文化国际传播以新内涵。

---

① 郭熙．关于新形势下华侨母语教育问题的一些思考．语言文字应用，2015（2）．

② 当然，由于历史原因，华侨华人形成了不同的群体，构成非常复杂，我们要在理性、客观地看待华侨华人的角色、背景的前提下，尊重差异性，充分发挥他们在汉语文化国际传播中的作用。

③ 海外华人的"汉语"，郭熙称之为"华语"，指出"华语是全球华人的共同语，它以现代汉语普通话为核心，分布于世界各地的华人社会中。出于各种因素，各地华语表现出许多不同，但在本质上仍保持着高度的一致性"。见郭熙，祝晓宏．海外华语传播与《中国语言生活状况报告》．语言文字应用，2007（1）．

④ 郭熙，祝晓宏．海外华语传播与《中国语言生活状况报告》．语言文字应用，2007（1）．

（1）学习者的学习动机以就业为主。

"'一带一路'不是单向、强势地推行我们的文化和汉语，而是建立一种互利共赢、互相沟通的新的世界秩序。"① 因此，"一带一路"机遇下的汉语文化国际传播，要充分考虑汉语学习者的需求。

外国人学习汉语大多是为了把握住中国经济快速发展所带来的商业与就业机会。研究发现，"在泰国等国华人经贸网络明显存在，学会华语有一定的经济价值，在泰国会一般华语的店员工资大约可多20%～30%"②。"丝绸之路经济带"沿线国家的汉语学习者，学习汉语的目的以就业为主，且中资企业的发展带动了中亚国家的"汉语热"——中国商务部网站的数据统计显示，截至2015年底，仅在中亚国家的中资企业就有898家。中资企业数量的增长和业务范围的拓宽需要吸纳更多的当地员工。在员工招聘时优先选择能用汉语进行简单交流的员工，这带动了中亚国家学习汉语的热潮。③

（2）汉语人才培养目标与实际需求不太一致。

国外汉语人才培养依托的主要平台是当地高校及孔子学院，国内与国外汉语人才培养的核心与任务基本相同。从国内外汉语教学实践来看，目前汉语人才培养都以"语言技能学习＋语言学知识＋文学知识"为培养内容，以培养语言的综合运用能力为主要培养目标。④ 而中国企业要走出去参与"一带一路"建设，应该把企业员工外语培训和外籍员工汉语培训作为提高企业语言能力的重要议程，企业若能充分利用这些语言资源，将会大大提高企业的工作效率，进而真正实现"五通"。⑤ "以就业为导向的汉语教学，才是真正符合双方需要的汉语人才培养模式"，"孔子学院作为中外文化交流、汉语国际推广的示范者、主力军，未来可以把以就业为导向的汉语人才培养作为发展方向，让当地民众看到学汉语的希望、学汉语的前途"。⑥

（3）院企合作模式满足"一带一路"对复合型汉语人才的要求。

"所有的语言需求落实到最后一点就是要解决当地的就业问题。"⑦ 而

---

① 刘丹青语，出自连谊慧．"一带一路"语言问题多人谈．语言战略研究，2016（2）．

② 庄国土．华侨华人与中国的关系．广州：广东高等教育出版社，2001：13.

③ 邢欣．"丝绸之路经济带"核心区汉语国际化人才培养探讨．国际汉语教学研究，2016（1）.

④ 邢欣．"丝绸之路经济带"核心区汉语国际化人才培养探讨．国际汉语教学研究，2016（1）.

⑤ 王建勤．"一带一路"与汉语传播：历史思考、现实机遇与战略规划．语言战略研究，2016（2）.

⑥ 邢欣．"丝绸之路经济带"核心区汉语国际化人才培养探讨．国际汉语教学研究，2016（1）.

⑦ 邢欣．"丝绸之路经济带"核心区汉语国际化人才培养探讨．国际汉语教学研究，2016（1）.

汉语能否在国际上拥有不可替代的话语权，取决于那些想说汉语、想写中文的人出于自身的经济利益而形成的持续的学习动力。① "中资企业在中亚国家所做的一切都是为了当地的就业和经济发展。中亚国家在用工政策上有严格限制，坚持2∶8的比例，即10名员工中，属地国的员工要占到8名。近年来有些国家限制更加严厉，开始试行1∶9的比例。这样的用工比例势必成为汉语学习的最大动力。"②

　　因此，从实际需求来看，正处于起步和摸索阶段的"院企合作模式"③，有助于整合学校资源与企业资源，使员工的汉语学习与技术应用相结合，加强员工对企业的认同度。汉语文化国际传播的"院企模式"，可以根据企业汉语人才的需求，有针对性地开设汉语课程，从而使汉语真正成为沟通的桥梁，发挥汉语作为工具的功能。

　　根据合作方式的差异，郑崧、郑薇（2016）把当前全球中资企业与孔子学院的合作模式归纳为以下五种④：

　　（1）战略合作模式。

　　如贵州茅台集团公司与孔子学院的合作内容包括：孔子学院每年举行以"茅台"冠名的国际围棋大赛；开发适合海外传播的中国酒文化教材并将它列入孔子学院的教材；设立孔子学院专项发展基金，用于奖励各国优秀的汉语学习者、资助汉语国际推广活动等。

　　李锦记与孔子学院的合作内容包括捐赠李锦记方便酱料与中国烹饪教材、举办志愿者摄影大赛、开设中式烹饪课堂、培训志愿者、支持在海外开展"中华饮食文化节"活动等。

　　（2）共建孔子学院模式。

　　中信建设有限责任公司与安哥拉内图大学共建孔子学院、中国上海海成资源（集团）有限公司与塔吉克斯坦冶金学院共建孔子学院等均属于这种模式。在这种模式中，中资企业不仅直接出资创办孔子学院，还在孔子学院的办学特色上打上了企业的烙印。例如在塔吉克斯坦冶金学院，当地学生不仅把汉语作为主要外语学习，同时还学习冶金方面的专业课程；在安哥拉内图大学孔子学院，除开展汉语教学和文化交流活动外，还与中资

---

①　郑定欧．汉语国际推广三题．汉语学习，2008（3）．

②　邢欣．"丝绸之路经济带"核心区汉语国际化人才培养探讨．国际汉语教学研究，2016（1）．

③　"院企合作"是通过分属不同领域的两个参与者（"学院"与"产业"）的相互作用所产生的协同效应来提高学院与产业各自潜能的过程。简而言之，就是指孔子学院与中资企业联合办学。详见郑崧，郑薇．孔子学院发展中的院企合作：模式、动机与基础．浙江师范大学学报（社会科学版），2016（2）．

④　特此说明：以下有关"院企合作模式"的内容，源自郑崧，郑薇．孔子学院发展中的院企合作：模式、动机与基础．浙江师范大学学报（社会科学版），2016（2）．

企业合作设立定向培训班。

（3）项目模式。

在这种合作模式下，孔子学院派汉语教师到企业，为企业员工进行汉语培训，培训计划、培训时间以及培训内容都根据企业的需要来确定。就任务而言，主要是汉语教学，包括专业汉语教学，再加上一些简单的中华文化介绍；就对象而言，主要是海外中资企业的在职员工或未来的员工。喀麦隆雅温得第二大学孔子学院、菲律宾红溪礼示大学孔子学院、埃及苏伊士运河大学孔子学院等与中资企业的合作多属于这种模式。

（4）产品营销伙伴模式。

这种模式通过向中资企业直接推介毕业生，扩大了毕业生的就业机会，同样有助于增强孔子学院的吸引力和影响力。土耳其奥坎大学孔子学院举办中资企业与毕业生双选会、利比里亚大学孔子学院推介毕业生到中国港湾工程有限责任公司（CHEC）利比里亚办事处应聘即属于这种模式。

（5）奖学金模式。

2009 年 12 月，中国海航集团向慈航基金中非文化交流公益项目捐款100 万元人民币，专项用于在非洲的 3 所孔子学院设立海航奖学金。

通过以上的各种"院企合作模式"，中资企业可以实现员工本土化、培育企业文化、营销自身品牌、塑造企业社会形象等需求，以达到服务于自身品牌营销和国际化发展战略这一目的。孔子学院则实现了：①拓宽资金渠道，改善办学条件，提高办学能力；②拓展自身的功能，服务国家发展战略。"院企合作模式"带来的是孔子学院和中资企业的互赢互利、共同发展。

## 二、 汉语文化国际传播模式的特点

伦道夫·夸克认为，语言传播模式包括人口模式、帝国模式和经济文化模式。人口模式指一种语言是通过人口迁移而进行传播的；帝国模式指一种语言是通过对殖民地国家人民的政治统治而进行传播的；经济文化模式指一种语言是通过思想而进行传播的。[①]

古丝绸之路时期的汉语文化国际传播是依托非语言因素的传播，属于经济文化模式；海外移民过程中的汉语文化国际传播是人口模式的传播；"一带一路"时期的汉语文化国际传播是经济文化模式的传播。

目前，汉语文化国际传播模式具有如下特点：

（1）从传播目的来看，汉语文化国际传播模式倡导语言和文化多样

---

① 王丽雅. 英语传播模式分析及其对汉语国际传播的启示. 银川：宁夏大学，2010.

性，保护汉语资源。

在全球化发展的背景下，汉语文化国际传播首先着眼于在世界范围内考察汉语，充分认识到了华语主体化和多样性的关系，注重以开放的眼光看待华人社会共同语的学习、传播和使用。在此基础上，汉语文化国际传播注重将汉语传播纳入语言多元化与文化多样性的框架下进行，强调保护发展世界多种语言以及语言所代表的文化的重要性。汉语文化国际传播的最终目标是构建语言多元化和文化多元化的和谐世界。

（2）从组织运作来看，汉语文化国际传播各主体互补，但政府主导性明显。

目前的汉语文化国际传播，体现了在政府主导下政府、非营利性组织、企业和个人共同参与、互相补充的特点。在汉语文化国际传播过程中，政府、非营利性组织、企业和个人各传播主体通力合作：政府一方面负责制订战略规划，加强语言国际合作，另一方面又为非营利性组织提供政策与经费支持，对其进行监督管理，这体现了政府的主导作用；非营利性组织，特别是孔子学院，在政府与企业、个人之间起搭建桥梁的作用；企业以产业化的方式直接参与汉语文化国际传播；个人则以隐性传播、以人们乐于接受的方式，将汉语和中华文化传播到世界各地。

非营利性组织、企业、个人作为汉语文化国际传播的其他主体，在政府机构的带领下逐步实施着汉语传播国际化战略，但很明显的是，"目前汉语国际传播是由政府部门主导的跨文化传播，管理模式行政化色彩较浓，而且人力资源不丰富，力量单一"①。

（3）从运营方式来看，汉语文化国际传播模式以非市场化方式运营为主。

在产品提供方式上，海外的汉语传播主要采取的是非市场化的运营方式，即依靠政府与非营利性组织进行资源配置，而较少进行市场推广。海外汉语教育需求的满足，很大程度上依赖政府、非营利性组织提供的汉语产品。这种资源配置方式，便于从整体利益上对汉语文化国际传播进行协调，但同时也可能出现分配排斥选择、垄断取代竞争、资源闲置或浪费等现象。

（4）从信息传播方式来看，汉语文化国际传播模式是以教学为主、辅以文化活动的人际传播，传播模式以单向为主，双向交流有限②。

国际传播的信息流动包括两个方面：由内向外的传播和由外向内的传播。而汉语文化国际传播是文化层面上的一种由内向外的国际传播，以

---

① 骆峰. 汉语国际传播的性质、体系和模式. 汉语国际传播研究，2013（1）.
② 骆峰. 汉语国际传播的性质、体系和模式. 汉语国际传播研究，2013（1）.

"我"为主体，受众是传播对象国或国际社会，主要解决如何适应外部传播环境、进行有效传播的问题。目前的传播模式仍是以单向的、直线的传统模式为主，传播主体发出的信息，经过传播渠道，以到达受体个人为止。传播主体与受体的关系只是单方面的"发"与"受"的关系，而缺少受体方面的反馈或互动，传播双方相互交流和共享信息不多，传播双方的关系在相互影响、相互作用方面不够紧密。

（5）从信息传播媒介来看，汉语文化国际传播模式主要是以语言文字为媒介的直接传播，多介质多平台传播的传播模式还处于开发阶段。[①]

当前的汉语文化国际传播主要是以语言文字为媒介的传统传播模式，尽管在传播过程中也开始运用现代教育技术，开始使用电脑、平板等移动端，并在传统的课堂教学之外发展了远程网络教学，但依然采用的是输出式的"中国特色"教学模式，缺乏趣味性和互动性，与很多商业网络学习平台相比尚存在差距，规模上也还不够大，覆盖面也还不够广。

自媒体时代的来临为微传播环境下的汉语文化国际传播注入了鲜明的个性化特征。利用新的介质、新的平台——如更为便携的手机移动端，以及在新的技术体系支撑下出现的新媒体形态，如博客、微博、微信、手机或平板上的应用软件 APP 等，发挥传统媒体所无法比拟的巨大潜力，可以使汉语文化国际传播在数字化、互动性、超文本、虚拟性、网络化和模拟性等方面更有所突破。

## 第四节　汉语文化国际传播的典型案例

全球范围内，汉语文化国际传播成功或成效显著的案例很多。某些国家在汉语文化国际传播方面的成功经验和做法，很值得别国借鉴和学习。因此，我们选取了非目的语环境下的两个案例来展示汉语文化国际传播的成果，以促进汉语文化国际传播事业的可持续发展。

### 一、　澳大利亚的经验

目前，我国在澳大利亚合作开办了 13 所孔子学院和 10 处孔子课堂，数量很多，分布也很广。但是，这并不意味着孔子学院正日益成为汉语文化国际传播中的一个重要组成部分，反而澳大利亚的中文媒体在汉语文化国际传播中占据着更重要的位置。

---

① 骆峰. 汉语国际传播的性质、体系和模式. 汉语国际传播研究，2013（1）.

### （一）多元的中文媒体

如今海外中文媒体早已不再局限于报纸、电台、电视台等传统媒体，在今天的澳大利亚，中文纸质印刷媒体、电视台、广播电台、网络媒体等共同塑造了全新的澳大利亚中文媒体版图，对汉语和中华文化在澳大利亚的传播产生了不可替代的作用。

1. 中文报纸

中国经济的稳定发展以及澳大利亚多元文化政策的推行，使得澳大利亚中文报刊出现了空前繁荣的景象。澳大利亚的中文日报包括《星岛日报》《澳洲新报》《澳洲日报》《澳华时报》《新快报》《墨尔本日报》等，周刊则有《海潮报》《大洋时报》《华夏周报》《大华时报》《澳洲侨报》等。其中《星岛日报》（澳洲版）的发行量高居中文日报首席，高达202 000 份，是主流英文报纸外其他民族报刊发行量最高的报纸。

澳大利亚的中文报业积极与中国报业合作，例如《星岛日报》集团，2002 年与上海《新民晚报》合作，创办了《新民晚报·澳洲专版》，以上海社区新闻和娱乐、体育等新闻为主；2003 年与《广州日报》合作，创办了《广州日报·澳洲专版》，以广东特别是广州的社会生活新闻及经济新闻为主；2010 年与《重庆日报》合作，创办了《重庆日报·澳洲专版》。①

2. 中文电视

目前，澳大利亚特种广播公司（简称 SBS）每天都有定时的普通话和广东话新闻节目，同时还播放中文的影视作品。其《世界观察》节目与中国中央电视台国际频道（CCTV4）合作，每天晚间通过泛美卫星系统采编中国电视新闻内容，在次日早晨播放。SBS 还同样采编香港亚视新闻内容，向澳大利亚广大的广东话华人群体传送香港新闻。

电视广播（澳大利亚）有限公司（简称 TVBA）提供 14 个普通话和广东话的新闻与娱乐频道，包括 TVB 的娱乐新闻台、教育台，中国中央电视台国际频道（CCTV4），上海东方卫视和凤凰卫视。

2010 年，中国国际电视总公司与澳大利亚 FetchTV 合作运营，创立了中国电视长城（澳大利亚）平台，集成了包括中国中央电视台（CCTV）在内的 16 个频道。2011 年 8 月，澳大利亚天空新闻台与中国中央电视台合作，中国的主要新闻事件可通过天空新闻全国频道和天空新闻商业频道实现直播。

中文电视台的开播改变了澳大利亚华人过去只能靠录像带、影碟收看

① 陈乐. 澳大利亚华文媒体现状与特点. 新闻记者，2005（11）.

中文电视节目或通过民族电视台收看中文电影的情况。①

### 3. 中文广播

澳大利亚典型的商业性中文电台有 2CR、2AC 和 3CW。2CR 澳大利亚中文广播电台是全澳第一个 24 小时广播的中文电台，现以普通话和广东话进行播报；2AC 澳大利亚华人电台设有普通话和广东话双语频道，主打澳大利亚及中国大陆、香港和台湾，以及国际时事新闻的深度报道；3CW 澳大利亚中文电台以普通话、广东话、客家话广播。②

除了以上商业性中文电台之外，澳大利亚还有政府拨款的中文电台——国立电台 SBS 和社区电台 4EB。

### 4. 中文网站

澳大利亚所有的中文电台都有自己的网站和在线广播节目，澳大利亚的中文网站主要包括传统媒体的网站、中文门户网站和社交论坛类网站。以传统媒体的网站为例："澳华网"是《悉尼日报》旗下的网站，集新闻网站、论坛、广告平台为一体，功能多元；"新快网"是《新快报》旗下的网站，网站布局与新闻门户网站相似，既采用了纸质媒体的大量材料，又有诸如照片、视频等新媒体的特色内容，还提供每期报纸和相关刊物的部分版面供预览；拥有《墨尔本日报》《澳洲日报》《昆士兰日报》的"澳洲中文报业集团"办有"1688 网"，三大报纸得以及时在一个网站上反映和展现澳大利亚，组织热点问题的深入探访，直面澳大利亚华人的各种问题和需求。③

澳大利亚的中文节目涵盖对澳大利亚文化、生活的介绍，对澳大利亚华人移民社区的介绍和报道，对重大亚洲事务、国际事务的报道。节目内容涉及新闻、时事、财经、体育、亚太华人事务、澳大利亚大小事等。一言以蔽之，澳大利亚各中文媒体的内容丰富，形式多样，贴近华人生活，弘扬了汉语和中华文化。

## （二）澳大利亚中文媒体发展给他国中文媒体的经验④

### 1. 传播内容方面，加强新闻的本土化

向华人受众提供针对性、时效性强的当地政经新闻和娱乐体育资讯。

---

① 张秋生. 略论战后澳大利亚华人文化. 世界民族，2001（6）.

② 陈乐. 澳大利亚华文媒体现状与特点. 新闻记者，2005（11）.

③ 陈弘. 中文媒体与华人移民的文化身份构建：澳大利亚的经验. 华东师范大学学报（哲学社会科学版），2014（4）.

④ 本部分观点来源于陈弘. 中文媒体与华人移民的文化身份构建：澳大利亚的经验. 华东师范大学学报（哲学社会科学版），2014（4）.

2. 面对发展困境，加强与中国大陆媒体的合作

澳大利亚中文媒体通过寻求与中国大陆媒体（尤其是各地方媒体）的深入合作，获得了发展的新动力，这种国际媒体间的合作不但极大地丰富了澳大利亚中文媒体的内容，提升了媒体的采编水平，有些还通过合作得到了经费支持。更为重要的是，大量的中国大陆地方报刊"借道"直接进入澳大利亚华人社区，有效地维系并不断强化了华人的家乡认同。

3. 经营模式方面，发展集团化经营

集团化经营正逐渐成为澳大利亚中文媒体发展的新方向。3CW 的母公司——澳星媒体集团旗下拥有 8 家报刊和 3 家电台，这样的规模经营便于充分利用和整合集团资源，拓展生存和发展空间。

4. 销售渠道方面，注重转型

《大洋报》系的报纸开始进入澳大利亚最大的超市——伍尔沃斯超市（Woolworth）销售，这标志着澳大利亚的中文媒体逐渐进入了主流的销售渠道。

5. 传播平台方面，开拓媒体的新疆界

不少有远见的中文媒体设立网站，开发手机、平板电脑应用，充分利用已成熟的 3G 网络，开拓汉语文化国际传播的新媒介。

## 二、　泰国的启示

泰国的"汉语热"真正起步是从 2003 年开始的，可在 2008 年以前，短短几年间，泰国已基本实现所有中学都开设汉语课程。至 2011 年，汉语教学已全面进入了泰国的国民教育体系中。开设汉语课的学校连年大幅度增长，一个只有 6 500 万人口的国家，居然有 80 万人学习汉语，人数占到了全国总人口的 1.23%，近年来学习汉语的人数年均递增近 10 万，参加 HSK 考试的人数累计已达 56 万人次。[①]

汉语和中华文化在泰国高效传播，实现了跨越式的发展，泰国民众对汉语的认同度高，若把这一现象置于汉语文化国际传播的全球视野来考察，汉语在泰国的传播可谓创造了汉语文化国际传播的一个奇迹，当属现今世界上汉语快速健康传播的典范之一。

厘清泰国汉语文化传播的发展脉络，既对其他国家的汉语文化传播有重要启示，同时也对制定符合对象国国情的汉语文化传播政策与措施、对促进汉语文化国际传播的可持续发展具有重要的现实指导意义。

---

① 吴应晖，央青，梁宇，等．泰国汉语传播模式值得世界借鉴——泰国汉语快速传播模式及其对汉语国际传播的启示．汉语国际传播研究，2012（1）．

## （一）泰国政府出台多项政策，高度支持汉语传播

### 1. 出台一系列政策

随着中国国力的迅速上升、汉语经济价值的提高，泰国政府充分认识到汉语教学的重要性，将其提升到关系国家竞争力的战略高度，通过自上而下的顶层设计制订汉语传播的整体性战略规划——《促进汉语教学 提升国家竞争力战略规划》，抢占国际汉语教育先机。2005 年，泰国教育部下令成立了"促进泰国汉语教学战略规划工作组"；2006 年，该工作组推出《促进汉语教学 提升国家竞争力战略规划（2006—2010）》，提出系列措施推动泰国汉语教育的发展。

### 2. 多方面、深层次地与中国政府积极合作

中泰两国政府签署的一系列合作协议对泰国汉语教育的快速发展起到了重要推动作用。1999 年双方签署《中泰关于二十一世纪合作计划的联合声明》，旨在加强两国教育合作交流。2001 年，双方签订《中泰文化合作备忘录》，确定了双方学府及教育机构进行汉语教育的各种学术交流项目。2006 年 1 月，中泰两国教育部在曼谷签署中泰两国教育合作协议，以全面推动两国之间在教育领域，尤其在支持泰国汉语教学方面的长期友好合作。同年，双方签署《中泰汉语教学合作框架协议》，根据协议，中国国家汉办将在教材、师资、汉语水平考试等方面给予泰方有力支持，此协议的签订标志着泰国的汉语教学转变为政府间的合作行为。

泰国教育部与中国国家汉办以及国务院侨办合作实施了"国外汉语教师培训项目"，此项目分为两个子项目，即"国外汉语教师来华研修项目"和"派遣汉语教学专家组赴国外培训汉语教师项目"。2008 年，国家汉办开始实施"泰国汉语教师培训计划"，以缓解泰国汉语师资压力，增强泰国汉语教学自身"造血"能力。同年，两国签署《关于互设文化中心及其地位的协议》，根据协议内容，曼谷中华文化中心于 2012 年建成。该中心是中国在东盟地区设立的第一个中华文化中心，具有重要示范意义。①

### 3. 全面推进汉语教学进入主流教育体系

"从语言传播的方式来看，世界各国语言传播的最佳方式就是学校的正规教育。"② 汉语在泰国的成功传播，很大程度上得益于泰国政府审时度势地不断健全汉语教学体系，全心全力推动汉语教学，使汉语进入了泰国的主流教育体系。

---

① 王玲玲．泰国汉语教育与中华语言文化传播．南洋问题研究，2015（4）．
② 王建勤，等．全球文化竞争背景下的汉语国际传播研究．北京：商务印书馆，2015.

基础教育方面，1992 年，泰国政府将汉语教学列入泰国中小学课程大纲，并将汉语纳入其外语教育范围。1998 年，泰国教育部批准汉语成为大学入学考试的一门外语课程，指出凡是报考大学人文学科和社会学科的学生，可以选择报考汉语代替法语、德语等其他外语。2000 年，泰国教育部又正式通过了高中的汉语课程。2004 年，汉语被列入泰国高考外语考试科目。2005 年，泰国教育部制定了五年汉语教学发展的新政策，其目标是 2009 年以前在泰国各地的 2 000 多所中小学开设汉语课程。

高校教育方面，至 2011 年，泰国公立大学开办汉语专业研究班课程的有 5 所，分别是朱拉隆功大学、皇太后大学、玛哈莎拉坎大学、清莱皇家师范大学和法政大学；民办大学开办汉语专业研究班课程的有 3 所，分别是华侨崇圣大学、易三仓大学和兰实大学。

职业教育方面，职业教育委员会也一直在推动职业学校的汉语教学，2005 年开设汉语课程的职业学校已从 47 所增加至 68 所。而且为了适应中等专业学校对汉语师资的需要，曼谷已建立了一所华文师范学院。

在泰国政府的积极努力之下，汉语教学进入了泰国的主流教育体系，且已覆盖至高等教育、基础教育、职业教育，甚至学前教育。

## （二）华人社团等非营利性组织兴办教育，为汉语传播助力护航

### 1. 华侨报德善堂、华侨崇圣大学

泰国兴办教育的典型要数华侨报德善堂。1992 年，报德善堂董事长郑午楼倡导建立"泰国华侨崇圣大学"，这是泰国第一所也是唯一一所由华人捐款全资兴建、管理和不以盈利为目的的大学。华侨崇圣大学以为华人子弟和广大泰国人民提供华文和中国传统文化及其他文理学科的课程为教育目标，从开始便专注于有关中文和汉学的教学和研究，开设了中文系中文本科专业，还开设了各类中华文化类课程，并开展了各种中华文化活动。华侨崇圣大学还与中山大学合作编写了适合泰国学生使用的中文教材；与上海中医药大学合作开办中医学本科专业；与华侨大学合作开办现当代中国文学硕士班研究生课程等。[①] 其图书馆拥有中文藏书 4 万余册，是东南亚地区研究汉语教育、汉学研究、泰华历史的资料中心。崇圣纪念堂还有关于泰中交往史的展览，纪念堂里陈列着瓷器、药物以及珍贵的文献照片等。[②]

### 2. 同乡社团

在海外，华人社团种类众多，以地缘为纽带的同乡社团向来是海外华人社会的重要组织。同乡会馆对兴办教育热情高涨，积极创办华校，筹

---

① http：//www. hcu. ac. th/index. php.
② 袁凯. 非政府组织在泰国汉语文化传播中的作用. 济南：山东大学，2014.

钱、买地、盖校舍、聘师资，还积极组织华人及华文学校师生参加各类传统文化活动，寓教于乐，与民同乐，增进中泰文化交流。以泰国潮州会馆为例，1994年创立了"泰华国际文化学院"（专科），2003年耗资1.2亿铢，建设了现代化的潮州中学。在潮州会馆的组织架构中还设有灯猜、诗学、书画、影艺等分组；国乐、舞蹈、歌唱、剧务等分组；象棋、太极拳、羽毛球等分组。①

### 3. 中式寺庙

在泰国有很多按照中国传统建筑式样建成的中式寺庙。每逢中国传统节日，如春节、清明、端午、中秋等，都会举办集体性质的拜佛酬神活动。另外，泰国中式寺庙本身集建筑、木刻、雕塑、楹联匾额、书法、绘画、刺绣、饮食、戏曲等多种元素于一体，集中性、综合性地传播了中华传统文化。中式寺庙里还有相应的地方小吃，成为当地人了解中华饮食的窗口。重大节日里，中式寺庙还上演各类地方戏曲，并沿袭着中国以前搭台唱戏的传统。②

### 4. 其他基层组织

泰国还有一些基于文化爱好建立起来的基层组织，称"文缘社团"，如泰国太极拳总会、泰国书法家协会、泰华书画盆景协会、泰国中医总会等，虽林林总总，功能各异，但文化价值观却殊途同归，在华人社会中起到了很好的黏合作用。在诸多文缘社团中有一类在中华文化海外传播中发挥着特殊作用，那就是潮剧。潮剧剧团能够成为汉语文化传播主体，得益于潮剧的文化传播功能。潮剧一方面扩大了潮州话的影响力，另一方面成为中国古典故事在泰国传播的载体，传统文化价值观通过这些故事得以传承。③

## （三）私立的汉语培训机构等企业

泰国各地出现的为数不少的汉语培训机构，使得汉语教育在非学历教育领域也得到了飞速发展。在泰国比较有名或规模较大的补习班都在曼谷，据统计，目前曼谷有42个正式的培训班，加上私人补习班，大概有130个。素叻他尼只有1所汉语培训机构，普吉有3所汉语培训机构，合艾有4所汉语培训机构。这类机构主要是根据市场需求而产生，一般由个人或社会团体开办，规模大小不一，其中规模最大的"东方文化书院"鼎盛时期学员多达2万余人。这些大大小小的汉语培训机构办学形式灵活多样，开设的班级根据时间可分白天班、晚上班、周末班；根据学员年龄可

① 袁凯. 非政府组织在泰国汉语文化传播中的作用. 济南：山东大学，2014.
② 袁凯. 非政府组织在泰国汉语文化传播中的作用. 济南：山东大学，2014.
③ 袁凯. 非政府组织在泰国汉语文化传播中的作用. 济南：山东大学，2014.

分幼儿园儿童班、小学 1～3 年级班、小学 4～6 年级班、初中班、高中班、大学班和已工作者班；也可根据学员的需求开班，如初级汉语、中级汉语、高级汉语、HSK、PAT7（泰国汉语高考）、商务汉语等。

尽管可能存在资金匮乏、教师和生源不稳定等问题，但因为汉语培训机构能够自由灵活地安排教学项目和课时，且班级规模较小，每班学生 10 个左右，也有一对一的汉语补习班，教师精力更充裕，学生在学校遇到的问题也能得到更及时的解决，所以汉语培训机构受到了广大家长和学习者的欢迎。有数据统计显示，当前泰国汉语培训机构里有 49 790 多名学生，通过电视台、电视卫星等多媒体设备在线学习的大约有 103 810 名，通过两种方式学习汉语的学生共有约 153 600 名。①

私立的汉语培训机构在一定程度上对汉语和中华文化在泰国的发展起到了不可忽视的作用。

## （四）社会名流等个人主体身体力行、引领示范

泰国的王室、宗教领袖、政要、侨领等社会名流，可谓汉语文化传播的意见领袖。

### 1. 泰国王室诗琳通公主

诗琳通公主早在 20 世纪 60 年代就曾到中国留学，身体力行地学习汉语。她坚持用中文写作，很多中文作品结集成书并得以出版。2001 年 2 月，诗琳通公主作为"中华文化研究项目奖学金"获得者来到北京大学，集中研修中国语言文化。2001 年 3 月，诗琳通公主获得北京大学博士学位，她把自己在北大生活的点点滴滴，用文字和照片记录了下来，并整理成书——《我的留学生活》。②

2007 年 3 月 26 日，诗琳通公主亲自为朱拉隆功大学孔子学院揭牌，并题词"任重道远"，勉励泰国当地的孔子学院和孔子课堂担当起推动中泰文化交流发展的重任。2012 年 3 月 26 日，诗琳通公主再次出席泰国朱拉隆功大学孔子学院成立五周年庆典。2009 年 9 月 15 日，诗琳通公主为东方大学孔子学院揭牌。

诗琳通公主充分发挥泰国王室的社会影响力和个人意见领袖的魅力，成为王室推动汉语文化传播的第一人。在诗琳通公主的示范效应下，泰国上下掀起了学习汉语和中华文化的风潮。

### 2. 泰国高僧赵昆通猜大师

泰国岱密金佛寺的副住持、高僧赵昆通猜大师，数十年来积极发挥自

①　金玉婷. 关于泰国部分城市的汉语培训机构的调查报告. 天津：天津师范大学，2015.

②　诗琳通. 诗琳通公主中国行（1981—2005）. 曼谷：南美出版社有限公司，2000.

已在佛教界及社会各界的影响，大力推动包括佛教界在内的社会各界人士学习汉语。在他的努力、支持下，曼谷市 438 所中小学全部开设了汉语课程，还开办了全球首家孔子课堂——岱密中学孔子课堂。赵昆通猜大师还积极支持汉语教材的研发推广与泰国汉语教师本土化计划，在他的鼎力支持下开发的《快乐中国行》系列教材，已在泰国 200 余所学校被上万名学生使用。

### 3. 其他社会名流

泰国政府要员如总理、副总理、教育部部长等，地方各府府尹，泰国学者、汉学家等，外国驻泰使节等社会名流，都参与到孔子学院/孔子课堂开展的活动中去。他们从各自领域对孔子学院/孔子课堂事业和汉语文化传播起到了良好的示范、引领作用。①

### 4. 普通民众

"语言传播的根本动因在于因需求而产生的传播价值"②，随着汉语经济价值的凸显，泰国民众越来越认识到学习汉语的重要性，他们学习汉语的热情也越来越高涨，泰国学习汉语的人数已从 2003 年的 8 万迅速增加到 2013 年的 86 万。与此同时，在华泰国留学生的数量也逐年增多。2013 年共有来自 200 个国家和地区的 356 499 名留学生来华留学，泰国留学生数量首次超过日本居第三位，位列韩国和美国之后。③

以上，我们从政府主体、非营利性组织主体、企业主体和个人主体四个方面，对泰国的汉语文化传播情况做了分析。泰国汉语文化传播的成功，得益于各传播主体的通力合作。不少学者从泰国汉语文化快速传播这一典型案例中获得了启示，出现了一系列"泰国汉语文化快速传播对××国家汉语传播的启示"的论文。由此可见，泰国的汉语文化传播的确是很典型、很突出的，对其他国家的汉语文化传播有重要的启示作用："母语国政府主导，高效快捷地推动泰国全国性的汉语教学；民间响应，形成各级各类学校争相开设汉语课的良好局面；中国支持，成为泰国汉语快速传播的助推器；媒体造势，形成推动汉语教学的舆论氛围；超常发挥，创造了汉语国际传播的奇迹。"④

---

① 参见第八届孔子学院大会交流材料。

② 杨燕. 文化语境下汉语在泰国的快速传播及其国际化发展路径. 云南民族大学学报（哲学社会科学版），2013（7）.

③ 教育部国际合作与交流司. 来华留学生简明统计 2013. 北京：教育部国际合作与交流司，2014.

④ 吴应辉，杨吉春. 泰国汉语快速传播模式研究. 世界汉语教学，2008（4）.

## 第四章

# 汉语文化国际传播中的优势及有利因素分析

从定义来看，汉语文化国际传播是指建立在世界各国对汉语需求的基础之上，汉语遵循语言传播规律，从中国走向世界的语言传播现象。（吴应辉，2010）汉语文化的国际传播包括自然传播和有意传播，但自然传播并非真的"自然"（郭熙，2013），这里我们更关注有意传播。

## 第一节　英国英语推广机制及成功经验

正确认识他国语言的传播起因、过程与目的，有助于深化我们对汉语文化国际传播的认识。我们以英国模式的英语文化国际传播为例，分析其推广机制及成功经验，以此作为汉语文化国际传播的参考①。

英语能够拥有今天的地位，一方面源于殖民时期英国政府的强制性推广政策；另一方面，进入新世纪后，英美两国的海外英语文化传播也为英语席卷全球的浪潮提供了源源不断的动力。从 20 世纪 50 年代开始，英国为实施英语国际化战略，在政府的主导下动员了社会各界力量，形成了独具特色的英语文化国际传播模式。

英国的英语文化传播从制度安排上看，采用的是政府主导、非营利性组织和企业共同参与的方式。政府的职能主要是制订战略规划，提供经费资助；非营利性组织，特别是英国文化委员会在政府与企业之间起到搭建桥梁的作用；企业以产业化的方式直接承担和实施国家英语文化国际传播的战略规划。

---

① 本部分主要参考：王建勤，等. 全球文化竞争背景下的汉语国际传播研究. 北京：商务印书馆，2015.

## 一、 政府组织

英国政府希望通过英语文化国际传播来支援本国外交政策，维护并加强英联邦和英帝国，以及促进本国贸易并保护英国在海外的投资，维护英国的海外利益，因此英国外交部及驻各国大使馆肩负起了英语海外传播的责任。外交部主要负责明确英国"文化外交"工作的宗旨与战略，制定"文化外交"的方针策略，很少参与具体的文化宣传以及海外英语文化传播工作。

## 二、 非营利性组织

### 1. 英国文化委员会

英国文化委员会是以慈善机构注册的正式社会团体，是英国的国际性非营利性组织。其主要从事教育类和文化类活动，推进对外英语教学，增进外国对英国文化的了解，已经成为英国政府对外宣传、进行英语文化海外传播最重要的工具。

从组织管理上看，英国文化委员会呈现出明显的半官方色彩。其庇护人是英国国家元首；管理人员均有一定的政府工作背景。从工作运行上看，英国文化委员会基本属于独立运作，但其工作性质与英国政府的外交政策密切相关。英国"外交及联邦办事处"负责委员会重大决策的制定，各国大使馆配合协调其工作，委员会的一切活动要接受政府的定期检查，并与政府导向一致。

英国文化委员会的工作主要有：通过创造性与科学革新观念影响海外人民；通过合作项目，致力于建立英国与其他国家的长久合作关系；促进海外英语教学，包括进行语言教学培训，推广标准化考试，进行师资培训、职业培训等；代表英国的教育和专业机构，免费提供有关英语教育的咨询，提供教育机会。英国文化委员会作为非营利性组织，其自身的活动虽然带有公益性质，却重视为本国以英语教育为中心的商业化运作进行宣传，搭建起本国英语教育企业与海外市场的桥梁，为本国语言产品和服务的商业运作提供便利。

从资金来源及财务运作上看，一方面，英国政府外交和联邦事务部、海外发展署以及其他政府机构部门都为其提供经费支持；另一方面，由于"语言教育"是准公共产品，具有"拥挤性"，其供给方式是有偿的。英国文化委员会通过提供"语言教育"的相关服务和产品，依靠相关营利性经营活动的收益，不断发展壮大。如2008—2009年度英国文化委员会的财政收入中资助收入占32%，自身经营性活动收入占68%。

### 2. 英国广播公司

英国广播公司（BBC）依靠大众媒体覆盖面广的优势，通过英语教材书籍出版、英语报纸杂志出版和英语教学节目广播等方式，积极推进英语海外扩张。作为独立运作的覆盖全球的公共媒体，英国广播公司由政府任命的理事成员负责运作，经济来源主要依靠政府强制权利征收的执照费和政府拨款，带有明显的官方色彩。

### 3. 大学与学术机构

英国的大学与学术机构在英语教学研究与师资培训方面发挥着关键作用，为英语的海外扩张提供了理论支持。伦敦大学、爱丁堡大学作为英国重要的英语教师培训基地，成为英国大学开展英语师资培训的领头羊。英国应用语言学学会、国际英语作为外语教学的教师学会已成为英语教师的行业性组织。

## 三、 企业

在政府的支持下，提供英语产品和服务的企业以英国文化委员会为窗口，宣传、发展英语产业，攫取高额利润，提升英国的经济实力。英语教育培训、标准化考试、师资培训、职业资格认证、英语教材和图书出版等行业的产业化发展和商业化运作已经比较成熟，在获取高额的直接商业利益的同时推动着新产业的开发与相关产业的发展。

### 1. 英语教育培训产业

英语教育培训是英语文化国际传播最主要的方式，也是英国最成功的出口产品，是英国最成功的语言产业。每年约有70万人到英国直接学习英语，花销超过7亿英镑，甚至可能达到10亿英镑。在巨大需求的刺激下，英国大学陆续成立经营性语言培训中心，为外国学生提供短期的集中式或分散式英语训练。同时，一大批私立英语学校也在英国文化委员会的监督指导下快速建立成长。英国文化委员会主要提供如何开办英语学校、进行市场宣传、招收英语教师等方面的咨询，促进英国英语认证组织的发展。在追求课程类型多样性和个性化的同时，英国教育培训行业同样重视教学服务的水平，其中，279所学校获得了英国文化委员会"在英国学习英语鉴定计划"的认证。规范化、市场化的运作造就了一系列享誉全球、生命力旺盛的"名牌"语言综合服务机构。

### 2. 英语考试产业

在英语教学培训产业蓬勃发展的基础上，英国研制开发了一系列标准化考试。剑桥大学努力构建内容丰富、层次分明的个性化考试体系，以满足英语学习者不同种类和层次的需求。英国文化委员会联合其他国际机构经营的雅思考试（IELTS），已经在120多个国家和地区的200多个考点运作，每年超过100万人参加考试。标准化考试在自身产业化发展的同时，也刺激与之相配套的考试类英语教育培训产业的发展。

*3. 师资培训产业*

师资培养与资格认证在英国也同样以产业化方式进行独立的商业运作。普通大学的语言学系、应用语言学系为英语海外扩张提供了大量的教师资源。与之相应的是完善的英语教师资格认证系统，相应的师资培训课程也得到进一步发展。

*4. 出版产业*

在英国，教材出版已经成为发达而成熟的产业。英国出版商协会的统计数据显示，2008年数字出版物的销售额中，学校和英语教学类产品的收入为1 200万~1 400万英镑[①]。在知识经济时代，随着教育市场化的发展，版权贸易已经成为利润大、收益高的成熟产业，其中教材的经营占相当大的一部分。

上述语言产业的经营，在为英国带来了巨大的直接经济利益的同时，也为英国公司开拓市场、进行海外贸易、发展旅游业与文化产业提供了极大的便利，促进并带动了其他相关产业的发展。

综上，英国的英语文化国际传播在制度安排和产品提供方式上具有以下特点：

（1）政府、企业和非营利性组织互补，资源配置方式以市场为主。

就制度安排而言，政府在英语文化国际传播中的职能主要是战略规划和资金提供，体现了政府的主导作用；企业在英语文化国际传播中的职能主要是生产与供给语言教育产品；非营利性组织，如英国文化委员会，作为政府和市场的补充，同时也作为公共产品和准公共产品的提供者与政府和企业一同将英语推向世界。这种制度安排，一方面可以保证政府英语国际化战略的正确实施，另一方面也使得企业有效进入海外英语教育市场，不断扩大英语教育产业化的规模。

在产品提供上，英国的英语文化国际传播采取以市场为主的推广战略，即通过产业化的方式来满足海外英语教育市场的需求。比如英语教育培训与标准化考试、师资培训与资格认证，以及英语教材出版的商业化运作均获取了高额利润，这为英语文化传播提供了源源不断的经济支持并奠

---

① 香江波.09英美数字市场各自上演拉锯战.http://www.dajianet.com/world/2009/0707/97815.shtml.

定了坚实的基础。

（2）非营利性组织充分发挥桥梁作用，联系社会各界共同开发海外市场。

英语海外扩张的具体规划与实施工作主要由半官方的非营利性组织——英国文化委员会负责。该委员会一方面作为非营利性组织提供了大量的语言文化产品与服务，如语言教育培训、标准化考试、师资培训与职业培训等；另一方面深入发掘语言传播的各项资源，充分发挥学术界、行业协会和企业等社会各界力量，共同拓展海外英语教育市场。

此外，英国文化委员会还为企业提供信息、咨询、监督等服务，积极引导企业参与语言文化的传播工作；同时也大力宣传到英国留学的理念，努力提高本国标准化考试的国际影响力，拓宽英语教育培训市场，为企业创造大量的市场需求。企业在很大程度上接管了语言文化传播的具体操作，并通过自身的市场运作反哺语言传播事业。由此可见，英国文化委员会已经成为连接政府、学术界和企业的桥梁。

（3）以语言教育培训为龙头，积极发展语言产业。

在英国文化委员会的沟通组织下，英国各大语言教育培训机构以市场为导向，开发了多种类、多层次的语言教育培训服务。语言教育培训产业在英国已经发展为一个成熟的产业，以语言教育培训为龙头，标准化考试、师资培训、职业认证、教材出版等产业也随之快速发展、日益壮大，形成了完善的语言教育产业链。企业在这个过程中成了英语文化国际传播的中坚力量。

（4）充分发挥行业协会和私立学校在师资培训产业当中的作用。

英国充分发挥行业协会、学术机构以及具有教育资质的私立学校等社会力量在师资培训产业中的作用。这些机构作为英语师资培训产业的有生力量，为英语的海外传播提供了大量的英语师资，较好地解决了师资匮乏的问题。

## 第二节　当前汉语文化国际传播的环境与背景

汉语已成为一种国际性语言，当前的国际形势和背景为汉语文化的国际传播提供了有利的环境因素。

### 一、综合国力的提升提高了汉语的国际使用地位

现在正值汉语文化国际传播事业的重要机遇期。就目前国力而言，我国已成为世界上第二大经济体，国家的国际地位显著提高。中国社科院学

者王振华指出："全球经济力量向东方转移，成为影响国际权力格局走势的重要标志，各大新兴国家有必要一起参与构造新的国际秩序。"①　中国发挥的作用更加突出。经济基础决定上层建筑，这为汉语文化的国际传播创造了有利的客观条件。因此，我们应该把握这一历史机遇期，充分利用当前经济发展为汉语文化国际传播提供的可能空间，大力推动汉语文化国际传播快速健康地发展。

虽然"语言的强弱与语言所属社团的强弱盛衰呈正相关"②，但一种语言能够在国外广泛传播并非完全是该国国力上升的必然结果。一国国力及其国际政治经济影响力的提升只是其语言能够实现国际传播的必要条件和主要前提条件，而非充分条件。正因为现在是汉语文化国际传播的关键阶段，我国有必要进一步提升汉语的国际使用地位，这样才能将汉语文化国际传播的可能发展空间逐步转化为实实在在的汉语选择；否则，原本经过积极争取或可取得的传播成果就有可能会白白丧失。（李清清，2014）

可喜的是，我们已经看到我国政府正在充分把握当前汉语发展的历史机遇，利用我国经济发展和国际地位提升为汉语文化国际传播所带来的有利因素，逐步为汉语在国际上争取更大的使用空间，为了拓展汉语文化的国际传播，也在积极地为潜在的汉语学习者创造最终选择汉语的有利国际语境。目前，我国上至国家领导人、下至对外经贸商业人士都注重增强在国际交往中使用汉语的意识：如利用举办奥运会、世博会和"国际汉语周"等国际活动，营造了经贸、旅游、留学、外交和国际会议等领域中迫切需要汉语的国际舆论和氛围；在更多的国际商贸活动中让汉语成为重要的工作语言；争取在更多的境内国际会议和以华人为主体的国际会议中使汉语成为会议的工作语言（或之一），并正在争取让汉语成为各种境外国际会议的工作语言之一；不断增大虚拟空间中汉语资源的所占比重等。

## 二、　政府将其作为国家战略的重要组成部分推进汉语文化国际传播

我国政府将汉语文化国际传播的总体战略作为国家战略的重要组成部分，并得到了国家主要部门的相应支持。国家汉办 2006 年年度报告即明确指出："把孔子学院作为外交工作的重要内容；发改委、商务部、文化部、广电总局、新闻出版总署、国务院新闻办、国家语委等部委都把汉语国际推广列为本部委工作的重要内容。"国家汉办主任许琳 2007 年也曾指出：

---

① 　社科院：中国有望 2018 年前将成世界第一大经济体．凤凰网，2009 - 07 - 25.
② 　李宇明．强国的语言与语言强国．http：//www. gmw. cn/01gmrb/2004 - 07/28/content_65824. htm.

"汉语文化的国际推广是一个大事业，是一个国家战略，应当由政府各部门乃至全社会联手。只有发挥社会主义制度集中力量办大事的优势，由国家组织一切资源和力量，才能真正托起这一伟大事业。"① 不仅如此，我国政府还将这一语言战略与国家的整体外交战略和国际经贸战略配合，以达到维护和谋求我国在全球范围内最大化的政治经济利益的目的。

国际汉语教育近 10 年来发展迅速。截至 2009 年底，世界上通过各种方式学习汉语的学习者已达 4 000 万②，来华留学生接近 24 万，预计到 2020 年将突破 50 万③。截至 2015 年 12 月 1 日，全球 134 个国家（地区）建立了 500 所孔子学院和 1 000 个孔子课堂。孔子学院设在 125 国（地区）共 500 所，其中，亚洲 32 国（地区）110 所，非洲 32 国 46 所，欧洲 40 国 169 所，美洲 18 国 157 所，大洋洲 3 国 18 所。孔子课堂设在 72 国共 1 000 个（科摩罗、缅甸、马里、突尼斯、瓦努阿图、格林纳达、莱索托、库克群岛、欧盟等只有课堂，没有学院），其中，亚洲 18 国 90 个，非洲 14 国 23 个，欧洲 28 国 257 个，美洲 8 国 544 个，大洋洲 4 国 86 个。④ 除少数独立开设的孔子课堂外，绝大多数孔子课堂是作为孔子学院的下设机构开设的，是孔子学院的重要支撑，这些下设孔子课堂和孔子学院一起，发挥着传播汉语和中华文化的重要作用。随着北京奥运会的成功举办，加入汉语学习潮流的人越来越多，甚至全球兴起了汉语学习热。据业内培训机构人士估计，中国的汉语培训市场最少能产生 50 亿元的利润。⑤ 国际汉语教育除了推动汉语文化的国际传播，还能创造出可观的经济价值。

## 三、"一带一路" 战略为汉语文化国际传播提供了现实机遇⑥

"一带一路"战略的提出，不仅为中国和世界经济的发展提供了新动力，也为汉语文化国际传播提供了不可多得的现实机遇。这一机遇就是，"一带一路"沿线国家产业经济合作全球化拓展使汉语文化国际传播有所依托，不仅赋予汉语文化国际传播以新动力，同时也赋予汉语文化国际传

---

① 中国广播网 2007 年 7 月 20 日对孔子学院总干事许琳的专访报道。

② 吴晶．海外约 4 000 万人在学习汉语，"汉语热"需好教材. http：//news. xinhuanet. com/edu/2009－12/14/content_12644187. htm.

③ 教育部．2009 年全国来华留学生突破 23 万. http：//www. moe. cn/publicfiles/business/htmlfiles/moe/moe_1485/201005/88315. html.

④ http：//www. hanban. org/confuciousinstitutes/node_10961. htm.

⑤ 陆玲．奥运引发中文热，50 亿商机点燃汉语培训市场. http：//edu. sina. com. cn/l/2008－08－20/1719145755. shtml.

⑥ 本部分参考：王建勤．"一带一路"与汉语传播：历史思考、现实机遇与战略规划. 语言战略研究，2016（2）.

播以新内涵。具体而言，在"一带一路"产业经济合作全球化拓展的背景下，汉语文化国际传播不再是空喊弘扬中华文化的口号，而是具有实实在在的内容，那就是，汉语文化国际传播要服务"一带一路"，服务产业经济合作，服务企业走出去、走进去、走上去，服务企业国际化，服务企业生产力发展。汉语国际教育作为汉语文化国际传播的具体体现，通过"一带一路"沿线国家复合型以及高端汉语人才的培养，来提升企业的语言能力和竞争力，促进产业和经贸合作，与此同时推动汉语在"一带一路"的传播。

"一带一路"产业经济合作全球化拓展，不仅为汉语文化国际传播带来了新机遇，而且提供了传播的新路径，即"丝绸之路经济带"西进路径与"21世纪海上丝绸之路"南下路径。21世纪，习近平主席提出"一带一路"要实现"五通"，即"政策沟通、设施联通、贸易畅通、资金融通、民心相通"。这"五通"为"丝绸之路经济带"西进提出了"语言通"的需求。"一带一路"基础设施的建设为汉语传播突破区域局限、一路向西铺平了道路。

2015年3月，我国发布了《推动共建丝绸之路经济带和21世纪海上丝绸之路的愿景与行动》，得到了"一带一路"沿线国家的积极响应。目前已有64个国家参与这一合作平台。2015年8月，中国国际贸易研究中心发布了《"一带一路"沿线国家产业合作报告》。该报告根据中国海关总署提供的贸易大数据，详细地展示了目前我国与"一带一路"沿线国家经贸合作的总体格局。报告指出，2014年，我国对"一带一路"沿线64个国家的出口总额为6 370亿美元，出口国家主要集中在东南亚、俄罗斯以及印度等地区和国家，其中出口总额超过百亿美元的国家17个；我国贸易进口总额为4 834亿美元，进口国家主要集中在中东、东南亚和俄罗斯等地区和国家，其中进口总额超过百亿美元的国家15个。

从某种意义上说，这些数据展示的我国与"一带一路"沿线国家经贸和产业合作的总格局，在某种程度上反映了汉语传播的潜在需求。

在"一带一路"的现实机遇面前，汉语文化国际传播应与"一带一路"沿线国家经贸与产业合作相结合，借力发展；与此同时，也应通过服务企业走出去，服务企业国际化，助力"一带一路"。"一带一路"沿线国家的经贸和产业合作离不开对语言人才的需求，特别是复合型高端双语人才。因此，孔子学院的汉语国际教育不仅要关注普及型人才的培养，更应该满足"一带一路"沿线国家对高端、复合型人才的需求，培养既懂外语又懂专业的复合型人才。此外，孔子学院不应仅仅局限于汉语人才的培养，也应为企业走出去培养复合型外语人才。"语言铺路"应该是双向铺路，培养双向人才。

## 第三节 汉语文化国际传播宏观主客体中的有利因素
### ——基于决策和组织者的视角

语言传播是一项长远的、艰辛的工程，是一种需要大量实际投入来收获长远抽象利益的工作，这需要政策的辅助配合。语言传播政策的决策者不仅包括政府及其官方机构或私人组织，还包括媒体、商业界、科技界和教育群体，尤其是高等教育机构。其中最为重要的往往是各国作为官方或非官方语言传播机构的语言学院、委员会或者协会。

美国政治学家拉斯韦尔在其 1948 年发表的《传播在社会中的结构与功能》一文中曾提出了著名的"5W 模式"，即谁（Who）→说什么（Says What）→通过什么渠道（In Which Channel）→对谁（To Whom）→取得什么效果（With What Effects）。① 汉语文化国际传播是一种传播形式，可以按照"5W 模式"对其进行分析，它们分别对应汉语国际教育中的传播者、传播讯息、传播媒介、受众和传播效果五个方面。（张晓曼、谢叔咏，2016）本部分将从汉语文化国际传播宏观主体和客体的角度对其中的问题进行分析。在这里，宏观层面的传播主体主要是国内语言政策规划部门（如教育部、国侨办、国家各级语委等）、语言研究部门（如社科院、各大高校的语言研究机构）和汉语传播组织执行单位（如孔子学院、华文学校），客体主要是指海外各国的语言管理和政策制定部门以及各类汉语教学组织培训部门。

### 一、 传播主体

#### 1. 国内语言决策层面的有利因素

2011 年，党的十七届六中全会通过了《中共中央关于深化文化体制改革推动社会主义文化大发展大繁荣若干重大问题的决定》，指出中华文化的国际影响力需进一步增强。2012 年，党的第十八次全国代表大会报告提出，要让中华文化走出去迈出更大步伐，增强中华文化的国际影响力。汉语和中华文化走出去事业迎来了前所未有的发展机遇，国家相应的语言决策层面推动了汉语文化的国际传播。

在大力推动中华文化走出去的过程中，汉语文化国际传播事业受到了党和国家的高度重视和大力支持，成为国家软实力战略的重要组成部分。国家领导人相继出席了一系列推动汉语文化国际传播的重要活动，"孔子

---

① 转引自李黎明. 传播学概论. 武汉：武汉大学出版社，2011.

学院"成为领导人外交活动的高频词，设立孔子学院成为推动中外语言文化交流的标志和象征。领导人的高度重视极大地鼓舞了广大汉语文化国际传播从业者，有关讲话精神得到了相关部委的积极响应，越来越多的海内外人士开始关注汉语文化国际传播事业。

《国家语委"十二五"科研规划》（以下简称《规划》）在回顾"十一五"科研工作时指出：为促进汉语走向世界提供研究成果，研究世界华人社区的语言状况，研究汉语作为第二语言教学的特点，加强面向汉语文化国际传播的语言文字规范标准制定和教材建设。编纂出版了《全球华语词典》，推动了海内外华语的沟通和汉语的国际传播事业。在面临的形势分析中，国家语委指出汉语走向世界的脚步越来越快，争取国际话语权正成为民族的自觉意识。以上这些均表明，国家在顶层设计上越来越重视汉语文化国际传播。

《规划》在谈到面临的形势时指出："互联网和云计算等现代技术的快速发展正对世界产生重要影响。语言文字是信息的重要载体，信息化发展使语言文字进入虚拟空间，形成虚拟语言生活；加强语言文字的基础研究和基于信息处理的应用研究，加强面向信息处理的语言文字规范标准建设，尽快形成具有自主知识产权的中文信息处理核心技术，提升中华语言在虚拟世界中的影响力，加速国家信息化进程。""语言战略、语言规划与语言政策研究"在《规划》中被确立为第一个重点研究方向，《规划》指出，"语言战略是国家发展战略的有机组成部分"，要"从全球化、国家安全、全球竞争力的战略高度来审视语言问题"。过去世界各地汉语学习需求的快速增长导致汉语教学工作应接不暇而缺少规范的局面已基本结束，借助新兴媒体，汉语文化国际传播的速度、规模和范围似乎都超出了人们的想象。现阶段汉语传播生态环境已然改变，网络自媒体时代极大地拓宽了汉语的信息传播渠道，汉语地图，尤其是虚拟网络空间的汉语地图正被快速改写，任何个人通过"微"渠道传播的内容，如微电影，可在一夜之间累积起超越主流媒体的网络点击率，而主流传播媒体的引导和规范效应正逐渐减弱。针对此种情况，国家广播电影电视总局和国家因特网信息办公室于2012年7月20日联合发布了《关于进一步加强网络剧、微电影等网络视听节目管理的通知》，进一步明确了网络视频节目的规范和发展措施。网络传播是汉语文化国际传播的重要渠道，我国汉语文化国际传播的战略内容，也应包括对网络虚拟世界汉语传播的引导和规范，出台相关的政策性规定和通知，促进汉语文化国际传播事业的良性发展。

为顺应全球化背景下汉语国际教育的步伐，构建全方位的国际汉语测评体系，国家语言文字工作委员会积极进行汉语国际教育规划，开展汉语口语水平测试试点。汉语口语水平测试以国际化的语言理念、现代化的测试手段、生活化的内容和中国化的形式，考查应试者正确、熟练、得体地运用汉语普通话，表情达意、交流思想、传递信息的能力和水平。汉语口语水平测试是中国汉语文化国际传播的重要项目，它的推出完善了汉语测评体系，填补了母语非汉语人士和华人华裔的汉语口语专项测试空白，改变了汉语考试"重读写、轻听说"的现状，使外国人更有兴趣、更科学地学习汉语，有利于促进汉语普通话的国际传播。①

2006 年，中国政府国务委员陈至立宣布筹建孔子学院总部，作为全球孔子学院的最高管理机构，并承诺孔子学院总部将竭诚为各国孔子学院服务，加强与各孔子学院的合作和联系，并为之提供力所能及的支持。与此同时，孔子学院总部也颁发了《孔子学院章程》，对孔子学院的设立、管理和教学等各方面制定了明确的标准。在 2007 年的第二届孔子学院大会上，更是对孔子学院办学过程中的一些具体问题进行了探讨，如师资培训、教材开发、教学教法研究、资金筹措等问题，并通过了《孔子学院指南》和《孔子学院教师任职条件》等。这些都体现着中国政府的政策支持和大量的人员、资源投入。

与孔子学院相比，中国政府对华文学校的政策支持力度相对较小。中国各级侨务部门通过政策引导，对华文学校提供资金与教材资助，与华侨华人所在国政府教育部门进行沟通与合作，取得对方对汉语文化国际传播的理解和支持。为了贯彻落实中央的指示精神，2004 年，由中央多个部门组成的中国"国家海外华文教育工作联席会议"成立，并先后实施、制订了 2004—2008 年、2009—2012 年工作规划；中央财政和地方财政对侨务工作投入的经费大幅增长；中国华文教育基金会募集的过亿资金全部用于华文教育项目，这些都为华文教育的长远发展提供了物质保障。此外，国家汉办在向国外主流社会进行汉语文化国际传播的同时，也尽力满足华侨华人社会的需求，"孔子课堂"、教师培训、汉语水平考试等项目落户华文学校；国内几十所华文教育基地院校充分发挥人才和地域优势，在华文教育诸领域为海外华文教育提供了形式多样、内容广泛的帮助与支持。② 目前，国侨办正以类型丰富的活动——"中国寻根之旅"等"请进来型"活动、"中华文化大乐园"等"走出去型"活动帮助华裔青少年认知当代中国，以立体化的华文校长、华文教师培训增进华文学校对当代中国的认知，设立"华文教育示范学校"支持海外华文学校的发展。

除此以外，在 2014 年第三届世界华文教育大会上，国侨办主任裘援平指出，国侨办将打造施教体系、教材体系、培训体系、帮扶体系、支撑体

---

① http://news.xinhuanet.com/overseas/2010-04/27/c_1258489.htm.
② 严晓鹏.孔子学院与华文学校发展比较研究.杭州：浙江大学出版社，2014.

系和体验体系六大体系，全面提升华文教育的发展水平。这六大体系中，施教体系主要是在开展综合普查和研究分析的基础上，根据不同国家和地区状况，针对不同办学模式，研究制定相对规范的华文学校办学标准、华文教师从业水平测试标准、华裔青少年华文水平测试标准，组织研发华文教育教学大纲、华文教材编写大纲等；教材体系的建设目标是到 2017 年，初步完成周边国家、重点国家和新兴市场国家分国别教材的研发、编写工作，基本建立起"通用型"教材与"本土化"教材相互补充的教材体系；培训体系旨在解决当前海外华文教师数量不足、专业素养不够、断层严重等问题，到 2017 年，要对 30 000 人次的华文教师进行系统的专题培训，其中通过考核认证者力争达到 20 000 人；为支持华文学校和华教组织的发展，帮扶体系将在现有基础上，到 2017 年再建设 100 所"华文教育示范学校"，再扶持 200 所贫困华校和新兴华校，再支持 30 个华教组织开展工作，再建 200 个"华星书屋"。

《国家"十二五"时期文化改革发展规划纲要》对海外中华文化中心的建设做出了具体要求，海外中华文化中心自此加速了建设步伐。截至 2014 年，文化部已有 20 所海外中华文化中心正式运营，文化活动、教学培训、思想交流、信息服务是其四大核心职能，汉语文化国际传播成为海外中华文化中心工作的重要部分。如今，海外中华文化中心将语言教学同形式多样的文化活动相结合，与孔子学院等教学机构互为补充，形成良性互动。根据《海外中华文化中心发展规划（2012—2020 年）》，到 2020 年，我国将在海外建成 50 个海外中华文化中心，形成覆盖全球主要国家和地区的传播和推广中华文化的主干系统①。

2. 国内汉语传播组织层面的有利因素——以孔子学院、华文学校为例②

汉语文化国际传播是国家的事业，也是国家文化"走出去"战略之一。（吴勇毅，2013）每个国家的语言推广机构都与政府有着密切的关系，其成功运作离不开政府的支持。各语言推广机构是政府实施其语言推广战略的重要载体，加大对语言推广机构的投入和支持是政府的重大战略举措。（宁继鸣，2006）总的来说，在孔子学院的发展过程中，政府采用的是"划桨"式治理方式，在华文学校的发展过程中，政府采用的是"掌舵"式治理方式。

孔子学院是受德国歌德学院的启发，由中国政府为普及汉语教育、增

---

① 海外中华文化中心：延伸的美丽风景线. http：//www. scio. gov. cn/zhzc/3/2/Document/1377284/1377284. htm.

② 本部分参考：严晓鹏. 孔子学院与华文学校发展比较研究. 杭州：浙江大学出版社，2014.

进世界各国对中国的理解与友好而创办的、中外合作建立的非营利性教育机构。其机构业务是开展汉语教学和中外教育、文化等方面的交流与合作，包括开展汉语教学、培训汉语教师、开展汉语考试等。孔子学院由我国教育部直属单位——中国国家汉语国际推广领导小组办公室承办，具有明显的官方性，是典型的由政府推动的自上而下的汉语国际推广组织，其发展的主要动力来自政府政策的强力推动。

孔子学院是海外汉语言文化传播机构，其宗旨和使命是"增加世界人民对中国语言和文化的了解，发展中国与外国的友好关系，促进世界多元文化发展，为构建和谐世界贡献力量"（《孔子学院章程》第一章"总则"第一条）。通过建设孔子学院这一品牌，带动了汉语教学中有关汉语教材、师资培训、中文学历课程、汉语水平考试等一系列项目的发展，摆脱了以往汉语教学较为零散的局面，提高了我国对外汉语教学的能力，使对外汉语教学走上更好的发展渠道。由中国孔子学院总部推出的孔子学院和汉语教师志愿者项目，是当前汉语文化国际传播中典型的组织传播类型，均由孔子学院总部批准设立，汉语教师的人员设置和派出、教学活动的安排和设计等，都须经过孔子学院总部的同意。

据统计，自 2004 年第一家孔子学院设立以来，截至 2015 年 12 月，已建立 500 所孔子学院和 1 000 个孔子课堂，覆盖五大洲的 134 个国家和地区。在孔子学院总部统一的指导下，各地孔子学院充分发挥自身优势，开展丰富多彩的教学和文化活动，逐步形成了各具特色的办学模式，成为各国学习汉语言文化、了解当代中国的重要场所。目前，孔子学院采用中外合作的办学模式，具有总部支持力度大、办学质量高、易形成品牌优势等特点，可以使中国政府有限的投入获取更大的成效。但也有资源获取渠道相对单一、师资队伍流动性较大、难以扎根社区的局限性。

随着孔子学院数量的增加，原有体系结构逐渐不能适应发展的需要，因此，在国家汉办的主导下，一些分布较密集的地区开始成立区域中心。区域中心的建立显示了孔子学院体系的一种结构调整趋势——由伞状结构向塔网结构过渡。[①] 塔网结构的基本构建是，塔尖顶层为决策、指挥和研发机构（孔子学院总部），底层为最基层的语言传播实施机构（孔子学院），中间层是确保顶层和基层直接联络畅通的渠道（区域中心），这种结构的优势是辐射面广、结构有序且不会因为塔顶的扩张而导致塔网结构不稳。加强区域中心的建设和研究，不仅有利于管理和沟通，更有利于加强传播的针对性，区域中心有望成为推进汉语文化国际传播本土化的重要单位。另外，孔子学院的调整转型还体现在传播领域的拓展上。从单一的语

---

① 吴应辉. 汉语国际传播研究理论与方法. 北京：中央民族大学出版社，2012：75 – 76.

言教学向文化交流、科技合作、信息咨询等多元服务功能发展，从简单的你来我往向深层次的汉学研究、国别研究和经典互译发展。①孔子学院正试图走出民俗、手工艺等物质文化和行为文化的浅层次传播，向传播中华民族优秀思想文化的方向努力。（王祖嫘、吴应辉，2015）

华文学校是开设在海外、从事华文教育的机构，一般隶属当地华人社团。华人社团通过华文学校来推广中华民族语言，传承、弘扬中华文化，保持华侨，华人的民族特性。华校的创办、维护和发展由华人社团承担，但也有华侨华人个人创办的华文学校。华文学校是自下而上的汉语国际推广组织，具有明显的草根性。现全球共有6 000多万华侨华人，分布于近200个国家和地区，各类华文学校2万所，在职华文教师数十万人，在校学生数百万人。华文学校具有办学机制灵活、投入较少、社区关系融洽等优点，同时也具有办学规模较小、师资力量不足、组织交流较少、缺乏品牌效应等不足。

华文学校之间、华文学校与国内组织之间常常共享发展信息，注重提升华文学校组织交流的开发建设水平。如世界华文教育大会与国家（地区）华文教育联合会，在各级教育部门与侨务部门的努力下，加强与国内中小学的联系，与国内优秀中小学结成姊妹学校。

3. 国内相关学术研究层面的有利因素

（1）汉语文化国际传播、华文教育高校及学科建设、专业设立情况。

汉语文化国际传播在国内主要依靠汉语教学、汉语考试和汉语教学师资培养及培训三方面，目前均由主管汉语文化国际传播的非营利性组织和高校主导。统计数据显示，2011年的来华留学生中，有40.61%的留学生接受学历教育，其余留学生接受非学历教育，而且多集中在高校内。也就是说，汉语国际教育基本由高校承担。（王建勤等，2015）

2008年，中央民族大学在语言学及应用语言学二级学科博士专业之下设立了国内外第一个"汉语国际传播"研究方向。2012年又在中国语言文学一级学科之下设立了"国际汉语教学"二级学科博士点，下设"汉语国际传播理论与实践"研究方向。近年来该方向的研究和人才培养取得了较大进展，到2014年底，已有18位该方向的中外青年学者获得博士学位，撰写了一批该领域的博士论文。其他高校也相继设立了相关二级学科博士点。（王祖嫘、吴应辉，2015）另外，中外高校面对新形势，积极研究现有师资培养模式的改革方案。更多国内高校开始招收对外汉语专业本科留学生；迄今为止，全国有80余所高校设立了汉语国际教育专业学位硕士点，60余所高校开设了汉语国际教育/国际汉语教育等相关专业的博士点。

---

① 引自2014年12月9日刘延东在厦门"第九届孔子学院大会"上的主旨发言。

该专业留学生招生规模不断扩大，渠道不断拓宽，已有数届汉语国际教育专业留学生获得硕士、博士学位。这为汉语文化国际传播的学术研究提供了源源不断的生力军。以上均表明，汉语文化国际传播研究已日渐形成一个独立的研究领域。

经过多年的努力，华文教育已经建立起了从短期培训到学历教育、从本科生到博士研究生培养的完整专业体系。

（2）汉语及汉语教学国际标准的研究。

在全球化背景下，建立国际汉语标准显得越来越重要。《汉语水平等级标准和等级大纲》应用于汉语教学的时间比较长，从读、听、说、写、译等方面将汉语水平分为一、二、三、四、五级，与国内四年制的对外汉语专业的年级基本对应，一、二级相当于一年级水平，三级相当于二年级水平，四级相当于三年级水平，五级相当于四年级水平。其中一、二级与三级阶段分别不能少于800学时。《汉语水平等级标准和等级大纲》的主要内容由话题内容、语言范围、言语能力三方面组成。"话题内容"主要描述和规定话题涉及的范围和内容，如日常生活、学习、社交、工作、新闻、职业活动等，分为最基本、基本、一般性、较高等不同层次。"语言范围"主要描述和规定语言知识和语言要素的范围和内容，如语音、汉字、词汇、语法项目等，并分别进行量化要求，包括字、词、语法项目的等级和数量等。"言语能力"主要描述和规定汉语听、说、读、写、译等几个方面的能力，分初步、基本、一般性、较高等层次要求和对汉语使用的规范性、多样性、得体性的要求，以及对所学汉语的文化背景和语义含义的要求等。同时从语料长度、难度，语言接受或表达的速度，语料接受的理解度，语言表达的正确度等方面进行了等级的界定。

目前的汉语教学标准主要依据《国际汉语能力标准》和《国际汉语教学通用课程大纲》。这两个大纲借鉴了国外外语教学标准建设的成果，是汉语标准建设的有益尝试。《国际汉语能力标准》由国家汉办于2007年颁布，是适应各国汉语教学需求而制定的、指导国际汉语教学的纲领性文件。《国际汉语能力标准》面向汉语作为外语的学习者，对其运用汉语知识和技能进行交际的能力，从不同层面提供了五个级别的描述，是衡量汉语学习者语言能力的重要依据。该标准分三个层面："国际汉语能力总体描述""从口头和书面两种交际方式的角度对汉语能力进行描述"和"从语言交际理解与表达的过程入手，分别对汉语口头理解和表达能力、汉语书面理解和表达能力进行描述"。《国际汉语教学通用课程大纲》参照《国际汉语能力标准》，将课程内容划分为五个等级，从语言知识、语言技能、策略、文化意识四个方面对语言综合运用能力分级目标进行了详细描述，是国际汉语教学和教材编写的重要参考依据和参照标准。（孙晓明，2013）

　　在全球化竞争中，如果忽视标准的建设，汉语教学、汉语教师与汉语教材均将无法适应汉语文化国际传播迅速发展的要求。在这种背景下，《国际汉语能力标准》作为汉语语言能力标准建设中的最新成就，虽然在教学理念以及评估体系等方面还需进一步完善，但在汉语与国际语言能力标准接轨中的意义是非常重大的，是建立包括欧盟和美国在内的世界各国认可的汉语语言标准框架的有益尝试。（孙晓明，2013）

　　（3）成立专门的研究学会、举办学术会议、创办专门的学术研究刊物。

　　2012 年 10 月，由同济大学牵头，联合中央民族大学、复旦大学、上海交通大学、华东师范大学和上海外国语大学等多所大学共同发起的"中国语文现代化学会汉语国际传播研究分会"正式成立。学会旨在从学术层面对汉语文化国际传播过程中出现的各种问题进行分析和研究，深入探索和有效解决汉语教学中的诸多难点和难题。这标志着汉语文化国际传播研究拥有了独立的学术组织。另外还有一些研究中心，如教育部语信司与南京大学共建的"中国语言战略研究中心"、上海外国语大学的"中国外语战略研究中心"、北京外国语大学的"中国海外汉学研究中心"等。

　　另外，研究汉语文化国际传播的学术刊物不断涌现，如 2012 年由中央民族大学国际教育学院主办的《汉语国际传播研究》是首家以该领域命名的学术辑刊。同年出版的《汉语国际传播研究理论与方法》是第一部关于汉语文化国际传播的理论专著。

## 二、　传播客体

　　语言国际传播发生在国家之间，国家政府扮演着最为重要的角色。输入方是内因，输入方国家政府的态度及其相关政策和措施往往决定着语言传播的大方向；输出方是外因，输出战略及有关措施可以通过输入方促进或阻碍其语言在输入国的传播。因此，在语言国际传播中，输出国和输入国在国家层面的宏观决策和顶层设计极为重要。语言国际传播中的顶层设计具有明确政策、规范标准、资源建设、编制预算、重点项目设计与实施、检查监督等功能，其影响力覆盖全国，直接影响到汉语文化国际传播的效果。

　　从古到今，从世界各国传播语言的方式和效果看，只有汉语国际教育进入各国的主流教育体系，汉语的传播和推广才能在世界各国开花结果。（王建勤等，2015）一般而言，一种语言融入他国的国民教育体系首先进入的是高等教育领域，作为一门选修性的外语课程，然后慢慢提升为必修课程，再逐渐延伸到中等教育领域。当一种语言已经成为非母语国家小学教育体系中的必修课程时，可以说该语言已经在该国获得了极高的地位，通常已成为该国的首要或重要外语。近年来，已经有越来越多的国家调整了其语言政策，将汉语教学纳入其本国的主流教育体系。

1. 海外国家政府层面的推动

（1）美国。①

自1871年耶鲁大学开设汉语课程以来，美国主流教育的汉语教学已有140多年的历史。

战争需求：第二次世界大战期间，因战争需要，美国的汉语教学得到主流社会的高度重视。为满足情报搜集等工作对语言人才的需要，美国军方曾委托哈佛大学、耶鲁大学、国防语言学院等一些有中文教学基础的院校培养能熟练运用汉语的人才。战后，冷战的需要也促使美国政府依旧对汉语教学给予了支持。

列为"关键语言"：1958年，在美国政府颁布的《国防教育法》（National Defense Education Act）中，汉语被列为"关键语言"（critical language）。由此，许多大学在美国政府的资助下开设了中文课程；到20世纪60年代初，美国教授汉语的高校增加到100所左右。在此基础上，二十世纪七八十年代，卡内基基金会、道奇基金会等机构持续提供经费支持，推动汉语教学走进美国中学。

设立SATⅡ中文考试：1993年，美国大学理事会决定设立SATⅡ中文考试，SATⅡ中文考试是高中毕业之际的"统考"选择科目之一，这一举措使中文成为美国大学入学外语考试的可选语言之一。这是中文进入美国主流教育的代表性事件，极大地推动了全美中文教学的发展，把美国的汉语教学推上了一个新台阶。

设立AP中文项目：2003年，美国大学理事会决定增设AP中文项目②。该项目包括AP中文课程和AP中文考试。从2006年起，全美各地中学开始设置AP中文课程，2007年开始举办AP中文考试。AP课程的设立，对美国中小学开设中文的推动作用，就像"忽如一夜春风来，千树万树梨花开"，几年之间，美国绝大部分高中，以及成百上千的初中和小学开设了中文课。AP中文考试从2007年开考以来，应试学生数稳步上升。截至2011年，超过5 000所的美国公立大中小学开设了中文课程，学习中

①　本部分参考胡建刚．美国华文教育促进中美人文交流与融入主流教育的途径和策略//贾益民．华侨华人研究报告（2015）．北京：社会科学文献出版社，2015．

②　AP中文项目，全称为美国"大学汉语和中华文化预修课程及考试"项目，是美国大学理事会（College Board）设立的美国中文课程及考试项目。AP中文考试是适应美国高中生的"先修课程"的需要而设置的。"先修"的意思是在高中阶段提前进入大学的课程，考试合格，可以展示学生的才能和成绩，既有利于大学录取，也可以折算成大学学分。

文的学生人数达到 20 多万；开设中文专业的大学达 1 000 多所，学生人数达 5.2 万。①

国家语言安全战略：美国政府从国家安全战略的角度出发对汉语作为外语的教学表现出了支持的态度，制定了积极的外语教育政策。其中值得一提的是从 2006 年开始实施的美国国家安全语言计划，通过一系列资助项目增加美国掌握汉语的人数、高水平汉语人才储备、汉语教师数量以及教学资源。

立法推动：2010 年 2 月，俄勒冈州成为美国第一个通过立法来推动汉语教学进入中小学课堂的州。目前在美国，汉语已成为仅次于西班牙的第二大外语。

政府部门对华文教育的态度比社会群体更有前瞻性，特别是对非华裔学生学习中文的期望更高。因此一些政府部门设立了专门培训中文教师的项目，一些政府部门希望雇用部分能讲中文的雇员，如政府资助的"Star-talk for Teachers of Chinese（中文教师星谈计划）"。

（2）泰国。②

汉语热初始之时，泰国就把握时机，乘势而上，其自上而下的顶层设计，发挥了统领全局的作用，摸索出了一条适合泰国国情的路子，成为汉语快速、高效传播的典范之一。

泰国教育部围绕以下方面做了大量工作：制订汉语在泰国推广的规划；支持各级教育机构开展汉语教学，指导孔子学院（课堂）工作；研究和开发本土化教材；制定泰国汉语教师标准、教材大纲、课程标准；建设汉语教学网络平台；组织、管理、推广汉语相关考试等。作为政府职能部门，泰国教育部总揽全局，对汉语在泰国传播的各方面、各层次、各要素进行了统筹协调，明确了发展目标，制定出正确的发展战略，实现资源共享，提高了传播效率，起到了顶层设计的作用。在政府绘制的"蓝图"统领下，泰国基础教育、中高等教育、公立和民间教育机构等各领域的汉语教学得以迅速发展。目前，泰国有 1 105 所学校开设了汉语教学课程，中泰合作成立了 12 所孔子学院和 11 所孔子课堂，在汉语推广方面具有相当的辐射力和号召力，③ 以尽可能小的成本实现了效益最大化，成为全球汉语传播的典范国家之一。

---

① 美国"汉语热"持续高烧　全美中文大会盛况空前. http://www.chinanews.com/hwjy/2012/04-13/3817285.shtml.

② 本部分参考央青. 泰国汉语快速传播对其它国家顶层设计的启示. 西南民族大学学报（人文社会科学版），2012（2）.

③ 顾时宏. 泰国教育部邀请千名中国汉语教师志愿者赴泰任教. http://www.chinanews.com/gj/gj-yt/news/2009/05-25/1705370.shtml.

此外，越来越多的国家和地区开始将中文列入当地教学大纲，推进中文教学在基础教育领域的拓展，这在欧美国家表现得尤为明显。同时，大学中文教学层次不断提高，学历教育发展迅速，不少国家如英国、意大利、泰国等均建立了完整的汉语专业本科、硕士、博士学历教育体系。仅2012年一年的时间，就有英国、瑞典、爱尔兰、塞尔维亚等国家通过颁布政令、法令等形式，将汉语教学纳入国民教育体系。截至2014年，全球61个国家已将汉语教学纳入国民教育体系[①]，大大提高了汉语在对象国教育体系中的地位，标志着汉语文化国际传播开始向纵深发展，为汉语文化的国际传播提供了有利条件。

2. 海外汉语教学、华文社团、华文教育组织机构的努力

2006年，中国台湾正式成立了台湾华语文产业推动联盟，该联盟凝聚了产、官、学、研及财团法人等各界力量，并不断壮大产业发展规模，希望借此使其在全球华语学习市场中居领先地位。

在国外，除了中国的孔子学院以外，还有数量众多的外国本土汉语教学机构，如外国大学里的中文院系、研究中心、海外华文学校联合会、中文教师协会、业余汉语培训机构等。这些机构在汉语文化国际传播的进程中也发挥着不可替代的作用。东南亚比较有名的研究中心和华文学校联合会有新加坡华文教研中心、马来西亚董教总、菲律宾华教中心等。

欧美也有相关的机构，如北美最早开设中文课程的高等学府之一——哥伦比亚大学中文部不仅是一个教学机构，也是汉语语言学和汉语语文学的研究基地。2009年10月，哥伦比亚大学与中国国家汉办和中国人民大学达成协议，在纽约哥伦比亚大学主校区共建一所研究型的孔子学院，成为全球第一家开办研究型孔子学院的高等学府，也是美国常春藤联盟8所名校中唯一设有孔子学院的大学。这所孔子学院以推动高层次的中国学研究为己任，致力于汉语作为第二语言的习得与教学研究，协调全球中国问题专家开展关于中国历史、文化、政治、经济、外交、艺术等领域的理论探讨，亦致力于中外中国学专家学术专著的译介和推广。近来，国家汉办和孔子学院总部启动了"新汉学计划"，旨在推动培养新时期的海外汉学家。哥伦比亚大学孔子学院作为一个研究型孔子学院，哥伦比亚大学中文部作为一个汉语语言学研究机构，都将在这一计划中扮演重要的角色。

下面是美国主要中文教育组织一览表（转引自胡建刚，2015），这些中文教育组织在推广中华语言文化、推动两国文化交流方面做出了很大贡献。

---

① 引自2014年12月9日刘延东在厦门"第九届孔子学院大会"上的主旨发言。

**美国主要中文教育组织**

| 组织名称 | 成立时间 | 会员特点 | 办会宗旨 | 备注 |
|---|---|---|---|---|
| 全美中文学校联合总会（NCACLS） | 1994 | 以中国台湾地区移民开办的中文学校为主 | 推广中华语言与文化，并促使进入美国及国际学术主流，团结一致维护全美中文学校之权益；精益求精，提升中文学校之品质及整体形象 | 2002 年拥有会员学校 600 余所，学生人数 8 万余人 |
| 全美中文学校协会（CSAUS） | 1994 | 以中国大陆地区移民开办的中文学校为主 | 加强全美各中文学校之间的交流与合作，促进美国的中国语言和文化教育，推动中美两国间的文化交流与合作 | 会员学校 400 余所，会员学校学生 10 万人以上，教师 8 000 人以上 |
| 全美中小学中文教师协会（CLASS） | 1994 | 中小学中文教师 | 致力于帮助和促进全美学前至十二年级学生的中文教学工作 | |
| 美国中文教师学会（CLTA） | 1962 | 各高校、中小学和社区学校的汉语教师、学生 | 致力于促进世界范围内中国语言、文学、文化的教学以及汉语教学法的研究 | |

# 第四节　汉语文化国际传播微观主客体中的有利因素
## ——基于施教与受教者的视角

## 一、传播主体

对于语言传播机构或组织而言，作为软实力表现的师资力量是汉语文化国际传播得以实现的传播主体之一。

### 1. 中国外派汉语教师的因素

外派汉语教师或汉语教师志愿者，在海外进行汉语教学的同时，也直接或间接参与了中华文化传播活动，他们是汉语文化国际传播的参与者、实施者，也是传达中华文化的"民间使者"和中国人的"形象代言人"，他们在汉语文化国际传播中发挥了重要作用。

（1）孔子学院外派教师。

为了提升孔子学院的师资力量，保证师资水平，除了《孔子学院章程》外，孔子学院总部近年来还制定颁发了《汉语教师志愿者工作管理办法》《孔子学院教师任职条件》《孔子学院总部专职教师队伍建设实施办法》《国际汉语教师标准 2010》《国际汉语教师培训大纲》等一系列的相关文件。根据《孔子学院章程》，孔子学院的师资力量主要由中方外派教师与外方工作人员组成。中国外派教师分为两类：一类为公派教师，另一类为外派志愿者。无论是公派教师还是外派志愿者，都必须达到一定的条件。目前，全球各孔子学院的教师都是国家汉办/孔子学院总部经过层层选拔派出的优秀教师，保证了孔子学院雄厚的师资力量。

作为汉语文化国际传播工作的重要组成部分，汉语教师志愿者项目自 2004 年实施以来，发展迅速。据国家汉办网站的统计信息，截至 2012 年底，国家汉办已向亚、欧、美、非、大洋五大洲 101 个国家派出志愿者教师 18 000 余人次。这些志愿者的工作，受到了受助机构的普遍欢迎，也为汉语文化国际传播做出了积极的贡献。活跃在汉语国际教育一线，孔子学院总部的工作设想、海外孔子学院和海外汉语教育机构的很多具体工作都是由志愿者完成的，他们是汉语文化国际传播的直接参与者和实施者。汉语教师志愿者在语言教学中扮演着叙说中华文化的重要角色，他们是展示、传达中华文化的“民间使者”。他们还是中国人的“形象代言人”。（林秀琴，2013）

（2）国侨办外派教师。

国侨办多年来一直在为海外华校提供外派教师，且规模逐年扩大。裘援平主任在第三届世界华文教育大会上提出，到 2017 年，国侨办外派教师的规模要从现在的每年 800 人，发展到 1 200 人。

2. 海外汉语教师的因素

在汉语文化国际传播人才队伍建设中，本土人才队伍的建设受到高度重视，步伐明显加快。近年来，国家汉办/孔子学院总部每年培训几千名海外本土教师，仅 2013 年就达 5 720 名。① 国家汉办支持海外高校设立汉语师范专业，已在美国、英国、德国、蒙古、匈牙利、坦桑尼亚等 9 国建立了 12 个本土汉语师范专业。为了创新本土人才培养模式，国家汉办还启动实施了“孔子新汉学计划”。该计划涵盖中外合作培养博士、来华攻读博士学位、“理解中国”访问学者等 6 个项目，海外本土人才的培养范围扩展到人文和社会科学领域，其培养对象将不仅精通汉语，而且将成为中

---

① 数据来自《国家汉办暨孔子学院总部年度报告 2013》。

国政治、经济、文化、艺术、汉学等领域的专家。

华文学校的教师一般依靠华文学校自己招聘，由当地华侨华人组成，这些教师有在当地社会生活的经验，了解当地社会的人文风情与社会风俗，能用当地语言与学生进行较好的交流，提出针对学生问题的解决策略。各国尚未出现专门培养华文教师的师范学校。国侨办以国内教育机构设立的华文教育基地为依托，举办各种华文学校教师培训班，以"请进来"的方式承担华文教师来华培训任务，同时还积极以"走出去"的方式培训华校教师。2013 年，国务院侨办《华文教师证书实施方案》正式定稿，该方案为华文教师提供了一套完整的认证测评体系，对加强海外华文师资建设具有重要意义。

## 二、　传播客体

需求是语言传播的动力源泉。如果没有语言需求，任何语言传播，包括国内传播和国际传播，都不可能发生。如今，越来越多的汉语学习者认识到汉语的市场需求程度以及汉语能够满足其需求的重要价值。在社会各行各业精英的带头作用下，掌握汉语逐渐成为一种被认可的技能和人才招聘的重要标准，能够为学习者带来个人发展的机遇和求职提薪的竞争优势，汉语的国际市场在悄然顺利形成。

长期以来，境外学习汉语和中华文化的人群有两大类：一类是非华裔人士，一类是华人的后代。这两类人群的学习环境和学习目的有很大的差异，习得规律和教学要求也有所不同，由此，在汉语国际教育领域，学术界区分出"对外汉语教学"和"华文教育"两个概念，将"对外汉语教学"看作中国语言文化的推广工作，将"华文教育"视为关系到海外侨胞的"留根工程"。这样的区分有利于教学和研究，但在实际工作中却很难做到泾渭分明。不少国家和地区进入孔子学院学习的有许多是华人子弟，在华文学校学习的也不乏非华裔人士，东南亚国家的一些华文学校中非华裔学生的比例甚至占到了在校生的三成到五成。实际上，从汉语文化国际传播的性质来看，汉语文化国际传播的对象应该是世界各国所有对汉语及中华文化有学习需求和了解意愿的人，无论是留学生教育、境外汉语教学，还是华文教育，它们都是汉语文化国际传播事业的重要组成部分。（骆峰，2013）

李宇明（2003）根据汉语使用的人群和地区将当前的汉语分布划分为三个战略区域：海外华人社区圈、传统的汉字文化圈（朝鲜、韩国、日本、越南等）和辐射圈（世界上其他国家或地区）。事实上，目前世界范围内的"汉语热"，首先是热在华侨华人社会，学习人数占海外汉语学习总人数的 70% 以上。（贾益民，2007）海外华侨华人家庭学习汉语是华语的传承和保持问题。海外华侨华人家庭的华语保持，是一种被动的人际传播类型，是华语在海外传播最古老、最直接、最有效的方式，华人家庭和亲属之间的语言环境，使汉语在海外的传播和发展得到最基本的保障。海外华语传播是汉语文化国际传播的一支主体力量，是其不可分割的重要组成部分和研究内容。重视母语教育是华语在海外得以传承和维护的根本力量。无论是早期的私塾、后来的政府学校，还是今天各式各样的语言学习机构，都可以看到华人对母语教育的执着。这是华语传播的巨大精神动力。（郭熙，2013）

## 第五节　汉语文化国际传播媒介的因素

随着现代传媒技术的不断推进和演变，汉语在国际上的传播面貌相比过去已经发生了质变：汉语借助各类传播媒介不断地向海外传播，其传播速度、传播范围及受众均发生了质变，现阶段的汉语文化国际传播是语言学的研究任务，也是传播学的研究课题：既要了解汉语文化国际传播的面貌，也要深入探讨汉语传播的规律。①

传播媒介是信息传递所必须经过的中介或借助的载体，广义的媒介是指使人与人、人与事物或事物与事物之间产生联系或发生关系的物质。汉语文化国际传播是一种传播活动，具体到教学中，联系汉语文化国际传播的主体和客体，并使二者发生语言文化输出与输入的介质和手段的载体也可称为汉语文化国际传播的媒介。从这个意义上讲，教材和教法也可算作上述的媒介范畴。当然也包括其他的传播媒介，如报刊、广播、电视、网络等大众传媒。

### 一、　教材

2005 年以后，汉语文化国际传播进入了跨越式发展时期，国际汉语教材研发也得到了快速发展。中山大学国际汉语教材研发与培训基地开发的"全球汉语教材库"是目前全球国际汉语教材信息量最大、使用最便捷的数据库。截至 2011 年 11 月底，在库教材信息 10 000 多册（种），其中一半以上是 2006 年以后出版的教材。其中，中国出版的教材占 58%，国外出版的教材占 42%，涵盖约 30 个国家或地区，550 多个出版社，46 种媒介语。国际汉语教材的主要类型有课堂教材、读物和自学教材、实用手册

---

① http://media. people. com. cn/n/2013/0304/c357943 – 20669297. html.

类、工具书、汉语考试辅导用书、教师培训教材、教学大纲及字词语法等级表等。

国际汉语教材出版地的分布情况与汉语教学在各国的发展情况基本吻合。汉语学习人数主要集中在亚洲，如日本、韩国，汉语教学历史长，学习人数多，出版社数量也最多。泰国、新加坡、菲律宾的汉语教学一直比较活跃，出版社数量也不少。随着汉语学习热的兴起，美国、法国、英国和德国参与汉语教材出版的出版社数量也迅速增加。（范常喜、杨峥琳、陈楠、卢达威，2012）

在海外各类学校中，汉语教材大部分都是从中国国内订购或由中方捐赠的。这使得海外汉语教师过于依赖中国国内的教材，而缺少自己编著的本土教材。近年来，为解决国内教材在国外水土不服的问题，加强教材的本土化建设，国家汉办采取了以下措施：①扩大版权转让，鼓励国内汉语教材向海外发行。国家汉办积极参加全球各类大型书展，推动国产教材向俄罗斯、西班牙、日本等国转让版权。②大力支持海外本土教材的开发。一方面，国家汉办牵头与国际知名出版机构合作开发本土教学资源；另一方面，大力鼓励孔子学院和本土教学机构自主研发教材。截至 2014 年，国家汉办已支持 75 个国家的孔子学院（课堂）开发本土教材 668 套。[①] ③大力开展教材使用的培训。此外，各国自主开发的本土教材也层出不穷，其中韩国、日本、泰国、越南等周边国家的开发速度最快。（王祖嫘、吴应辉，2015）

华文教育的教材体系也日益得到完善和发展，本土化教材日益涌现，适应海外学习者需要的初中版、高中版华文教材相继编写出版；各类课外读物、基于"互联网＋"的华文教材建设也受到学界的广泛关注。

数字技术日新月异的发展，也给汉语文化国际传播带来了变化和机遇。教学方式和资源形态都呈现出与先进教育技术相结合的特点。目前，多媒体汉语教材偏少，约占总教材量的 5%。这是值得开发的新领域。

## 二、　教法

目前汉语教学法主要有翻译法、直接法、互动教学法、案例教学法、主题式教学法、听说法、任务驱动式教学法、沉浸式教学法、完全行为反应法、PPP 教学法、交际法、内容教学法、任务型教学法、语篇教学法、AP 中文教学模式等。

国际汉语教学法的专业理论基础尚未成熟，理论体系尚未成型，借鉴

---

① 该数据由国家汉办提供。

多于创新。

## 三、　其他传播媒介

当前汉语文化国际传播主要靠的是教学，但教学只是其中的很小一部分，生活中的传播媒介更应引起重视。

### 1. 报纸杂志

报纸杂志作为一种传统的传播媒介，在相当长一段时间内占据着传媒的主体地位。华文报刊大多采用先进的套印技术，内容丰富多彩，涉及各个行业、各个层面。华文报纸是很多国际汉语学习者接触汉字汉语的一种重要途径，人们对汉字汉语的掌握大部分都是通过报纸获得的。

海外华文报刊的发展已有近 200 年的历史，据统计，至今在海外共有 50 多个国家和地区出现了华文报刊，累计 4 000 多家。目前仍在出版的印刷媒体有 500 多家，其中每天出版的日报 100 多家，以报纸形式、定期出版的期报逾 200 家，各类刊物近 300 种。[①] 其中马来西亚槟城的《光华日报》创办于 1910 年，至今已有 100 多年的历史，是办报时间最长的海外华文报纸，仍然在东南亚地区有着重要的影响力。（王华，2013）

### 2. 广播电视电影

截至目前，我国广播电视在对外宣传与汉语国际推广的互动方面已取得了一定的成绩。例如，在广播方面，作为我国唯一从事对外广播的国家电台，中国国际广播电台已有 38 个语种开设了固定的汉语教学节目，每周播出时数累计超过 20 小时。中国国际广播电台的《学汉语》节目、远程汉语视频教学节目、在部分国家开设的《空中汉语课堂》等，已成为向世界传播汉语及中华文化的重要渠道。

通过电视电影欣赏的方式来培养汉语学习者的汉语口头表达能力，是提高学生汉语文化交际水平的一种手段。在电视方面，中央电视台国际频道（CCTV4）目前已在世界 140 多个国家和地区落地，在全球的覆盖率达到 98%；而《中国全景》这部大型电视系列教材就是由国家对外汉语领导小组办公室和教育部电化教育办公室联合组织编制的，专门面向海外的汉语学习者，它由美国斯科拉卫星（SCOLA）电视网向北美地区全面播出，成了很多汉语学习者的忠实朋友。[②]

### 3. 互联网

互联网已发展成为继报纸、广播、电视之后的第四大传播媒体。汉语

---

① 刘虎. 海外华文传媒与中国国家形象的提升. 宁波大学学报（人文科学版），2009（4）.
② 吉广荣. 汉语大众媒介与汉语国际传播. 郑州：郑州大学，2012.

文化国际传播已经实现了网络化，大量汉语网站、网络电子教材和在线学习模块加速了其传播进程。在网络的普及下，综观当前的网络汉语资源，可分为以下几大类（李洁麟，2013）：

综合类：此类网站内容丰富，除发布汉语学习和考试的动态信息、提供国内外汉语教育与传播的新闻外，还有大量汉语资讯。其并无特定的受众群，任何对汉语感兴趣的受众皆可从该类网站中获取相关信息，如"中国孔子学院总部""中国华文教育基金会""中文教育网""汉语世界"等。

教学研究类：此类网站专为汉语教学研究而设，具有丰富的汉语教学资源，主要受众群为汉语教师和科研人员。其拥有大量音频、视频等多媒体形式的汉语教学资源，如"对外汉语教学交流网""对外汉语教学与考试网"等。

国内外以汉语教学为主题的网络平台数量日益增多，全球越来越多的教学机构开始实践远程网络教学，如美国肯尼索州立大学孔子学院尝试开设远程课程；新西兰奥克兰孔子学院开发了"可视汉语学习网络系统"；巴西圣保罗州立大学孔子学院与门户网站 Universia 合作开设网络汉语课程；国务院侨务办公室推出"三常"知识竞赛在线测试及学习系统等。汉语网络测试和评估也发展得很迅速。随着国内知名高校与网络公司推出慕课（MOOC）学习平台，汉语课程加入 MOOC 平台的步伐也将加快。（王祖嫘、吴应辉，2015）

考试、学习类：考试类网站受众群集中，主要面向参加各类汉语水平考试的海外学生，除公布考试资讯外，还提供大量的汉语考试模拟试题、考试指南、考试培训、考试用书等具体的汉语考试信息，如"中国汉语水平考试（HSK）""BCT 商务汉语考试"等。学习类网站的受众群主要是对汉语学习有兴趣的各层次海外学生及从事汉语教学工作的人员，为其提供各种学习汉语的课件、学生及教师用书等，深受汉语学习者的欢迎，如"汉语网""汉语世界"等。

高校、组织机构类：此类网站是由国内开展汉语教学与研究的高校或机构专门开设的，受众群基本是高校以及相关教学和研究机构的人员。近年来，国内开展汉语研究的高校和机构很多，大部分都开设了专门的网站，发布汉语研究的最新科研进展，如北京语言大学对外汉语研究中心、暨南大学华文学院、华东师范大学对外汉语学院等。

报纸、杂志、期刊类：此类网站是纸质媒体的网络版，主要受众群是从事汉语教学和研究的人员，受众面较小，专业性很强，如《中国语文》《语言文字应用》《世界汉语教学》等。在国外，采用华文出版的报纸统称为华文报纸，这些报纸深受海外华侨华人的喜爱，成为他们关注中国的重要窗口，较知名的有菲律宾的《世界日报》、马来西亚的《南洋商报》、新加坡的《联合早报》、加拿大的《华侨时报》等。

论坛、博客、空间、微博类：此类网站是汉语研究者、学习者利用网络自主创设的在线交流空间，论坛依托的是专业网站，而博客、微博及空间则以个体身份开设，共同点是拥有集中的主动型受众。如"对外汉语论坛""汉语国际论坛""华教社区""华语天下"等，内容涵盖汉语研究与学习，信息量非常大；又如"汉语空间博客""对外汉语教师之家"以及语言学界越来越多的学者开设的博客、微博等，发布与汉语教学和研究相关的信息和个人研究心得。

4. 文化产品

近年来，汉语文化国际传播越来越多地同文化产品结合起来，相关文化资源建设得到了较快发展。《家有儿女》《一个都不能少》《刮痧》等影视作品被改编为汉语视听教材，"孔子学院数字图书馆"上线各类资源20万种。一些综艺节目、中外合拍电影在国外的热播，间接促进了汉语文化国际传播的发展。《非诚勿扰》《我是歌手》等综艺节目在海外华人圈产生了强烈反响，并辐射到非华人群体中，激发了海外人士对中国语言和现代文化的兴趣。（王祖嫘、吴应辉，2015）

联合国教科文组织于2016年3月发布的一份最新报告显示，中国2013年文化产品出口总值达601亿美元，高出排名第二的美国279亿美元一倍多，成为全球文化产品最大出口国。[①]

---

① 中国成文化产品最大出口国. http：//finance. ifeng. com/a/20160311/14263636_0. shtml.

## 第五章

# 汉语文化国际传播中的问题分析

　　随着经济的飞速发展以及国际政治地位的日益提高，中国已经在世界诸多公共领域中发挥着不可替代的作用。鉴于政治和经济因素的双重作用，汉语和中华文化也正以前所未有的规模和速度在国际范围内传播。然而，在全球"汉语热"和孔子学院等汉语传播机构快速发展的同时，面向国际的汉语和中华文化传播也存在着许多值得关注的问题，而这些问题正是制约汉语文化国际传播的瓶颈所在。因此，发现和解决这些问题对于今后汉语文化国际传播工作的良性和可持续性发展有着重要的意义。本章将从世界范围内的语言环境、宏观与微观的传播主客体以及传播媒介等角度对目前汉语文化国际传播中存在的问题予以分析。

## 第一节　当前汉语文化国际传播的语言环境与背景

　　我们要推进汉语文化国际传播，首先要清楚汉语在当前国际性事务中所处的地位、所产生的作用及其客观生存情况，只有了解了这些现实背景，才能在此基础上制定汉语文化国际传播的发展战略，并明确今后努力的方向。通过观察当今世界主要语言的分布格局，我们可以知道，汉语已经成为一种国际性的语言，但与英语的差距还很大，而且还面临着诸多问题与挑战。因此，如何应对强势语言的挑战，提升汉语的国际地位，是汉语文化国际传播工作者应思考的重要问题。

### 一、汉语的国际地位

　　中国是一个拥有近 14 亿人口的大国，庞大的人口基数使得汉语成为世界上以其为母语的人数最多的语言。如果再加上马来西亚、新加坡等国以及散落分布在世界各地的以汉语为母语的华侨华人，那么以汉语为第一语言的人口数量则会更多。此外，随着中国综合国力的逐步增强，中国在世界政治、经济格局和国际性事务中扮演的角色越来越重要，因此作为联合国工作语言之一的汉语的经济价值有了进一步的提升。显然，汉语已成为一种国际性语言。

吴应辉（2014）曾根据社会交流功能的不同层次将语言分为六类，即民族语言、族际通用语、国家通用语、区域性语言、国际性语言和全球性语言。其中，全球性语言是指作为母语、第二语言或外语的使用者人数众多，且在世界各地广泛分布，在国际政治、经济、文化、教育、媒体等领域广泛使用的语言。若以此标准来衡量，尽管汉语的使用者数量众多，但绝大多数是作为母语，全球以汉语为第二语言和主要外语的学习者在绝对数量上还很少；此外，汉语的使用范围主要是在中国，海外华人使用汉语则主要限于家庭生活内部，汉语在国际重大专业领域中的使用频率还比较低，因此，汉语尚不具备"全球性语言"的特征，且与作为全球性语言的英语的差距也非常大。

然而，汉语国际地位的实际情况还不止于此。即使同为国际性语言，汉语的地位和重要性与法语、德语、西班牙语、日语、俄语等语言亦存在差异。由上述国际性语言的特征来看，某种语言在世界范围内分布的广度和在高端领域的使用频率才是衡量该语言重要性的主要指标。而一种语言在重要文献领域的使用量和翻译量恰恰可以反映该语言在人类高端知识创造中所发挥的作用。根据世界书籍翻译数据库（UNESCO Index Translationum）1979 年至 2012 年的数据，全世界共出版大约两百万种翻译书籍。其中英语以 1 371 531 的翻译总量位居榜首，德、法、西、俄四语种分别排在第二、三、四、五位，而汉语的翻译总量仅为 75 987，位列第十四位，甚至落后于波兰语、丹麦语、捷克语等小语种。[1]

"语言中心性指数"[2] 是一种语言在世界语言网络中重要性的度量指标，它与该语言节点和其他语言节点的相连权重正相关。因此，语言中心性指数越高，该语言的位置越接近中心，其使用频度和语言地位越高；反之，语言中心性指数越低，该语言的位置越边缘化，其在世界范围内的使用频度和语言地位也就越低。由图 5-1 和表 5-1 可见，中文的语言中心性指数仅约为 0.014，排在第二十位，远远落后于英、法、德等西方语言，其位置已严重边缘化，足以说明汉语国际地位的严峻性。

---

① 数据来自《华盛顿邮报》，转引自 http：//club. china. com/data/thread/1011/2784/03/26/5_1. html.

② 该术语来自《华盛顿邮报》，转引自 http：//club. china. com/data/thread/1011/2784/03/26/5_1. html.

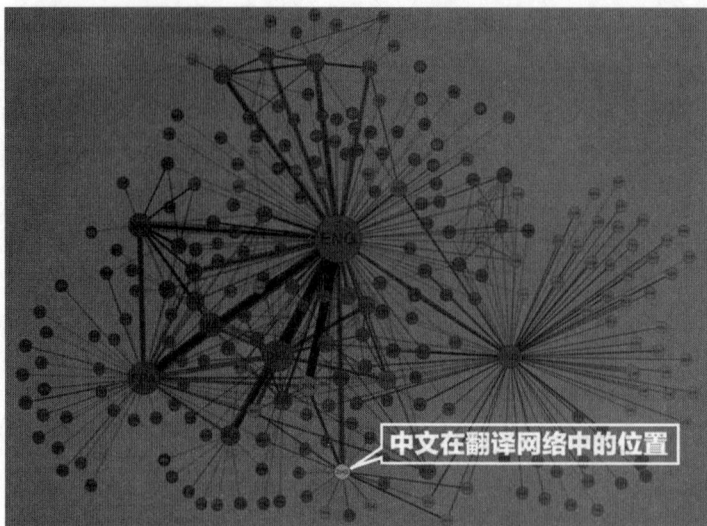

图 5 - 1 中文在全球语言网络结构中的位置

表 5 - 1 世界主要语言的 "语言中心性指数"

| 语言 | 语言中心性指数 | 语言 | 语言中心性指数 |
|---|---|---|---|
| 英语 | 0. 898 035 31 | 丹麦语 | 0. 030 202 16 |
| 法语 | 0. 296 955 32 | 匈牙利语 | 0. 028 026 28 |
| 德语 | 0. 263 347 49 | 捷克语 | 0. 027 758 67 |
| 意大利语 | 0. 093 743 08 | 塞尔维亚—克罗地亚语 | 0. 026 961 08 |
| 俄语 | 0. 085 652 74 | 希伯来语 | 0. 023 616 34 |
| 西班牙语 | 0. 085 399 87 | 波兰语 | 0. 022 710 51 |
| 日语 | 0. 043 984 96 | 古希腊语 | 0. 022 502 73 |
| 荷兰语 | 0. 039 557 01 | 葡萄牙语 | 0. 021 052 29 |
| 拉丁语 | 0. 034 046 42 | 阿拉伯语 | 0. 015 886 06 |
| 瑞典语 | 0. 033 636 97 | 汉语 | 0. 013 963 75 |

此外，语言学习者对某种语言的潜在需求也可以反映出该语言的重要性及其未来的传播发展趋势。李红宇等（2011）对 1999—2007 年全球有动机学习不同种类外语的人数进行了分析，其研究结果如表 5 - 2 所示。

表 5 - 2 全球有动机学习不同种类外语的人数

单位：万人

| 年份 | 有动机学汉语的人数 | 有动机学英语的人数 | 有动机学德语的人数 | 有动机学日语的人数 | 有动机学法语的人数 |
|---|---|---|---|---|---|
| 1999 | 9 207. 31 | 101 593. 79 | 31 034. 87 | 11 773. 48 | 20 300. 49 |
| 2000 | 12 010. 58 | 106 029. 53 | 29 683. 97 | 12 400. 18 | 19 242. 47 |
| 2001 | 13 125. 80 | 106 224. 66 | 29 878. 27 | 12 384. 31 | 19 975. 99 |
| 2002 | 15 459. 62 | 109 643. 66 | 30 954. 21 | 11 733. 53 | 20 141. 86 |
| 2003 | 17 292. 69 | 106 616. 81 | 35 650. 52 | 11 463. 02 | 21 472. 42 |
| 2004 | 19 843. 48 | 107 311. 49 | 33 584. 14 | 11 530. 85 | 22 503. 69 |
| 2005 | 21 430. 94 | 103 775. 11 | 35 251. 95 | 11 023. 93 | 21 539. 91 |
| 2006 | 24 738. 73 | 107 220. 45 | 32 753. 16 | 11 160. 67 | 21 326. 38 |
| 2007 | 26 908. 48 | 102 879. 14 | 37 431. 48 | 10 886. 84 | 21 219. 65 |

由表 5 - 2 可见，英语是潜在学习人群最多的语言，大大超过其他四种语言潜在学习人群之和，说明英语仍是当今世界唯一的一种全球性语言。（吴应辉，2014）总的来看，日语和法语的潜在需求保持平衡，变化不大；而德语和汉语则处于上升的趋势，特别是汉语的上升趋势很快，从 1999 年到 2007 年增长了近两倍。这一方面说明了汉语的国际地位正在逐步提高，特别是近十几年来汉语文化国际传播工作的推进对于汉语走向世界发挥了重大作用；另一方面我们也要注意到汉语与英语、德语等语言存在的明显差距，对汉语的国际地位要有一个清醒、客观的认识。故而，提高我国经济和高新技术的国际竞争力，继续推进汉语文化国际传播事业，提升汉语的国际地位，加速汉语和中华文化带来的"红利"，应是我们今后一段时间的努力方向。

## 二、 汉语面临的挑战

回顾从前，汉语和中华文化的国际传播也曾有过辉煌的历史。在唐宋时期，汉语的外向性传播达到了顶峰，"以中原为中心的汉语言文化国际传播呈现一种万向来朝的'中土'语言文化的'核磁'效应"①，汉语的这种和平式的语言文化传播对周边国家和地区以及整个世界产生了巨大的

---

① 凌德祥. 和平崛起视阈下汉语国际传播历史嬗变的启示. 北华大学学报（社会科学版），2014（4）.

影响。然而，受明清两代的闭关锁国政策的影响，汉语文化国际传播受到了重创，几乎处于停滞状态。当时虽有大批中国人移居东南亚而在客观上带动了汉语的国际传播，但由于缺乏政府自上而下的支持和规划，这种传播多数局限于生活生产方面，高层次的科学文化交流很少，传播的效度大打折扣。后来，民国时期国内战乱频繁，社会积贫积弱，语言文化呈现出"逆传播"的趋势，西方语言和文化大规模地传入中国。在革命新思潮的影响下，汉语和中华传统文化也多次受到质疑，国民的语言文化自信心减弱，客观上阻碍了汉语的对外传播。新中国成立初期，世界政治环境恶劣，外交困难重重，西方国家对我国实行政治和经济封锁，更加严重地阻碍了汉语的国际传播。直至改革开放，中国经济发展迅速，综合国力大为提升，加之大量新移民走出国门，移居世界各地，汉语的国际传播才发生了根本性的转折和质变。然而，经历了几百年近乎停滞的状态，我国的汉语文化国际传播起步晚、经验少，错失了很多历史机遇，因此与西方强势语言的国际化进程相比还有不小的差距。当今，汉语虽已成为一种国际性的语言，但真正将汉语作为国家通用语言或工作语言的国家和地区并不多，在地区性、国际性组织、会议以及国际重要交际领域中真正使用汉语的还不多。（李宇明，2003）在当今复杂多变的国际和国内语言环境中，汉语所面临的挑战还很多。

从国际环境来看，汉语正在受到强势语言，特别是英语的竞争和排挤。从历史上看，英语的全球化进程经历了一个相当长的历史时期，且其全球化的过程是伴随着殖民统治、种族压迫和政治强权进行的；而汉语的国际传播则一直遵循的是和平的方式，更多的是一种"润物细无声"式的文化吸引。与英语的国际传播方式相比，汉语这种依靠文化"向心性"的传播方式则来得更为柔和、缓慢，客观上也延缓了汉语文化国际传播的速度，加之当今强势语言先入为主的优势及其对汉语的排挤和竞争，汉语的全球化进程必然是一个长期的过程，要想打破英语一统天下的局面也需要经历相当长的一段历史时期。

从国内的情况来看，汉语的生存环境也令人担忧。首先，汉语面临着西方语言和文化的剧烈冲击。改革开放以来，世界的先进技术大量进入中国，文化交流增多，西方的语言、文化和价值观不断输入中国。生活在这种环境下的中国青年人在思想行为等方面越来越"西方化"，而对本国的语言文化不甚了解甚至存在偏见，传统的语言文化和价值观念受到严重的挑战。其次，我国的母语防护意识淡漠。（郭熙，2007）从国民教育的层面看，如今"重英轻汉"的现象很严重，升学、晋职、就业都少不了外语的考核，儿童很小便开始学习外语，而注重汉语能力提升的家长和教育者则少之又少，这种本末倒置的教育观念严重损害了汉语在国人中的声望，亦可能导致母语信仰危机，恶化汉语的本土生存环境。最后，国内的语言规范意识不强，不利于汉语的健康发展。众所周知，汉语方言之间的分歧很大，台湾及香港还存在着繁简字、拼音与注音字母等方面的不同，社会生活中使用不规范语言和汉字的情况十分常见，网络语言中的不规范现象也很多，如此种种，都需要相关部门和学者制定标准，逐步规范，但目前我们在该领域做得还非常不够，国内语言文字使用的规范化程度亟待提高。

由此可见，目前汉语仍处在一种"内忧外患"的环境之中。我们既要看到近几十年汉语文化国际传播的成就，同时更要认清汉语当前所处的环境和地位，树立忧患意识，实施"六大转变"①，推进汉语又快又好地走向世界。

## 第二节　汉语文化国际传播宏观主客体中的问题<br>——基于决策、研究和实施者的视角

汉语文化国际传播本身是一种传播现象，由于其传播的主体和受体往往是来自不同国家、操有不同母语、具有不同文化背景的人群，因此它又是一种跨文化的语言传播行为。美国政治学家拉斯韦尔在其1948年发表的《传播在社会中的结构与功能》一文中曾提出了著名的"5W模式"，既然汉语文化国际传播也是一种传播形式，因此亦可以按照"5W模式"对其进行分析，它们分别对应汉语国际教育中的传播者、传播讯息、传播媒介、受众和传播效果五个方面。（张晓曼、谢叔咏，2016）本部分将从汉语文化国际传播宏观主体和客体的角度对其中的问题进行分析。在这里，宏观层面的传播主体主要是国内语言政策规划部门（如教育部语信司、国侨办文化司、国家各级语委等）、语言研究部门（如社科院、各大高校的语言研究机构）和汉语传播组织执行单位（如孔子学院），客体主要是指海外各国的政府、语言管理和政策制定部门以及各类汉语教学组织培训部门，如海外华文学校、各类汉语培训班等。

## 一、传播主体

1. 国内语言决策层面的相关问题

（1）对语言宏观政策的研究和规划不够，汉语文化国际传播缺乏战略高度的指导。

从语言经济学（Economics of Language）的角度来看，作为人类交际工

---

① 许琳. 汉语国际推广的形势和任务. 世界汉语教学，2007（2）.

具的语言与其他资源一样具有经济性，即价值（value）、效用（utility）、费用（cost）和收益（benefit）。因此，对于一个国家来说，语言的保护与传播不仅有着巨大的经济利益与收益，而且还关系到国家信息资源的安全问题。一个国家语言能力的强弱已经而且将进一步成为国家强弱盛衰的一种表征。（赵世举，2015）因此，世界上一些国家已经从战略的高度来关注语言问题。如美国自 21 世纪以来就先后出台了《国家外语能力行动倡议》《国防语言转型路线图》《语言与区域知识发展计划》《国家安全语言计划》《国防部语言技能、区域知识和文化能力的战略规划：2011—2016》等一系列重大语言政策和举措，足见他们对语言之重视。（陆俭明，2016）

新中国成立以来，我国对语言文字方面的改革十分重视，先后成立了"中国文字改革协会""中国文字改革研究委员会""中国文字改革委员会"（后更名为"国家语言文字工作委员会"）等语言文字改革机构，多次召开关于全国语言文字改革和现代汉语规范问题等方面的工作会议，研究讨论并公布了《汉语拼音方案》《汉字简化方案》，陆续在全国范围内推广普通话，并为一些少数民族语言制定文字，这些重大举措都为国家语言文字的规范化发展以及后来的汉语文化国际传播奠定了基础。然而，目前我国对宏观语言政策等方面的战略研究和实践还比较薄弱，特别是缺乏对母语发展规划、语言安全保障、语言资源建设与保护等方面的决策和制度。此外，汉语文化国际传播战略的研究和制定也刚刚起步，还有很多问题有待解决，如针对不同地区、不同文化背景国家的汉语文化传播政策的制定，对汉语传播机构组织运作的市场化、制度化、规范化的研究，对濒危方言和少数民族语言的保护和规划问题，对语言在国防、信息安全、区域经济和文化发展以及国家强国战略中的重要位置的建设问题等。

（2）汉语文化国际传播缺乏相应的制度和法律保障。

自 2004 年首个孔子学院设立以来，十几年来海外孔子学院发展迅速，极大地推动了汉语国际化进程。可是在取得成绩的同时，也出现了一些值得我们深思的问题。近年来，孔子学院在欧美开始遭到一些抵制，法国、瑞典、加拿大和美国的某些大学相继终止了同孔子学院的合作办学协议。而发生在 2012 年 5 月的美国"孔子学院事件"更是暴露了汉语文化国际传播中的法律保障缺失问题。

据悉，美国国务院发布公告称，目前在美国持有 J-1 签证的孔子学院的中国教师，必须在规定的日期之前离境，美方将不再为中方教师续签签证，禁止中方教师和志愿者在中小学的学堂教学。而对于孔子学院的地位和认证问题，美方称，现有孔子学院必须申请美国的认证，才能在其所在大学开展教学。从表面来看，美方此举似乎有一定的依据，但实际上，美方的质疑和刁难正表明了我们的汉语文化国际传播缺乏相应的法律制度保障以及我们对当地法律政策的不了解。孔子学院在海外的合法性以及外派教师的权益保障如果不能以法律法规的形式确定下来，那么将来很有可能在别的国家也出现类似的摩擦和质疑。

截至 2015 年，全球共有 134 个国家和地区建立了 500 所孔子学院、1 000 个孔子课堂，学员总数达 190 万。孔子学院发展如此迅速，但其背后的法律支持却非常不健全，我们亦没有站在国家宏观战略和国家整体立法的高度去审视孔子学院的法律制度缺失并为其提供必要的保障。从长远来看，这种发展与保障的不配套必将阻碍汉语国际化的进程。此外，各国在政治制度、法律体系、语言战略、教育规划、文化习惯等方面不尽相同，即使我国为汉语文化国际传播确立了一套法律准则，但这种法规也很难是放之四海而皆准的，所以我们还需要充分熟悉所在国的情况，利用其社会条件、法规体系、语言政策和教育制度，走"自主的内涵式发展道路"①。

（3）资金的投放、管理和分配不够合理。

目前世界上各主要的语言推广机构的资金来源构成与母语语种的国际传播地位相对应，呈现出一定的阶梯层次，强势语言的推广机构可获得较高比例的自营收入，而弱势语言的推广机构则主要来自政府财政拨款。（徐守磊，2010）英语作为当今世界上唯一的全球性语言，其推广机构众多，其中大部分机构并不是由英、美等母语输出国操纵的，而是由被输入国自发组织和运作的。由于英语在世界上的语言经济价值和资本收益高，所以这些语言推广机构的经费部分来自所在国拨款，更大一部分则是来自其自营的收入，这些机构的市场化和产业化程度比较高。

汉语虽然也是国际性语言之一，但其国际地位远不及英语。我国有意识的汉语文化国际传播工作开始得比较晚，所以在初期阶段，汉语传播机构的主要经费来源几乎全部是我国政府的财政拨款。以孔子学院为例，从2011 年到 2015 年，孔子学院总部对各国孔子学院的支出金额由 1.641 03 亿美元增长到 3.108 54 亿美元，增长幅度将近一倍。（见图 5 - 2）而这五年以来，中外企业以资金、实物、奖学金等形式为孔子学院捐赠的数额折合1 000多万美元②，与政府的投入相比还非常少，说明孔子学院的办学模式依旧以政府为主导，民间资本注入很少，市场化程度低，其可赢得的自营收入不高。

---

① 陈永莉. 汉语国际传播的制度建设问题. 暨南学报（哲学社会科学版），2009（1）.
② 数据来源于许琳《2015 年孔子学院总部工作汇报》。

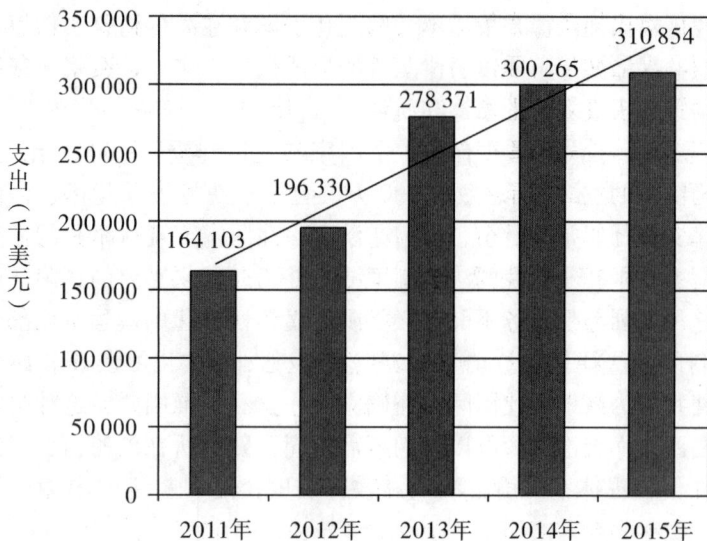

图 5 - 2 2011—2015 年孔子学院总部对各国孔子学院支出情况①

其实，除孔子学院之外，海外大量的华校也是传播汉语和中华文化的排头兵，二者是汉语文化国际传播不可或缺的"两翼"。海外华校多半是民间性质的，多由爱国侨领或华人公司、社团出资兴建，由于缺乏政府的支持，加之某些地区有排华倾向，因此与孔子学院相比，海外华校的生存空间狭小，运营环境较差，资金严重不足，不少华校的教师待遇极低，严重影响了海外华校的可持续发展。但是，对这些艰难生存的华校，我们在资金方面给予的支持较孔子学院少得多，使得汉语文化国际传播的"两翼"严重失衡，制约了海外华文教育的快速发展。当然，孔子学院和海外华校在所属性质、受众特征、运营模式等方面有很大的差异，但是我们也应该因时、因地制宜，平衡二者的关系，加强资金管理，优化分配和投放机制，将盲目的"输血"转化为传播机构有意识的自我"造血"，从而实现汉语文化国际传播的可持续发展。

（4）传播管理机构存在"多头共管"的问题，一些机构和团体的传播职能有待挖掘。

语言具有社会性，它与国家的政治、经济、文化、教育、外交、安全等方方面面都存在千丝万缕的联系。正因如此，语言的成功传播就需要众多政府部门的协调推进。因此，陈永莉（2009）认为，"语言传播，究其根本是一项由中央及时决策、多个政府机构积极推进、各级高校和全社会共同参与的重大事业"。纵观西方国家的语言传播历史，其层级分明、有

① 数据来源于 2011—2015 年《孔子学院年度发展报告》。

序高效的传播机构是语言传播成功的重要保障，这是值得我们借鉴的。目前，我国的汉语文化国际传播事业已取得了很大的成绩，但是在各相关管理机构设置和权责划分上还不够明确，管理模式尚需进一步完善。

具体来说，首先，管理部门众多，存在"多头共管"问题。目前汉语文化国际传播的主战场是教育行业，我们主要是通过孔子学院、海外华校等教育机构进行传播。目前与汉语文化国际传播事业密切相关的机构主要有教育部及其所属的语用司、语信司、国际合作与交流司，国家汉办/孔子学院总部，国务院侨务办公室及所属的文化司、国外司，文化部系统的海外中华文化中心等。这些机构和单位在汉语文化国际传播工作中既有交叉，也有互补，都扮演着十分重要的角色。但是，由于各机构在主要职能、行政思路、工作着力点等方面不尽相同，因此在交叉的部分可能就会有所分歧，遇到问题时可能就会出现沟通迟滞、协调不力、效率低下的问题。其次，很多政府部门或民间团体的汉语文化国际传播职能未被充分挖掘出来。如前所述，教育行业只是汉语文化国际传播的一部分，而其他领域，如电视网络、出口商品、报刊书籍、宗教活动、旅游宣传等也都具有汉语文化国际传播的功能，但是以往我们只注重前者而遗忘忽视了后者。实际上，后者较前者的接触面可能更广，因为教育的对象可能有一定的范围性和局限性，而媒体、商品等则为生活之必需，更能深入生活，扩大汉语和中华文化的影响力。由于缺乏这种"大传播观"的意识，所以我们的很多政府职能部门和民间团体的传播职能被淡化。我们认为，在"大传播观"的理念指导下，如商务部、外交部、国家民族事务委员会、国家新闻出版广电总局、国家旅游局等机关事业单位以及全国侨联、中国人民对外友好协会、欧美同学会等社会团体均应有意识地增强传播意识，打破行业壁垒，加强横向联系，在"有层级无边界"[①] 的汉语文化国际传播体系中献策出力。

（5）传播与推广过程中存在主观化、单方化。

在传播过程中，传播主体与受体之间应是双向的、互动的。单方化的传播往往会由于忽视受体的感受和需求而以失败告终。在目前我们的汉语文化国际传播中，很多政策、内容、模式、节奏、方法、途径等的制定都过于依赖主体的意愿，未能站在受体的角度通过调查、研究、决策、试行的方式进行传播，因此在传播过程中或出现传播效果收效甚微的情况，或出现引起接受方疑虑抵制的情况，大大降低了汉语文化国际传播的效度和声望。

如今，一些孔子学院在海外遇冷，正在经受信任危机，虽然是个例，

---

① 骆峰. 汉语国际传播的性质、体系和模式. 汉语国际传播研究，2013（1）.

却值得警醒。与孔子学院在某些地区遭受的尴尬境地截然不同，一些中国的民办汉语教育机构却受到海外国家的欢迎。如阳光喔教育集团的海外输出项目"华式语文教学法"在马来西亚很受欢迎，该公司成功与马来西亚奥林比亚学院和新纪元学院建立合作关系，在当地全面开展华语培训项目。其受欢迎的原因之一，就在于该公司能够因地制宜，采取了对象国认同的经营理念和传播模式，能够将传播内容充分地与当地历史、文化实际相结合，转换成对方可以接受的形式。因此，这种客观的、双向的、在地化的汉语传播方式才能得到对象国的信任和欢迎，才能充分保证传播的有效性。

### 2. 国内语言学术研究机构的相关问题

政策的制定离不开科学研究，只有对某一问题展开客观、深入的研究，才能为决策部门提供参考。目前来看，我国已对汉语文化国际传播展开了研究，但是其广度和深度还很不够，汉语文化国际传播的研究严重滞后于汉语文化国际推广的实践。这主要表现在以下方面：

首先，汉语文化国际传播作为一个独立的课题大概在最近十年才开始起步，而之前一直都是作为对外汉语的一个分支来研究的，所以，目前我们在这方面的研究基础还不够扎实，尚未形成独特的研究范式，汉语文化国际传播学科还未普遍建立起来，研究的理论、思路和方法还主要是传统对外汉语式的，很多研究者还没有厘清汉语文化国际传播和对外汉语教学之间的关系和区别，这些问题都是研究界亟待解决的。

其次，就内容和范围来看，我们的研究视野还比较狭窄，很多重要的研究领域还未拓荒。当前，汉语文化国际传播已经进入了一个新的阶段，其主要表现就是教学主战场的转变，即从过去的以国内战场为主转变为现在的以国外战场为主，因此"六大转变"之一就是"工作重心从将外国人'请进来'学汉语向汉语加快'走出去'转变"。由于工作重心发生了变化，所以我们的研究也需要相应地发生转变。但是现在我们的大多数研究者仍习惯于传统的对外汉语教育的研究思路，把精力集中在国内对外汉语教学的课堂教学、教材编写、辞典编纂这些传统的研究领域上，而对汉语文化国际传播大形势下产生的一系列新的问题缺乏敏感与深入的研究。（张西平，2013）此外，我们在国内外语言政策、语言战略、国别汉语现状、国别师资教材、汉语文化国际传播的相关标准和规范化等方面的调查和研究都严重不足，跟不上汉语"走出去"的步伐，这必将会影响汉语文化国际传播的进程和质量。

再次，专门的汉语文化国际传播研究机构很少，国内外互动不够。在当前国际汉语学习需求旺盛的情况下，汉语文化国际传播研究也亟须加强。虽然国内已有一批学者在此领域艰难开拓，但是研究人力不足，研究领域也相对分散，不易形成合力。解决这个问题最好的方法之一就是建立专门的汉语文化国际传播研究机构。现在，我国已认识到其重要性并建设了一些相关的研究机构，如由教育部语信司与南京大学共建的"中国语言战略研究中心"、上海外国语大学的"中国外语战略研究中心"、北京外国语大学的"中国海外汉学研究中心"等。但是与汉语文化国际传播的发展速度相比，我们的研究机构在数量、规模、质量等方面还是滞后的。此外，我们的研究机构与海外汉学界的交流和沟通不够，我国驻外搜集、调查和研究汉语推广信息的机构非常少，信息渠道窄，回馈速度慢，使得当前的研究存在一定的滞后性和封闭性，不利于及时为政府决策提供参考。

最后，学界还需要对汉语文化国际传播中的语言与文化关系问题做进一步的研究。汉语文化国际传播究竟是传播语言还是传播文化？其核心任务到底是什么？由于对语言与文化的关系问题没有弄明白，所以在汉语文化国际传播的实践中就存在两种倾向："重语轻文"和"重文轻语"。前者强调语言的重要性，而忽视了文化在传播中的地位；后者则正好与之相反。应该说，这两种做法都片面理解了汉语文化国际传播的目标和内涵。陆俭明（2013、2016）曾指出，汉语国际教学的核心任务与内容是汉语言文字教学。其他学者，如杨国章（1991）、刘珣（2004）、李泉（2011、2012）、赵金铭（2012）等也都讨论过语言与文化的关系问题。他们普遍认为，汉语传播必然伴随着文化的传播，文化教育应是一个耳濡目染、潜移默化的过程，若"过于强调汉语教学的文化传播功能，是对汉语作为外语教学是一门学科的误解，是对汉语教学文化传播功能的扩大化、理想化、超负荷化"。（李泉，2011）但是，如何在不同地区的汉语传播中推广文化传播，文化传播的内容、方式、心态、渠道、时机应该是什么样的，这些都值得我们研究，特别是那些来自海外教学一线的、客观实证的研究，更能为教学实践提供指导。

3. 国内汉语文化国际传播实施层面的相关问题——以孔子学院（课堂）为例

随着中国经济的发展和国际交往的日益广泛，世界各国对汉语学习的需求量急剧增长。为推动汉语加快走向世界，提升中国语言文化影响力，从2004年开始，我国在借鉴英、法、德、西等国推广本民族语言经验的基础上，探索在海外设立以教授汉语和传播中华文化为宗旨的非营利性教育机构——孔子学院。孔子学院自设立以来，为汉语文化国际传播做出了巨大贡献。但在成绩斐然的同时，也有一些问题值得关注。

（1）分布不均，与国家的强国战略布局不相匹配。

自"一带一路"重大战略提出以来，我国积极发展与沿线国家的经济合作伙伴关系。2015年，我国对"一带一路"相关国家的直接投资额同比增长 18.2%；我国承接"一带一路"相关国家服务外包合同金额和执行金额分别为 178.3 亿美元和 121.5 亿美元，同比分别增长 42.6% 和 23.45%。在全球经济复苏缓慢、国内经济下行压力加大的背景下，我国优先发展"一带一路"经济带建设，足见该战略在我国强国战略布局中的重要性。可是，目前孔子学院的分布却与之严重不相匹配，呈现出"东少西多，发展不均"的态势。

表 5 - 3　近五年各大洲孔子学院（课堂）分布总数与密度①

| | 2011 年 | | 2012 年 | | 2013 年 | | 2014 年 | | 2015 年 | |
|---|---|---|---|---|---|---|---|---|---|---|
| | 总数 | 密度 | 总数 | 密度 | 总数 | 密度 | 总数 | 密度 | 总数 | 密度 |
| 亚洲 | 123 | 3.97 | 132 | 4.26 | 143 | 4.33 | 182 | 5.52 | 201 | 6.09 |
| 欧洲 | 224 | 6.59 | 246 | 7.24 | 302 | 8.16 | 270 | 6.92 | 424 | 10.34 |
| 非洲 | 30 | 1.30 | 36 | 1.38 | 47 | 1.52 | 60 | 1.82 | 69 | 1.92 |
| 美洲 | 344 | 24.57 | 470 | 33.57 | 528 | 33.00 | 632 | 37.18 | 702 | 35.10 |
| 大洋洲 | 45 | 15.00 | 51 | 17.00 | 66 | 22.00 | 82 | 20.50 | 104 | 20.80 |

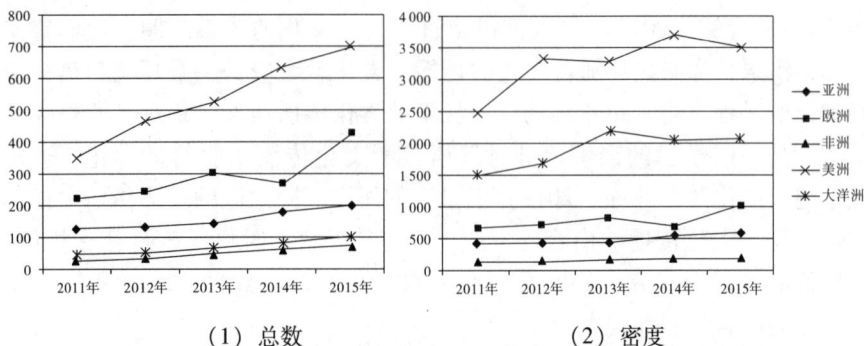

（1）总数　　　　　　　（2）密度

图 5 - 3　近五年各大洲孔子学院（课堂）分布总数与密度

　　我们总结了近五年各大洲孔子学院（课堂）分布总数与密度的情况（见表 5 - 3），并绘制了曲线图（见图 5 - 3）。由上述图表可见，无论是在孔子学院分布的总数还是密度上，美洲都远超其他大洲，欧洲和大洋洲分别在总数和密度上位居第二；而亚洲地区孔子学院的总数只有美洲的 1/3，且这个差距正随着时间的推移而拉大，同时亚洲孔子学院的密度也很低，约仅为美洲和大洋洲的 1/8 和 1/5；非洲孔子学院的总数和密度则是最低的。由此可见，孔子学院的分布极其不平衡，大部分资源集中于欧美等发

———————————

① 数据来源于 2011—2015 年《孔子学院年度发展报告》。

达国家，而对亚非等发展中国家和不发达国家的投入则非常少。

从"一带一路"战略的角度看，该战略涉及沿线 65 个国家和地区，截至 2015 年底，这 65 个国家和地区中开设孔子学院（课堂）的有 52 个，占总数的 80%；但是从我们的分析来看，孔子学院在"一带一路"沿线国家的分布也不平衡，主要分布在东南亚和中东欧地区，中亚偏少，西亚则尤其少。从数量上看，这 52 个国家共开设了 244 所孔子学院（课堂），与全球 1 500 所孔子学院（课堂）的总数相比，所占比重还非常小，仅为 16.3%。另据王建勤（2016）的调查，在孔子学院数量排名前 20 位的国家中，仅有 7 个是"一带一路"沿线国家，它们共拥有 55 所孔子学院，仅占全球孔子学院资源总量的 11%。

孔子学院分布格局的不合理和发展的不平衡反映出其缺乏战略规划的问题。孔子学院的发展与现今的强国战略不相匹配，不能满足"一带一路"战略对汉语传播的需求，离"一带一路，语言铺路"① 的设想还相差很远。故而在今后的建设中，我们应该调整孔子学院的布局建设思路，避免盲目性。

（2）发展过快，重量不重质，欠缺竞争和淘汰机制。

自 2004 年世界上首个孔子学院在韩国首尔挂牌成立以来，十几年间，孔子学院（课堂）的数量猛增至 1 500 个，以"雨后春笋"的态势形容之亦不为过。根据《孔子学院发展规划（2012—2020 年)》的发展目标："到 2015 年，全球孔子学院达到 500 所，中小学孔子课堂达到 1 000 个，学员达到 150 万人，其中孔子学院（课堂）面授学员 100 万人，网络孔子学院注册学员 50 万人。"在 2015 年孔子学院总部工作汇报中，孔子学院总部总干事、国家汉办主任许琳指出，到 2015 年，《孔子学院发展规划 (2012—2020 年)》前三年的任务已全面完成，"孔子学院和孔子课堂分布达到 500 所和 1 000 个；学员总数 190 万人，超过了《规划》要求 2015 年达到 150 万人的指标"。由表 5－4 和图 5－4 可知，近五年来，孔子学院和孔子课堂的数量均有不同程度的增长，孔子学院数量稳中求进，孔子课堂则突飞猛进，五年间数量翻了一倍；同时注册学员总数也大幅提升，五年间增长了 89.4 万人。

---

① 李宇明．"一带一路"需要语言铺路．http：//theory. people. com. cn/n/2015/0922/c40531－27616931. html.

表 5 - 4　近五年孔子学院（课堂）和注册学员总数

| | 孔子学院总数 | 孔子课堂总数 | 分布国家数 | 注册学员总数 |
|---|---|---|---|---|
| 2011 年 | 358 | 500 | 105 | 50 万 |
| 2012 年 | 400 | 535 | 108 | 65.5 万 |
| 2013 年 | 440 | 646 | 120 | 85 万 |
| 2014 年 | 475 | 851 | 126 | 111 万 |
| 2015 年 | 500 | 1 000 | 135 | 139.4 万 |

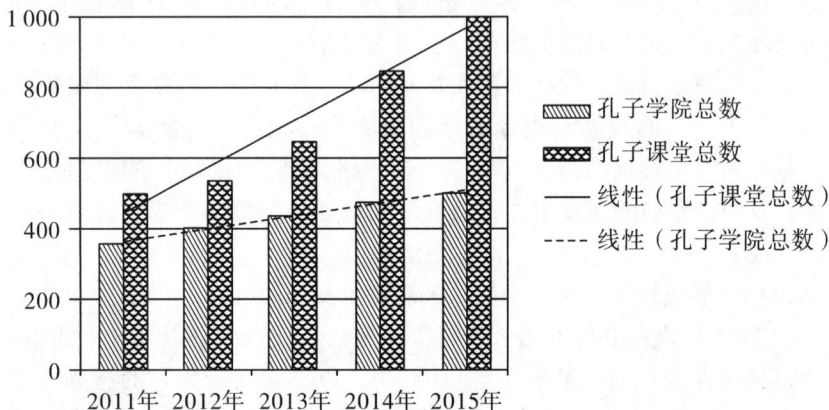

图 5 - 4　近五年孔子学院和孔子课堂总数增长图

　　但在孔子学院（课堂）数量大幅增长的同时，我们也应清醒地看到，目前我国的汉语文化国际传播还主要停留在规模扩张阶段，质量的提升还未得到应有的重视。其原因主要为：首先，孔子学院设置门槛过低，海外合作方资质良莠不齐；其次，孔子学院快速发展，优秀师资力量跟不上，影响教学质量；再次，普遍缺乏竞争和淘汰机制，对办学效果不好的学院（课堂）未能及时予以指导或叫停；最后，对孔子学院的传播效果研究不够，不注重"受众分析"，脱离实际，教学模式单一化、中国化。如果上述问题不能得到及时解决，那么长此以往，必将形成一种"前方开疆拓土，后方日渐衰败"的局面，这将会造成巨大的人力物力资源浪费，严重影响孔子学院（课堂）的国际形象，阻碍汉语文化国际传播的发展。

　　（3）管理运作模式存在问题，过分依赖政府，民间和市场化运营差。

　　与海外华文学校的运作方式不同，孔子学院的发展主要依靠的是政府的推进和政策的扶植，所以政府和政策的可持续性直接关系到孔子学院发展的长久性。由图 5 - 4 可以发现，近年来我们对孔子学院的投入逐年增加，虽然这是支持孔子学院发展所必需的，但是过分依赖政府的"输血"会造成孔子学院自身缺乏"造血"功能，即欠缺开拓资金渠道和提升自营收入的能力，不能很好地适应市场竞争。而将来一旦政府减少资金投入或政策上的扶植，孔子学院的经营便会因缺乏资金而陷入瘫痪。

与过分依赖政府相关的就是孔子学院的市场意识和社会力量准入意识差，缺乏自主性和灵活性。由于孔子学院与政府关系密切，故其活动也容易让人觉得带有官方性、行政性和政府性。所以，许多民间资本和社会力量由于未能进入官方体系之内而错失与孔子学院建立协作关系的机会，而这些资源正是助力孔子学院实现市场化转型的重要力量。现今的孔子学院走的依然是传统的"计划经济"模式，即靠的是政府的计划、指令和分配。在市场化经济的今天，任何团体要想求得生存，必须转变观念，引入市场机制，整合各种社会资源，广泛吸收民间资本，从而寻求更广阔的发展空间。纵观英、法、德、西等国传播、推广本民族语言的成功经验，我们不难发现，这些国家的语言推广机构都有着相似的特征，即政府对语言推广机构的管理是宏观的、间接的，而语言推广机构的运营则是民间的、市场化的，这种"国家支持，民间运作"的管理运营模式非常值得我们借鉴。幸运的是，国家和孔子学院已经意识到这个问题的严重性，因此做出了"鼓励社会组织、中资机构等参与孔子学院和海外文化中心建设"① 的重要决策，并在实施汉语文化国际传播的"六大转变"中提到了"推广模式从政府行政主导为主向政府推动的市场运作转变"，这种重要转变将会解决孔子学院目前面临的许多问题。

（4）与所在地区政府或合作伙伴的沟通不畅，在地化和融入度低。

孔子学院从诞生之日起就坚持中外合作办学，既然是合作，就存在合作双方的沟通与协调问题。孔子学院的合作单位都是海外国家的各级院校和教育机构，由于政治制度、文化差异、教育理念的不同，双方在一些事务上的沟通就可能存在问题。一般来说，这种沟通不畅是双方面的：一方面，中方可能对当地政策、法律制度、文化习俗、教育管理等不够了解，在传播方式或策略上没有考虑到对方的实际，存在主观化倾向，同对方的沟通协调机制也有待完善；另一方面，外方可能由于孔子学院的政府背景而对其心存芥蒂，带有偏见，因而在一些事务上要求过于严苛，增加了沟通和协调的难度。

因为双方的沟通不畅，甚至是相互误解，加之孔子学院的在地化程度还不高，因此孔子学院于所在国的融入度就比较低。这里所谓的"融入度"包括两个方面：一是孔子学院融入所在国国民教育体系的程度，二是孔子学院融入所在地社区的程度。

首先，孔子学院（课堂）的数量虽多，但是真正被纳入所在国国民教

_____

① 来源于党的十八届三中全会上《中共中央关于全面深化改革若干重大问题的决定》。

育体系的却不多，很多孔子学院都是游离于当地教育系统之外的。如有些外国高校规定，学生于孔子学院所修的课程是没有学分的；又如法国里昂第二及第三大学明确提出，孔子学院只能作为"继续教育"性质的机构独立运营，不能成为里昂第二及第三大学的内部机构。由于孔子学院不能融入所在国的教育体系中，由此带来许多问题。比如2014年底，瑞典斯德哥尔摩大学与复旦大学合作开办的孔子学院协议到期，瑞方声明不再与中方续约，理由是外方院长退休。试想，如果孔子学院已被纳入该校的体系并成为一个正式、常设的院系，那么就不会因某个院长的退休而随意停办，孔子学院也就不会陷入难以维持与所在地社区长期、稳固的互动和交往的困境之中。（严晓鹏、孙将文，2015）

其次，一些外国人对孔子学院还不甚了解或存在敌意，而孔子学院在教学之余又疏忽了与当地社区和广大居民的互动，因此造成孔子学院不能融入所在社区的现象。最典型的一个例子就是，2010年2月25日美国南加州哈仙达岗地区的部分居民抗议该地的联合校区将于2011年开设孔子学院课程的计划。他们认为，孔子学院是用来传播共产主义的，会给学生"洗脑"并限制他们思想的自由。由此可见，尽管各国人民有学习汉语的需求，但由于意识形态的差异和当地民众的误解，孔子学院尚不能融入所在国的多元文化环境并与当地社区建立良好融洽的关系。

## 二、　传播客体

### 1. 海外国家政府层面的相关问题

鉴于中国经济的崛起和国际政治地位的提高，当今世界各国对汉语的学习需求也越来越大。不过，各国出于各自的利益考虑，对汉语文化国际传播所持的态度比较复杂。一方面，与中国交流的频繁以及本国人民汉语学习需求的旺盛使得各国争先与中国的汉语文化国际传播机构建立合作关系，并输送大批留学生来华学习；另一方面，各国语言战略、社会意识以及政治取向与中国不同，为了维护本国的利益，甚至是为了防止中国软实力的提高和经济的崛起，各国又对汉语文化国际传播存有防备、抵触之心。这种"又打又拉"的态度往往会随着中外关系的变化而变化，这给汉语文化国际传播带来了很多不确定、不稳定的因素。

（1）"语言领土原则"与"语言保护主义"。

当今世界是一个多元化的世界，各领域的多元化思想理论也层出不穷。卢德平（2016）曾指出，国际语言规划和语言政策理论界在传统的语言标准化和语言规划所依据的"语言领土原则"（Principle of Territoriality）之外，又从公民权建设的角度提出具有个体权利分布正义内涵的"人格原则"（Principle of Personality），并将两条原则并列为多元文化背景下多语言交际环境的基本法则。过去，某种语言在别国的输出和传播被认为是享有一定的法外治权的，语言的推广往往独立于政治、法律之外，所以一些国家就以语言为工具向别国输出自己的文化传统和社会意识，从而以一种隐性的方式来实现本国的政治利益。然而，"多元文化背景下多语言交际环境的基本法则"的提出则使语言输出和扩散所享有的特别法外治权及规避政治和道义约束的观念面临着严峻的挑战。（卢德平，2016）从目前各国的语言主权意识来看，各国政府及民众都认为语言是一种无形的经济和文化资源，甚至是一种身份和主权的象征，故而开始主动且充分地注意保护本国本族语言的安全，而对外来语言的输入持有一定程度的戒备，这就是一些国家或民众所提倡的"语言保护主义"或"语言纯洁主义"。其实语言保护主义是一种文化封闭心态的产物，但往往又是弱势文化的一种很自然的下意识文化自我保护手段。（徐贲，2012）特别是在当今英语全球化的今天，很多国家为抵御英语的冲击而制定语言政策和规划来保护自己的语言，如法国、冰岛等国。而东欧、中亚的一些国家因与俄罗斯有着历史渊源，所以在语言政策的制定上也受俄罗斯的影响，奉行"语言领土原则"，具有"语言保护主义"的观念，故而有些地区的民众对外来语言存有敌对或抵触情绪，这就在一定程度上给我们的汉语文化国际传播工作带来了困难。

（2）"中国威胁论"和"中华文化侵略"。

汉语文化国际传播的另一个受阻因素则是有些国家在意识形态上宣扬"中国威胁论"和"中华文化侵略"，认为汉语文化国际传播是一种"语言帝国主义"，恶化了中国形象和汉语文化国际传播的外部环境。

汉语文化国际传播的主要机构之一为孔子学院。由于国家汉办隶属于中国教育部，孔子学院总部和海外各孔子学院都与中国政府有着直接或间接的联系，且孔子学院的绝大部分资金来源于中国政府的投入，因此，许多海外国家质疑孔子学院是中国政府宣传意识形态的工具，认为中国的汉语文化国际传播具有政治性和政府性，是一种"语言文化侵略"，从而加以排斥。

以孔子学院为例，目前世界上已出现了多起质疑或停办孔子学院的事件。如美国宾夕法尼亚大学和芝加哥大学已经拒绝了孔子学院的联合办学协议，认为孔子学院是中国的宣传分支，目的是传播中国的意识形态。2014年，美国大学教授联合会呼吁美国大学取消或重新谈判与孔子学院达成的协议，称孔子学院是中国政府的"分支机构"，其教师选拔和培训都受"控制"，并被允许忽视"学术自由"。在俄罗斯，布拉戈维申斯克检察院曾发表声明称，该市国立师范大学孔子学院8年前的成立"违反了俄罗斯境内外国文化中心相关法律"，该机构被认为发挥了"外国代理人"作用，其本质是非政府组织，却参与了政治活动。此外，在加拿大、法国等国家，也出现了类似的问题。究其原因，一方面与孔子学院的管理模式、资金来源、推广手段有一定的关系，如孔子学院资金来源单一，民间化、市场化运作程度低，推广过程中缺乏"柔性推广"，"以我为主"的传播理念严重；（李建军，2014）另一方面是一些国家对孔子学院和中国的故意歪曲，他们对中国仍抱有意识形态的偏见，想当然地认为孔子学院是中国政府输出意识形态的工具。孔子学院在日常教学中不可避免地会介绍现代中国，其中涉及新中国取得的成就部分容易被这些戴着有色眼镜的人放大、歪曲成中国进行意识形态输出的例证，汉语文化国际传播也被一些国家别有用心地认为是实施"中国威胁论"和"中华文化侵略"的手段。对此，我们应学习西方国家，如德国的歌德学院、西班牙的塞万提斯学院等的成功经验，将汉语推广模式由以政府行政主导为主的模式转变为"政府支持、民间运作、市场协调"的模式，利用各种社会资源进行汉语文化国际传播，从而减少来自国外的反对力量。

2. 国外汉语教学组织机构中的问题

在国外，除了中国的孔子学院以外，还有数量众多的外国本土汉语教学机构，如外国大学里的中文院系、海外华文学校、业余汉语培训机构等。这些机构在汉语文化国际传播的进程中也发挥着不可替代的作用，但是它们在发展中也存在着诸多问题。

第一，这些外国本土汉语教学机构有不少都与中方有着合作关系，但是它们在教学理念、教育体制、课程设置、教学管理等方面与中方存在差异，导致在若干问题上沟通和衔接不畅。如法国里昂第二及第三大学与中山大学合作建立了法国里昂孔子学院，但从2012年9月起，法方承办学校与中国汉办之间开始在教学内容、运营方式以及资金问题等方面出现分歧和矛盾，由于双方无法达成共识，最后该孔子学院被关闭。

第二，一些汉语教学机构缺乏"主体责任"意识，过于依赖中方。出现这种问题的很多是孔子学院的外方合作机构，因为孔子学院是由中国倡导和推进的，外方往往认为自己的职责只是合作、协助，故而在资金拨付、教学管理、招生宣传、师资配备等方面显得不够积极主动，缺乏"主体责任"意识。特别是在资金方面，以往一些海外的孔子学院在很大程度上都依赖中方的资金而运营，自己的投入则相对较少。不过，这种情况在近几年得到了改善。

第三，国外汉语传播与教学机构分布不均，存在供需不平衡的矛盾。面对全球汉语热的趋势，除了中国通过各种汉语传播机构在世界范围内大力推广汉语以外，各国国内的汉语教学机构的数量也日益攀升。据悉，目前全世界已有华文学校近2万所，数百万学生在校接受华文教育，海外华文学校教师达数十万。但是，这些学校在世界范围内的分布却不均衡。总的来看，东南亚地区和欧美地区的华文学校分布较多，而中西亚，南美以及非洲地区的华文学校数量偏少。这一方面与海外华人的分布有着直接的关系，另一方面也与所在国经济水平和社会发展状况有关，这两个因素导致了国际上汉语教学资源配置的不合理，不利于全球汉语传播的平衡发展。此外，尽管世界上华文学校的数量在不断攀升，但在校接受华文教育的学生仅有数百万，比起全球五六千万华人的人口总量，其占比还是非常低的。如果再加上有汉语学习需求的非华裔人士，那么这种供需不平衡的矛盾就更加明显。所以，如何促进海外汉语教学机构数量和质量的提高，如何平衡汉语教育资源的配置，是汉语文化国际传播工作者应该认真思考的问题。

第四，一些地区的汉语教学机构办学条件差，资金严重不足。存在这种问题的主要是一些发展中国家的汉语教学机构和海外华文学校。华文学校大多是私立的，它们受到华人社团或企业的资助，而当地政府在政策、资金上对华文学校的支持比较少。此外，华校亦不属于中国政府管辖，虽偶尔得到中国的支持，但这种支持不具有可持续性，资金数量对其长期发展来说也是微乎其微。因此，这就决定了华校必须有效利用市场机制来获取发展所需的各种资源。（严晓鹏、孙将文，2015）虽然市场化可以使华文学校的经营灵活以适应市场需求，但市场化又使得其面对的竞争压力大，资源获取困难，造成资金不足、办学条件差、生存发展困难的局面。

第五，各教学组织机构的质量和水平参差不齐，彼此间的交流欠缺，存在各自为政的情况。如上所说，由于海外华校等汉语教学组织机构市场化程度高，受市场影响大，获得社会资源的能力也不同，因此它们在办学的质量和水平上也存在很大的差异。比如，有些教学机构在硬软件环境、教学管理规范化、教学设备先进性、华文教师专业化等方面都存在诸多问题，而另一些机构则做得很好，实现了可持续发展。学校资质的不同直接决定着汉语人才培养的水平和汉语文化国际传播的效果，使得不同地区的汉语文化国际传播出现了很大的差距。此外，各国汉语教学组织机构分布广泛，类型多样，缺乏全球化的联系网络，使得汉语教育资源分布相当分散。在教学和管理上，各汉语教学组织机构缺乏统一的标准，学校之间的交流很少，存在各自为政的情况，以致有些学生转学、升学后出现衔接不畅、适应困难的情况。

## 第三节　汉语文化国际传播微观主客体中的问题
　　——基于施教与受教者的视角

　　在现阶段，汉语文化国际传播的主要形式是教学，即面向海内外的汉语和中华文化教学。无论是目的语环境下的汉语教学还是海外本土环境下的汉语教学，教师和学生作为教学的主体和客体都直接关系到汉语文化国际传播的成败。从传播学的角度来看，教师和学生在汉语教学的过程中分别扮演着传播主体和传播客体的角色。因此，从微观的层面来看，汉语文化国际传播的主体就是海内外从事汉语和文化传播的各类教师，也即施教者；客体则主要指在目的语环境（中国）和非目的语环境（海外）中学习汉语的各类学生，也即受教者。本节将从这个角度分析汉语文化国际传播中存在的问题。

### 一、　传播主体

　　教师作为教学中的重要角色之一，在课堂组织、知识传授、教学效果、师生关系以及学生身心发展健康等方面起着重要的作用。在汉语文化国际传播中，教师的作用尤为重要，因为对于外国学生来说，中文教师可能是其汉语和中华文化的启蒙者，决定着外国学生对汉语和中华文化的认同度甚至是今后学习的持久性和深入性；同时教师在"三教"（教师、教材、教法）中又居于主导地位，好的教师必然能够开发出适合学生的教材和教法。正因如此，汉语文化国际传播的微观传播主体——教师的作用是极其重要的，甚至在某种程度上决定着汉语文化国际传播的成败，所以我们必须认真审视当今汉语文化国际传播的师资中存在的问题。

　　1. 中国外派汉语教师中存在的问题

　　（1）外派时间短，相互间的衔接性差。

　　面对海外本土汉语师资匮乏的形势，国家汉办、侨办以及其他一些机构做出了对外派遣汉语教师的计划。外派教师一般都有服务期限的限制，少则一年多则三到五年，一旦派遣期结束，就需要返回中国，再由其他教师前往。孔子学院的中方院长也是如此。这种情况导致海外汉语教学机构和教师难以维持与所在地学校和社区长期而稳固的互动和交往；（严晓鹏、孙将文，2015）而且不同教师或中方院长在教学方法、管理思路等方面也存在一定的差异，容易导致衔接性差的问题。

　　（2）不适应当地生活，权利得不到保障，生活和教学科研压力大。

　　被派往国外的教师在经历了一段"兴奋期"后，往往会感觉到不适应当地生活，产生想家、倦怠、孤独等负面情绪，这些情绪或多或少都会影响教学的效果。而那些外派期较短的教师，常常刚刚适应了当地生活便要回国了，这降低了人力资源的使用率，同时也造成了人力和时间成本的浪费。另外，一些外派教师的权利也得不到相应的保障。一方面，国外的法律制度与国内不同，外派教师的诉求可能在当地得不到充分的满足，甚至在一些地区，教师的人身安全、工作保障、基本生活等都是问题，教师常常要花很多时间和精力去解决生活中的问题，从而降低了工作的效率和积极性；另一方面，一些教师外派时间长，工作强度大，在国外没有充足的时间进行科研工作，他们在回国后可能面临着职称评定、教学任务、家庭生活等多方面的压力，如果这些问题不能得到很好的解决，那么必将影响后续外派工作的顺利进行。

（3）不熟悉当地的教学情况，与本土教师和学生沟通不畅，工作开展困难。

由于汉语文化国际传播的主战场在国外，很多传播项目采取的都是中外合作办学的模式，因此教师必须熟悉国外的教学情况。但实际的情况是，很多教师在出国前对所去的国家了解甚少，思想上也没有充分的准备，到了工作地区才发现实际情况与想象完全不同。如合作学校的教学理念、管理制度、教学方法、工作环境与国内差别很大，让外派教师不能接受；与本土教师沟通不畅，甚至存在矛盾冲突，教学工作开展困难；对学生的构成、汉语水平、性格特点、学习习惯不了解，教学效果不理想，从而产生挫败感等。这些都是严重影响外派教师工作的问题。

2. 海外汉语教师中存在的问题

海外汉语教师大概分为三种：一是高校中文系或汉学院的专职大学教师，二是私立华文学校里的专职中小学教师，三是培训机构和辅导班中的专职或兼职汉语教师。一般来说，国外的高校往往都有政府的支持，教师的工作和教学环境较好，师资水平也很高；但是华文学校和培训机构多半是私立的，政府支持少，市场化程度高，在竞争中就会存在很多问题，而师资状况就是其中最重要的一个。

（1）华校教师的待遇偏低，导致师资大量流失。

海外华校面临的问题之一就是竞争压力大，受到当地公立学校的挑战和排挤。由于政府支持较少，华校的经费主要来自华人社团或公司，因此其在各方面就需要压缩开支，以保证资金利用和收益最大化。在此背景下，华校教师的收入较其他公立学校的教师要低，很多老教师能够坚持在华文教育的第一线，凭的是对华文事业的热爱和责任心。但是，由于华文教师的待遇和地位偏低，所以很多学习汉语的年轻人在就业时就放弃了华文教师的职业而转向其他工作岗位，导致华文师资大量流失。据悉，国内一些高校旨在为海外培养汉语师资，但这些学生毕业后真正在一线长期从事华文教育事业的并不多。这种情况非常值得我们深思。

（2）教师年龄老化，专业素养差，数量严重不足。

由于华文教师待遇偏低，华文教育事业对年轻人普遍缺乏吸引力，导致海外汉语师资的数量严重不足。所以，当前华文师资老龄化的现象比较明显。这些教师绝大多数是当地华人，他们虽然对中国有着深厚的感情，对汉语文化国际传播事业有着强烈的责任心和使命感，但由于他们中的多数并没有接受过汉语（华文）教学方面的专业训练，一些人仅仅是会说中文而已，其专业素养和相关理论知识的缺乏可想而知。教师专业水平不高的问题严重限制了汉语教学的有效性，汉语师资培训亟须进行。

（3）华校师资结构存在问题，失衡情况明显。

汉语教师的构成主要是指汉语教学机构中的教师在数量、学历、性别、专业、年龄等方面的结构和配比情况。就目前多数华校来看，师资结构失衡的情况十分明显。在数量上，学校间存在差异，规模大、办学质量高的华校拥有的师资数量众多，而一些资质较差的华校则存在师资不足的情况，华文教师甚至还要承担科技、艺术、体育等方面的课程。从教师的性别和年龄上看，女教师多和老教师多的情况非常突出，很多华校对男教师和青年教师的需求量很大，但由于自身的问题，这种性别和年龄失衡的情况不容易得到改善。从教师的学历和专业上看，很多教师并非中文专业出身，部分教师未接受过正规高等教育，教师职称结构也不合理，这些都直接影响到当地汉语教学质量的提升。

（4）教师的教学方法和手段落后。

由于各国各地区的条件和情况不同，社会和学校所能提供给华文教师的教学资源也不同。特别是在一些发展中国家和欠发达国家，一些教师的教学方法和教学手段也比较落后。比如有些地区的教师对新兴的教学方法了解很少，有些地区的教师还在用翻译法给学生上课，整堂课使用汉语的机会很少，降低了学生的开口率；有些学校教学设施不发达，教师上课主要采用黑板、粉笔，对多媒体等先进的教学工具不熟悉，教学内容的呈现方式十分有限，降低了学生学习汉语的兴趣。

（5）重教学轻研究，科研能力偏低。

在海外的高校中，汉语教师除了教学之外，还承担着重要的科研任务；而华校大部分是中小学，教师的绝大部分时间都用于教学，很少从事科研工作，故而其科研能力普遍不高。如今针对外国学生汉语学习情况的研究绝大多数集中在高等院校，对象则以成年学生为主，而针对中小学生汉语学习情况的研究则非常少，这与中小学教师重教学轻研究的状况不无关系。当然，教学是非常重要的，但是科研往往可以将经验性的东西升华到理论层面，可以有更普遍的指导意义，也可以为教学提供非常重要的参考和指导，所以以往那种"重事业轻学术"① 的情况需要改善，汉语文化国际传播的师资培训和学术支撑应结合起来，以促进汉语文化国际传播和汉语教学向着更加科学的方向发展。

3. 师资培训中的问题

（1）对外派教师/志愿者的培训过于"快餐化"，有些培训内容脱离实际。

为了满足国外汉语热的需求，我国每年都派遣大量教师和志愿者分赴世界各地进行汉语教学。以国家汉办为例，近五年来，我国平均每年派出的院长、教师和志愿者达 1.2 万余人，且总体来看人数呈上升趋势（见图5－5），这对于缓解各国汉语师资荒以及带动当地汉语教学发展起到了重要作用。一般来说，外派教师出国前都要经过岗前培训，培训时间一般是半个月到一个月，内容涉及汉语和文化的专业知识、教学理论、教学法、现代教育技术、中华文化和才艺、外语、中国国情、涉外礼仪、岗前指导等。如此多的内容在短短一个月的时间内"速成式"地传达给外派教师，其接受度如何值得探讨。特别是非英语类的小语种，这种短期培训很难收到立竿见影的效果。

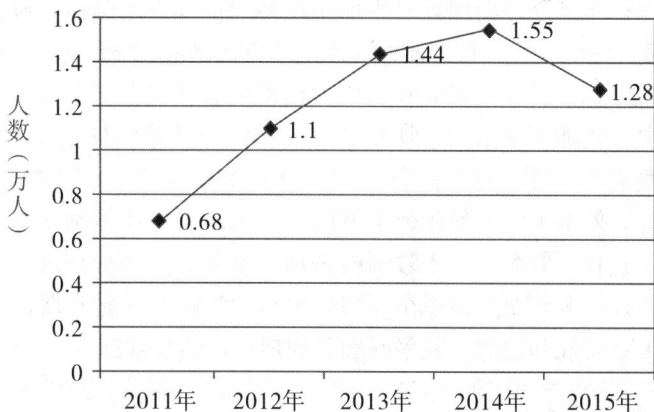

图5－5  2011—2015 年国家汉办对外派遣院长、教师和志愿者总人数统计图②

由于外派岗前培训多为集中式、速成式的，所以如何在短时间内最有效地培训教师就很值得研究。但从目前的反馈情况来看，外派岗前培训的内容亟待调整和优化。从对 2011 年赴泰外派汉语志愿者的调查情况来看

---

① 吴应辉. 汉语国际传播事业新常态特征及发展思考. 语言文字应用，2015（4）.
② 数据来源于国家汉办/孔子学院总部年度报告（2011—2015）。

（见表5-5），我们可以发现，目前外派汉语教师岗前培训的效果不够理想，且存在很多问题，特别是理论与实践脱节、缺乏针对性等。因此培训方应该努力解决这些问题，并对教师关注度极高的语言、课堂管理、教学观摩等内容予以加强。

表5-5　2011年赴泰外派汉语志愿者培训调查表①

| 1. 赴泰前国内培训对赴泰后工作生活的作用 | | | |
|---|---|---|---|
| 帮助非常大 4.4% | 帮助比较大 26.7% | 有一点儿帮助 55.6% | 基本没有帮助 13.3% |
| 2. 培训中存在的主要问题 | | | | |
| 理论与实践脱节 86.7% | 缺乏针对性 71.1% | 培训内容不合理 57.8% | 培训方式不恰当 20% | 培训教师不理想 11.1% |
| 3. 培训中最应该加强的项目 | | | | | |
| 赴任国语言 88.9% | 课堂教学与管理知识 73.3% | 教学观摩与实践 48.9% | 中华才艺 28.9% | 心理调适技巧 20% | 汉语本体知识 20% |

（2）海外汉语教师培训的频度、力度和效度还有待加强。

当今汉语文化国际传播的主战场已经转向了国外，因此，汉语师资培训的着力点也应随之转向国外。当前，汉办、侨办以及国内各高校都加强了与国外汉语教学机构和教师的联系，一方面通过"请进来"和"走出去"的方式培训国外本土教师，另一方面也依靠各国孔子学院和华文学校在地培训本土教师。根据国家汉办2011—2015年度培训外国本土教师人数的数据（见表5-6），近年接受培训的海外本土教师的总人数逐年递增。但是，比起海外本土汉语教师数十万的总人数，有条件参加培训的教师还占少数，因此我们对海外本土教师的培训频度和力度还应该继续加强。同时，培训的内容和形式、课程的设置等也应该多与本土教师进行沟通协商，避免无针对性和脱离实践等问题，增加培训的有效性。

---

① 刘玉屏，吴才天子．赴泰汉语教师志愿者调查报告．汉语国际传播研究，2012（1）．

表 5 - 6 2011—2015 年国家汉办和各国孔子学院培训外国本土教师人数①

| | 2011 年 | 2012 年 | 2013 年 | 2014 年 | 2015 年 |
|---|---|---|---|---|---|
| 通过"请进来、走出去"方式培训本土教师人数 | 4 393 | 6 229 | 5 720 | 4 756 | 4 322 |
| 通过各国孔子学院培训本土教师人数 | 32 319 | | | 35 000 | 39 000 |

## 二、 传播客体

作为汉语文化国际传播的微观客体,学生是课堂教学的主体,因此很多教学法都强调"以学生为中心"的原则。只有了解学习者的需求,知晓他们的特点和问题,采用他们喜闻乐见的形式进行教学,才能够取得良好的效果。所以,对学习者的研究是汉语文化国际传播最重要的方面之一。根据语言环境的不同,汉语学习者可以分为目的语环境下的学习者和非目的语环境下的学习者。虽然二者有不同的地方,但是大致说来都存在下述问题,我们将分别讨论之。

1. 对中国陌生,文化沟通有障碍

中国已经成为世界上重要的政治、经济中心之一,长期以来,虽然我们对外做了很多宣传国家形象的工作,但在国外,还是有很多人对中国不了解,甚至存在误解。据说,有的外国人依然以为中国人还是留着辫子、穿着长袍马褂的,认为中国是个十分封闭、落后的国家。可见很多外国人对中国还十分陌生,更谈不上文化的交流。在这样的背景下,一些初学汉语的学生或者对中国存在很深的误解,或者对汉语和中华文化存在抵触情绪,师生在沟通上非常困难,给教学带来了不小的阻力。

2. 学习动力不足,学而不用,难以持久

学习一种语言的动机分为两种类型:一种是工具型动机,一种是融合型动机。一般来说,持有后种动机的学习者较持有前种动机的学习者的学习动力更足,因为它是学习者自发的、主动的学习,是学习者希望融入某文化或语言社区的动力。截至 2015 年,孔子学院注册学员已达 139.4 万,但在这些学员中,多数是持有工具型动机的,持有融合型动机的则非常少,而一旦其需要实现的目标达到了或改变了,那么持有工具型动机的学生则可能不再学习和使用汉语,这就造成了学习难以持久的问题。与此相关的另一个问题就是学生使用汉语的范围有限,学而不用。语言是交际的

---

① 数据来源于国家汉办/孔子学院总部年度报告(2011—2015),空白部分未找到相应数据。

工具，一旦交际的范围和强度变小，语言能力就会降低，语言则会被逐渐遗忘。如果大部分学生都存在学而不用的情况，那么汉语文化国际传播将会变得低效，同时也会造成巨大的人力、财力浪费。

3. 从汉语水平分布上看，学生结构和数量失衡，缺乏专业的高水平汉语人才

从现有的教学情况看，海内外的汉语教学多数为初级阶段的教学，相应地，汉语学习者也以初级为最多。理论上，从初级到中级再到高级，学习者数量逐渐递减是正常的，但是在汉语文化国际传播中，初级水平的学习者占比过高，中高级水平的学生偏少，而专业的高水平汉语人才则更少。(见图5-6) 这一方面反映出学习者学习动力不足，学习的持久性差，另一方面也反映出我们的高层次汉语人才培养机制有待完善。曾有泰国华文教师向笔者反映，有些学生间断性地学习汉语已达3~5年，但每次都是从基础学起，水平总停留在初级阶段。这种情况可能不在少数。试想，如果多数学生总停留在初级阶段，重复性地学习，不仅会造成人力、物力的浪费，而且会使学习者缺乏兴趣和信心，最终放弃学习。而各领域高层次汉语人才，特别是汉学家的极度缺乏，会使汉语在国际专业领域的影响力减退，不利于汉语全球化的推进。当然，我们并不否定汉语文化国际传播的普遍性和大众化思路，但我们更应该坚持"两条腿走路"，既要让汉语走进大众，又要培养汉语精英，从而全方位提高汉语的国际影响力。

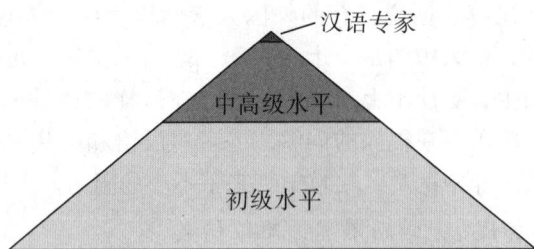

**图5-6 汉语学习者水平分布模拟图**

4. 华裔学生占比多，非华裔学生占比少，普及化、大众化程度有待提高

十几年来，世界各国学习汉语的学员总数增长迅速，仅以汉办数据为例，2011年注册学员总数为50万，而到2015年则增至139.4万。如果加上海外华校学员的数量，那么全球学习汉语的人数将更多。但在绝对数量大幅增长的同时，我们也应清醒地看到，与英语、法语等语言相比，汉语学习者相对数量的增长还比较慢，普及化、大众化的程度还不高。此外，有关数据显示，当前国际上的汉语学习者还以华裔为多数，占总数的

60%～70%，而全球华侨华人的总数大约为 6 000 万，仅占国外人口总数的 1%。（见图 5-7）由此看来，绝大多数的外国人还没有接触过中文，非华裔汉语学习者的开发潜力巨大。

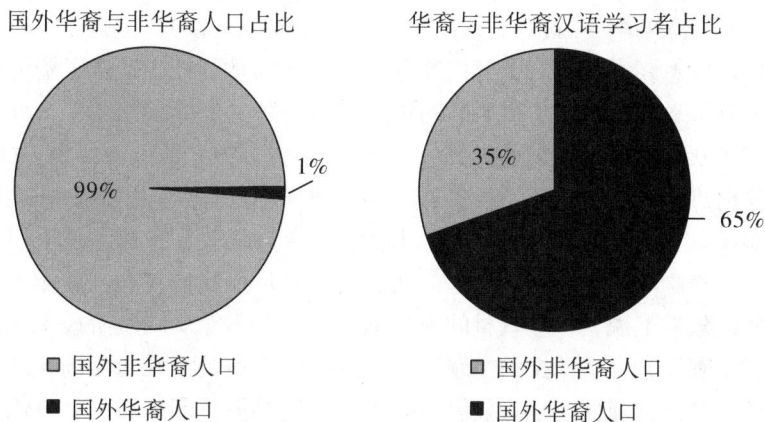

国外华裔与非华裔人口占比

华裔与非华裔汉语学习者占比

99%　1%

35%　65%

■ 国外非华裔人口　　　　　　　■ 国外非华裔人口
■ 国外华裔人口　　　　　　　　■ 国外华裔人口

**图 5-7　华裔与非华裔总人口及汉语学习者占比图①**

# 第四节　汉语文化国际传播媒介中的问题

传播媒介是信息传递所必须经过的中介或借助的载体，从广义上看，媒介可以指使人与人、人与事物或事物与事物之间产生联系或发生关系的物质。汉语文化国际传播是一种传播活动，它的传播媒介可以是报刊、广播、电视、网络等大众传媒，而具体到教学中，联系汉语文化国际传播的主体和客体，并使二者发生语言文化输出与输入的介质和手段的载体也可称为汉语文化国际传播的媒介。从这个意义上讲，教材和教法也可算作上述的媒介范畴。由于媒介在传播中起着介质与形式的作用，在一定程度上决定着传播效果的实现，因此汉语文化国际传播媒介中的问题也需要引起广泛的关注。

## 一、教材

### 1. 国内教材

（1）数量众多，质量偏低，重复性高。

随着汉语文化国际传播的快速发展，国内汉语教材的出版数量也与日

---

①　数据来源于世界银行（2014）、国家统计局（2014）和杨洁篪在第三届世界华文教育大会上的讲话。

俱增。以北京语言大学出版社为例，目前该社已出版国际汉语教材 2 000 余种，加上国内其他有影响力的出版社，国际汉语教材的出版量非常可观。在这些教材中，确实有一些质量高、受欢迎的教材，如《新实用汉语课本》《汉语会话 301 句》《汉语乐园》《汉语教程》《对外汉语教材本科系列》《发展汉语》《新概念汉语》《中文》《汉语》等。但是，也有不少教材缺乏新意，水平不高，且内容方面有较高的重复性，造成了资源的浪费。因此，教材重量而不重质的问题是需要我们注意和警醒的。

（2）内容过时，趣味性差。

汉语难学、汉字难学是很多外国学生对汉语的评价。因此，如何降低学生对汉语和汉字的"恐惧"，让汉语学习变得有效、有趣，是增强学生信心、培养学习动力需重点考虑的问题。但是目前我们在这方面做得很不够。从时效性上说，一些教材的内容陈旧过时，不能反映现阶段中国的新面貌和新发展，一些课文的主题还停留在十几年前甚至几十年前，不能使学生产生共鸣，降低了学习效果。那些出版较早但重印率高的教材固然说明了其受欢迎的程度，但如不加以修订，则很难适应社会和教学的发展。因此加快教材内容更新，定期组织修订，对于增强教材的生命力是尤为重要的。从趣味性上说，我们的教材比较注重知识的传授，对教材的趣味性设计不足。教材传授知识固然正确，但枯燥的生词语法讲解和千篇一律的练习形式会让学习者感到厌烦，特别是针对儿童和青少年的汉语教材，趣味性就显得更为重要。但目前我们的大部分教材在知识呈现方式、练习设计形式、课堂活动组织等方面还是缺乏创意，趣味性和灵活性不够。

（3）教材设计以目的语环境下的汉语教学为标准，难度过高，不适合海外学生的具体情况。

由于语言环境、学习时限、师资水平等方面的不同，目的语环境和非目的语环境下的汉语教学也存在显著差异，那么，在这两种环境下使用的教材也应有所区别。但是，国内出版的教材绝大部分都是以目的语环境下的教学为标准来设计的，内容过多、难度过高、周期过长，在海外非目的语环境下显得很不实用。例如某套教材在国内以每周 10 课时的进度来学习，大约需要一年才可以学完；但这套教材放在海外华文学校中，由于课时量少、教师水平偏低、学生进步慢等因素，可能需要用 2~3 年才能学完，而对于那些周末中文学校，时间则会更长。如此长的周期和难度，可能会使一些学生中途放弃。所以，编写一些适应海外各类中文学校的教材应是教材编写设计者的当务之急。

（4）缺乏有针对性的教材。

汉语文化国际传播的主战场已转向国外，那么教材的编写和设计也应该面向海外，鼓励那些富有特色的在地化教材。但现在我们还处于"一本教材，通吃天下"的状态中，较好的情况是同一本教材制作成不同的译本，而更为普遍的情况是教材只有英译本，这给非英语地区的教学带来了很大的困难。从内容上看，我们的教材没有考虑到不同地区的社会现实、生活习惯和当地人的思维方式，编写的内容可能会让学习者感到困惑甚至反感；从设计上看，我们没有考虑到不同地区的教育体系、教学理念、课程设置，从而使得我们的教材在当地不好用甚至不能用；从对象上看，我们更多地从非华裔外国人的角度对教材进行编写设计，而对于占汉语学习者多数的华裔学生的需求却视而不见。从教材的安排上看，我们并未对不同国家的学习者进行区分，未从不同学习者的角度考虑重点难点的设置；在教学顺序、内容安排上也未充分考虑到不同国家和地区的需求。如此种种，都说明我们的教材缺乏针对性，特别是缺乏国别化的教材和针对华裔学生的教材。

（5）缺乏专业领域的汉语入门教材。

当前，来华攻读专业学位的外国人越来越多，而来华进行专业领域交流的外方学者和工作人员则更是数不胜数。众所周知，专业语言与生活语言存在很大差别，这些来华学习的外国人首先要通过的是语言关，而且是"专业语言"关。目前，我们的商务汉语已有很大起色，医学汉语的发展势头也十分良好，但科技、人文等方面的专业汉语教材则非常少见。由于缺乏入门水平的专业汉语教材，很多留学生在专业课的初期学习上显得十分吃力。这就需要专业领域的教师与汉语教师密切配合，编写出简明实用的专业汉语教材，以解学生的燃眉之急。

2. 海外教材

鉴于中国国内教材的上述问题，海外各国的汉语教学界也在积极进行本土化教材的开发并已取得了成功。一些优秀的本土化教材充分考虑了所在国学生的水平和特点，更是在当地教学理念和课程设置的指导下编写的，因此在当地影响很大。不过，与国内教材相比，海外本土化的汉语教材在数量上还比较少，优秀的则更少。在海外各类学校中，除了一小部分的本土教材外，大部分都是从中国国内订购或由中方捐赠的。这使得海外汉语教师过于依赖中国国内的教材，而缺少自己编著本土教材的动力。特别是在中小学阶段，由于海外汉语学校的类型存在很大差异，学校间的具体情况不同，因此有针对性地进行校本教材的开发就十分有意义。但限于各种条件，海外校本汉语教材的编写质量不高，在科学性、标准性、连续性等方面也比较欠缺，所以教材的使用范围和流行度也十分有限。此外，海外汉语教材的编著也缺乏中外学者、教师的团队合作，不利于相互间取长补短，所编著的教材或是缺乏科学性和专业性，或是缺乏针对性和本土性，严重影响了在教学中的使用。

## 3. 电子教材和网络资源

随着科技信息化和数字化的发展，报刊、广播、电视等传统媒体逐渐被边缘化，取而代之的是新媒体（New Media）。它是利用数字、网络和移动技术，通过互联网、无线通信网、有线网络等渠道以及电脑、手机、数字电视机等终端，向用户提供信息和娱乐的传播形态和媒体形态。（蔡燕，2015）由于新媒体具有即时、交互、共享、海量的特征，能够提高传播的高效性和普及性，所以它就成了汉语文化国际传播媒介的新常态。为了适应这种新常态，汉语文化国际传播的电子教材和网络资源也急需开发和更新。近年来，以国家汉办网络孔子学院为代表的一批在线汉语教学平台和网络教学资源日渐丰富，数字化教材和资源也越来越多，其总体发展趋势是好的，但在种类、质量、特色等方面还存在一些问题。

首先，与传统纸质教材相比，电子网络教材的开发涉及语言教学、计算机网络技术、媒体软件等多个领域，开发难度较大，而开发过程中专业教师和技术人员相互介入的不足更加剧了这个问题。所以目前我们开发优秀电子网络教材的能力和水平还相对弱一些，开发出的产品种类偏少，质量也有待提高。其次，由于品种、质量等方面的缺陷，电子教材在海外的适用范围受到限制，部分网络资源内容陈旧，传播过程中的双向性和互动性较差，因此推广程度不高，市场竞争力弱，汉语电子教材和网络资源的更新发展速度滞后于当前汉语文化国际传播的发展势头。再次，汉语电子教材和网络资源的传播渠道还不够丰富，通过手机媒体、IPTV、数字和移动电视渠道的传播还有待开拓和推进；同时我们缺乏对现有电子教材和网络资源的整合，优质、专业的汉语教学网络教材资源库的建设还没有大规模地开展起来。最后，国内对汉语教材的研究还主要集中在纸质教材上，而对汉语文化国际传播的电子网络资源的研究不够深入，对远程网络教学模式的研究也较为薄弱，不利于新媒体环境下电子教材的开发实践。

## 二、 教法

教法即教学方法，是教学过程中教师的"教授法"与学生的"学习法"的统一；由于教师在教学过程中的主导作用，因此狭义的教学方法主要是指教师的教授法。我们这里讨论的即是狭义的教学法。在汉语文化国际传播中，教师的教法作为传播知识文化的一种无形的手段和媒介，关系到教学目标的达成，因此在科学研究和课堂实践中都历来为人所重视。

我们认为，在目前的汉语文化国际传播中，教师的教学方法还存在一些问题。

第一，教法单一陈旧，缺乏灵活性。自20世纪以来，语言教学法层出不穷，先后出现了翻译法、直接法、听说法、情境法、认知法、交际法、任务法、沉默法、全身反应法等。这些教学法各有利弊，应用的教学范围和领域也不尽相同。在国内，汉语教学发展得相对比较充分，所以在课程设置上也比较灵活，分技能的教学比较普遍，因此在不同课型中教师使用的教法相对比较多样。但在海外，一些学校由于教学环境不够理想，分课型教学难以得到开展，所以教学多以传授知识的综合课为主，教师也习惯了使用比较传统的教学方法，对新兴的教学方法不够了解，亦缺乏对这些教学法的课堂实践，因此在教学中缺乏灵活性，方法较为单一。

第二，教学方法缺乏针对性。如上所述，在全球的汉语学习者中有60%～70%是华裔，部分华裔学生的家庭用语为汉语方言（如粤方言、闽方言等），这些学生的听说能力较好，而读写能力欠缺，与非华裔学生的情况存在很大的不同，所以对非华裔学生那种"听说先行，读写跟进"的教学方法可能不适用于华裔学生。但在现实中，由于各种条件的限制，我们对华裔学生缺乏相应的、有效的教学方法，往往对华裔和非华裔学生采用同样的教学方法，因而降低了教学效果。此外，不同学生也各有差异，"因人而异，因材施教"的理念在教学方法中也没有得到很好的体现。

第三，教学经验未得到及时、有效的总结和整理，许多教学方法停留在经验介绍层面，上升不到教学理论的高度。在教学中，一些老教师虽然对新兴的教学法了解较少，却在长期的教学工作中积累了丰富的经验，能够博采各教学法之长，因而取得了很好的教学效果。但由于没有对经验进行及时的总结，随着这些教师退休或工作调动，他们的优秀经验往往不能得以传承和推广。同时，这些教学经验多为经验性的，缺乏理论的支撑，更难以由经验升华为理论。

第四，对教学法的研究比较薄弱，教学中科技手段的使用较少。较之汉语文化国际传播研究的其他方面，教学法的研究相对少一些，而理论性的、实证性的研究则更少。研究中特别缺乏针对某一教学法的效果和评估研究，关于现代教学技术和方法的高质量研究也非常少。这种研究上的缺陷必然在教学实践中有所反映，例如我们只顾盲目照搬西方的教学经验和方法，而忽视了对教学效果和教学法的评估。此外，受教学条件和师资条件所限，一些地区对多媒体教学手段的应用开发不足。

## 三、　其他传播媒介

本节开头提到，传播媒介是信息传递所必须经过的中介或借助的载体。由于当前汉语文化国际传播的主要形式是教学，所以教材、教法等广义媒介得到了业界较多的关注。但是教学所涉及的受众面是很小的，如果我们把传播的全部精力放在教学上，那么也许就失去了在更大范围内传播汉语和中华文化的机会和可能性。当然，汉语教学是非常重要的，是汉语文化国际传播的主要甚至是首要的形式，但是我们也不能忽视生活中其他领域的传播媒介和宣传途径，因为这种传播和宣传可能更能收到潜移默化、润物无声的效果。因此树立一种汉语的"大传播观"是非常重要的。大致来说，生活中汉语和中华文化的传播媒介包括出版物、电视电影、互联网络、文化商品、广告等。下面我们简要讨论一下这些媒介在汉语文化国际传播中的作用和存在的问题。

### 1. 出版物

书籍和报纸杂志作为一种传统的传播媒介在相当长一段时间占据着传媒的主体地位。特别是在电视和网络不发达时期，人们获取消息的主要来源即为出版物。因此，中国历来十分重视对外出版物的宣传，而汉语文化国际传播也应借助出版物的力量加以推进。总的来看，当前的问题主要有：①报纸杂志的语种不够丰富，电子化程度较低，读者和发行范围受限；②对外的报纸杂志数量众多，但质量高、影响力大的却较少；③海外中文报纸杂志鱼龙混杂、良莠不齐，彼此间合作交流不多，办刊环境复杂；④刊物中有关汉语文化国际传播的内容还不够丰富。

### 2. 电视电影

作为大众娱乐和文艺传媒的电视电影，在文化传播中具有重要的地位。由于电视电影的普及率非常高，所以这种传媒的力度和效果就非常明显。一些国家就是以此为媒介来向世界输出自己的文化和价值观的，如日本动漫、美国大片、韩国电视剧等。尽管目前我国在影视发行行业取得了一些成就，但与上述国家相比，我国还未形成富有中国特色的影视品牌，创新性不高；反映现当代中国国情的对外优秀影视纪录片还不够丰富，与汉语文化国际传播直接相关的影视节目非常少；缺少与国外影视传媒和文化机构的政府或高层次合作交流，在影视输出和推广方面也有待加强。

### 3. 互联网络

在当今信息化和数字化时代，网络具有信息量大、时效性强、传输速度快、交互性高的特点。电脑、手机、iPad 等网络终端的大面积普及更使得网络成为信息传输的首要媒体形式。汉语文化国际传播已经实现了网络化模式，大量的汉语网站、网络电子教材和在线学习模块加速了其传播进程。除此以外，网络上关于中国政治、经济、文化、社会、生活等方方面面的新闻和信息也是汉语文化国际传播的重要渠道，但如何加强网络内容和信息监管，维护网络安全和稳定，规范网站运营，满足不同客户的需求，使网络成为面向海外传播汉语和中华文化的重要窗口，仍然需要我们进一步加强和努力。

### 4. 文化商品

联合国教科文组织于 2016 年 3 月发布的其数据研究院的一份最新报告显示，中国 2013 年文化产品出口总值达 601 亿美元，高出排名第二的美国一倍多，成为全球文化产品最大出口国。[①] 文化商品的输出无疑有助于扩大中华文化的影响力并增强国家的软实力，对于汉语文化国际传播也具有相当重要的辅助作用。目前我国文化产品出口数量虽稳居世界第一，但产品的品质却仍处于低端，出口增长与出口品质间存在一定的背离现象。（张欣怡，2015）此外，我国文化企业的创新意识不强，原创文化产品占国际文化出口产品的份额非常小。据伦敦一个研究院的研究，在全世界原创文化产品的出口和交易中，美、英等发达国家占据 70% ~ 80%，而中国仅占 2.5%。[②] 此外，文化产品竞争力弱、缺乏中国特色等问题也不利于中华文化的高质高效传播。

### 5. 广告

广告是为了某种特定的需要，通过一定形式的媒体，公开而广泛地向公众传递信息的宣传手段。除了商业广告之外，效应广告也是广告中的重要一类，它的目的是推广某种信息，如形象宣传广告。2011 年 1 月 17 日，中国国家形象宣传片亮相美国纽约时报广场，受到了当地人民的广泛关注。这标志着我国正在探索对外传播的新形式，多角度地开展公共外交和文化公关，着力提升国家的软实力。可以说，这种国家形象的宣传为汉语文化国际传播起到了助推与铺路的作用。在此影响下，中国各地区形象宣传、企业文化形象宣传以及商品品牌形象宣传层出不穷，都展示了当代中国的风貌和文化，对汉语文化国际传播起到了促进作用。从目前来看，这种形象广告的宣传方式还有值得提升的空间，例如，国家形象广告的制作和推广还未形成常态，不利于宣传的持久性；形象宣传的形式比较单一，应搭配画册、图书、海报等其他广告形式进行宣传，以增强传播效果；广告与形象宣传受到地域性限制，普及度和广泛度不高；宣传的语言、内容、形式、对象等需要创新，表达方式的针对性和特殊性有待提高，避免造成文化误读等。

---

① 中国成文化产品最大出口国 . http：//finance. ifeng. com/a/20160311/14263636 _0. shtml. 2016 - 03 - 11.

② 中国人民大学文化创意产业研究中心主任金元浦在北京惠民文化消费季启动仪式暨文化创意产业研讨会上的发言。

# 汉语文化国际传播优化策略分析

  语言的强弱与语言所属社团的强弱盛衰呈正相关。① 国家硬实力是语言国际传播的决定性因素,汉语能够走向世界的支撑条件是中国经济社会的持续发展。20 世纪英语世界霸主地位的确立,以及英语、法语、西班牙语、俄语、阿拉伯语成为世界重要语言并被确定为联合国工作语言的事实,无一不是通过国家对外扩张、语言殖民途径实现的。如果说国家硬实力在过去表现为军事实力,那么现在则通过国家间经济及科技的博弈表现出来。

  当今世界,"和平与发展"已成为主题,大国间政治与经贸的相互依存和制衡使各国不得不调整自己的语言文化推广手段。刚性推广已经不再符合历史潮流,变"硬推广"为"软传播",寻求东西方国家共同的文化认同,相互尊重,消弭文化壁垒,成为国家之间语言文化顺利传播的有效途径。从 2012 年美国驱逐孔子学院教师事件,到 2014 年 6 月美国大学教授联合会呼吁近 100 所大学取消与中国孔子学院之间的协议或重新谈判,再到 2015 年 6 月,运营达 10 年之久的欧洲第一所孔子学院——瑞典斯德哥尔摩大学孔子学院关闭,这些事件原因复杂,抛开政治不谈,东西方文化之间的价值观念冲突、意识形态差异也是重要因素。因而,只有寻求东西方国家之间的文化认同点,以更加开放的价值观念秉持学术、言论自由,尊重受纳国传统和文化,才能使中国语言和文化更有亲和力和感召力,走得更远。

  近年来,随着中国社会的飞速发展,中国国力迅速增强,但与之相配套的汉语与中华文化在世界语言文化网络中所占的地位却越来越不成正比。前面章节中也曾提到,世界上使用汉语的人数占世界总人数的 15%,而汉语的"语言中心性指数"却仅为 0.014,屈居第二十位,不仅远远落

---

① 李宇明. 强国的语言与语言强国. 光明日报,2004 - 7 - 28.

后于英语、法语、德语等老牌强势语言，甚至屈居希伯来语、波兰语等小语种之后。在上面章节中，我们从宏观与微观主客体角度以及与之相关的交叉领域找到了汉语文化国际传播过程中存在的大量实际问题，本章将对这些问题进行深入的对策探讨，力争不断优化汉语文化传播的路径和方式，为其可持续发展打开新局面。

## 第一节　基于汉语文化国际传播宏观主客体的优化策略

### 一、　宏观传播主体优化策略

1. 汉语文化国际传播决策层面优化策略

（1）加强汉语文化国际传播"顶层设计"，将其提升至国家战略高度。

"顶层设计"是指从国家层面上对与本国语言的输出传播和别国语言的输入传播相关的政策措施、体制机制、战略规划、财政安排、项目策划、传播渠道、标准制定、资源建设等进行决策和规定。语言国际传播中的顶层设计具有明确政策、规范标准、编制预算、组织实施、检验监督、褒奖惩罚等功能，对语言传播具有决定性作用。① 前面章节中所提到的英法语言国际传播的成功，主要原因正是英法政府对"顶层设计"的重视。语言文化国际传播发生在国家之间，国家政府扮演着最为重要的角色。输入方是内因，输入方国家政府的态度及其相关政策和措施往往决定语言传播的大方向；输出方是外因，输出战略及有关措施可以通过输入方促进或阻碍其语言在输入国的传播。因此，在语言国际传播中，要特别重视输出国和输入国在国家层面的宏观决策和顶层设计。语言文化国际传播中的顶层设计的影响力覆盖全国。

同时，一个国家语言文化的对外传播是国家战略布局的重要组成部分。一个国家的语言政策不仅关系到国家的民族团结、社会进步、文化安全，还关乎国家在国际社会中的话语权、意识形态的传播、国家整体形象和综合国力的提升。在全球化背景下，语言政策和语言规划已不再是简单地解决语言问题，而是服务于一国的政治、经济、外交和军事利益，甚至与意识形态和全球的战略密切勾连。② 2006 年 3 月，国务院办公厅转发了教育部等部委《关于加强汉语国际推广工作的若干意见》，该意见从国家战略的高度，阐明了汉语国际推广工作的重要性和紧迫性，提出了汉语加

---

① 吴应辉. 汉语国际传播研究理论与方法. 北京：中央民族大学出版社，2013.

② 马月秋，高志怀. 国家安全视阈下的美国语言战略及对我国语言文化安全的启示. 河北师范大学学报，2015（5）.

快走向世界的指导思想、总体规划和政策措施，同时还把提升学科地位、建立汉语作为第二语言教学的专业学位制度列为重要任务之一。2014 年，习近平主席提出"文化强国"战略，强调了文化的核心价值以及对国家总体战略的决定性作用。一个国家语言文化传播的深度和广度是该国国际地位与经济实力的直接表征。语言文化的推广政策反映了政府在推广过程中所采取的立场观点，制定的相关法律、条例、规定和措施则保证了语言文化推广的顺利实施。在语言文化推广的成功案例中，这些国家的政府都将语言文化的推广纳入国家发展重大战略框架内予以推进和落实，语言和文化推广是国家文化外交的有机组成部分。因而，国家必须从战略角度注重汉语文化传播"柔性外交"的作用，加强汉语推广政策的"顶层设计"和落实实施，切实确保国家层面对汉语文化国际推广的支持。

（2）处理好国内语言文化建设与国际推广的关系。

国家的语言文化战略包括对内和对外两种。语言的对内战略是国家就统一的全国性通用语言做出的一系列语言政策安排，其战略重心在于通过语言来增强国内各民族的国家意识，提升他们的国家认同水平。语言的对外战略则是国家在世界范围内展开的本国语言文化推广战略，其战略重心偏重于寻求世界性的文化认同。[①] 国内语言文化建设作为对内战略的重点，也是本国语言文化对外推广的基础和前提。实现国家对内语言文化战略的主要途径是语言文化规划、语言文化政策与语言文化教育。语言文化规划分为地位规划和本体规划，两者都与其走向国际息息相关。本体规划保证语言及文化自身结构的合理性与发展潜力。地位规划即在保护语言与文化多样性的基础上，确立汉语普通话及汉文化的主导地位，并将其作为对外推广战略的主体与对象。坚持普通话的主导地位，制作以汉文化为代表的中国对外宣传"名片"，对汉语文化国际推广的统一性与可持续性具有重要意义。国家的语言文化政策是语言文化战略的明显标记和实现者，汉语与文化的国际推广属于隐形语言政策中的显性实施模式，也属于语言文化教育，是实施语言文化战略的文化手段。外宣还需内安，立足本国语言文化建设，通过语言文化规划、语言文化政策与语言文化教育的实施，处理好国内语言文化的矛盾与冲突，确立以标准普通话和规范汉字为基础的基本格局，将有利于我国汉语及文化推广面向国际的纵深发展。

（3）加强汉语文化国际传播的制度建设和立法保障。

英法等国成功的语言推广经验无一不得益于国家政策支持、立法保障和不遗余力的财政支持这三项措施。其中，国内法律法规制度建设是保障汉语文化国际传播工作顺利进行的重要前提。

---

① 钱佳男. 对外汉语教学与汉语国际推广——基于国家战略的思考. 文山学院学报, 2011 (3).

我国目前在该领域尚未明确立法，拟对汉语文化国际传播领域立法的目的有二：规范权责与保障权益。

第一，在汉语文化国际推广工作进行得如火如荼的今天，规范和加强推广机构的管理已成为广泛关注的焦点，相关法律与政策的制定也是推广机构依法依规履行职责，并维护自身权益的重要保证。首先，应制定和出台国内国际汉语推广机构管理办法和基本准入制度，设定条件并确定职责；适时制定民间、企业等机构的准入条件和标准，出台相关优惠政策，鼓励更多民间和企业资本投入。其次，应尽早出台汉语国际推广机构的考核和评估机制，加强对现有推广机构的监督和督导；针对国外不同地域制定不同的对外援助计划和政策；效仿美国的"马歇尔计划""第四点计划"，对汉语在某些具有战略地位或者需要重点扶植的国家和地区提供特惠政策。①

第二，站在国家语言文化安全角度，制定并完善与汉语文化国际传播相关的各项法律法规，切实保障汉语文化传播机构的合法权益。这是摆在我国政府面前亟待完成的一项任务。2012 年 5 月的"孔子学院事件"后，国家汉办主任、孔子学院总干事许琳女士在接受《瞭望东方周刊》专访时说道："现在，国家对于孔子学院没有立法，甚至社会上在认识方面也有些摇摆不定。如果可以在《教育法》或《文化产业促进法》等相关法律中设有一章，或写明一个条款的话，再遇到此类事件我们就有法可依了，而现在就只有一个《孔子学院章程》。"② 许琳在采访中还披露，由于缺乏有效的法律保障，自 2010 年起，美国方面就开始全面调查在美孔子学院的"所作所为"，可见"孔子学院事件"并非偶然。因此，应当制定相关法律法规，保障孔子学院的合法地位与有效运营、保障海外汉语教师的合法权益、保护汉语文化国际传播的地位与作用。

具体说来，首先，立法颁布《汉语国际推广条例》，明确孔子学院等汉语文化传播机构的法律地位及机构属性，对我国政府有关部门与海外推广机构之间的关系以法律条文的形式进行规范，消除西方敏感国家由于不明确二者关系而产生的"传播机构为政府传声筒""中华文化威胁论"疑虑。其次，出台关于外派教师和志愿者在海外工作期间所享有的权利及人身安全、医疗保障方面的法律法规或者管理规定。教师的权利保障是汉语文化国际推广事业健康发展的关键，有了健全的保障，教师在异国文化中的权利才会得到伸张，人格才会受到尊重，这不仅仅关系到教师自身的权利及保障，更关系到汉语文化能否顺利推广以及国家尊严能否得到维护。

---

① 胡仁友. 汉语国际推广战略研究. 长春：东北师范大学，2014.

② 揭秘孔子学院风波：3 天平息美国"驱逐". http：//news. qq. com/a/20120612/000897. htm.

最后，政府应从国家层面上对汉语文化国际推广的地位和作用予以肯定并提供法律保障。可启动《国家通用语言文字法》《教育法》等相关法律的修订程序，增加有关汉语国际教育与传播推广的相关条款，明确汉语传播的地位与作用、师资培养体系、资金资助体系以及国际合作方面的基本原则等内容，同时制定相关的配套政策与实施办法等。①

总之，政府层面应确立语言也是文化战略资源的观念，从政策上高度重视。国家应配合和平崛起战略，将汉语文化国际推广纳入强国战略之中，加大对汉语推广政策的研究，加强并完善汉语文化国际推广方面的法律保障体系，通过制度、财政和法律的保证，不断深化中华文化的海外传播力度，从而实现文化强国的战略目标。②

（4）平衡资金支持，协助传播机构拓展资金来源（企业、民间、基金会），鼓励民间资本参与，建立盈利模式，提高自身造血能力。

国家汉办2005年获得的财政拨款仅为5 000万元人民币，至2013年，仅孔子学院本部财政拨款就达到8.7亿元人民币。然而，我国政府用于语言文化推广的资金在教育总支出中所占的比重仍远远低于英、美、法、德、日等国，面对我国海外数量庞大的推广机构和日新月异的发展势头，国家财政拨款份额仍显得十分有限。要解决这一经费问题，非政府捐款是途径之一，而最根本的，是要建立盈利模式，提高自身造血能力。2013年，党的十八届三中全会通过的《中共中央关于全面深化改革若干重大问题的决定》中明确"鼓励社会组织、中资机构等参与到孔子学院和海外文化中心建设中来"，孔子学院也开始讨论成立校友会和基金会等问题。③

汉语文化国际推广具有经济学属性，汉语作为第二语言通过产业化经营将在国民经济中占有一席之地，借鉴英语推广的商业化模式，通过文化的融合进行传播，扩宽与增加汉语国际发展的市场需求，鼓励自主经营，将汉语推广模式由以政府行政主导为主向政府推动的市场运作转变，探索利用社会力量和市场机制加快汉语文化国际推广，培育一批汉语文化国际推广的企业和机构，壮大汉语文化国际推广的实力。现阶段，汉语作为二语的语言培训与测试仍是主要的潜力型产业化模式。汉语水平考试（HSK）作为最重要的尝试之一，其考试制度经历十余年国内运营成熟后逐步向海外推广，从原来每年接受国家400万元补贴到每年收入1 000万元。

① 陈永莉．汉语国际传播的制度建设问题．暨南学报（哲学社会科学版），2009（1）．

② 刘卫红：由美国"孔子学院事件"看汉语国际推广中的法律保障问题．黑龙江高校研究，2012（11）．

③ 外媒：孔子学院何去何从．http：//www.chinadaily.com.cn/interface/toutiao/1139301/2014－12－29/cd_19189909.html.

海外推广机构应加强与当地商务组织的联系，吸收国内国外企业方面的投资，构建起企业与语言文化推广机构合作的模式。因为是企业与学校双方注资，所以会更加重视学校的社会效益与经济效益，会按照市场需求及自身优势积极拓展市场。学校与企业合作既可以解决办学资金问题，增强学校的硬件设施，尽快与国外先进教学模式接轨；也能为学校提供稳定生源。投资企业的职工在学校学习会享受优惠政策，借助员工宣传可以提高学校的市场影响力进而实现规模化经营，并走上良性、盈利办学的道路。

（5）汉语文化国家传播机构分工司职，多头并进，合并相似职能，提高传播效率。

调整现有汉语国际推广机构的组织架构框架。目前，我国推动中华文化和汉语文化国际推广工作的主管部门有三个，即国家教育部、文化部和国务院侨办。国家教育部通过国家汉办和孔子学院总部负责教育领域的汉语国际推广工作，主要是在全球建立孔子学院和孔子课堂以及语言中心，派遣汉语教师到相关国家任教等；文化部通过在一些国家建立中华文化中心进行汉语文化传播；国务院侨办主要为海外华侨华人以及他们所举办的华侨学校提供支持。这种结构褒贬不一，从覆盖面的角度看，基本能够涵盖教育、文化、侨界等相关领域，能够达到中华文化和汉语文化国际推广的目的，却容易造成资源浪费、资金浪费、内部竞争以及多部门争利等不良影响。笔者在研究中发现，不管是教育部门建立的孔子学院，还是文化部门建立的中华文化中心以及国务院侨办支持的侨校，都有很多资源可以共享，比如图书资料、影像资料、汉语教师、志愿者以及开展的相关项目等，特别是选拔和派遣的汉语教师和志愿者均来源于大中小学。因此，对现有汉语文化国际推广机构进行整合十分有必要。

首先，整合资源，合并相似职能，提高传播效率。例如，在文化活动举办方面，三个机构虽然职能各有侧重，但在某些常规项目上却可以实现统一行动，如海外文化活动的举办，可统一归于汉办或者海外文化中心。再如海外文化中心具有教学功能，这一功能可并入孔子学院，利用孔子学院师资，同时以孔子学院或者当地影响较大的华校为品牌招收学生，实现三方机构生源与师资共享。同理，在师资培训、教学资源共享等方面也可以做到职能合并，提高汉语文化的传播效率。其次，三所传播机构的职能和传播对象的差异性使得机构的完全合并并不现实。因此加强部门间协调，建立联动机制尤为重要。无论是国内的教育部、文化部和国侨办，还是海外传播机构，都应加强部门之间的协调与联动，建立有效的协调和联动机制，实现职能、优势互补，力争覆盖海外汉语文化传播所涉及的方方面面。再次，加强科学管理，提高管理水平。科学地进行汉语文化国际推广工作需要有专门的人才和国内外著名专家学者的参与和指导。建议组成发展规划专业咨询委员会、教学指导专业咨询委员会、人力资源促进专业咨询委员会、经济与文化发展专业咨询委员会、财务督察专业咨询委员会等专业咨询委员会，邀请有关方面的负责人和国内外著名专家学者为决策部门提供咨询服务。①

加强管理体制改革，创新推广方式。在汉语文化国际推广过程中，我国要大力建设国家、省级、高等院校三级管理模式，充分利用现有资源最大限度地进行工作职能整合。国家级管理顶层主体机构为教育部、国侨办与文化部，具体执行机构为国家汉办、国侨办文化司与华文教育基金会、海外文化中心。这些机构从宏观角度履行制订教育发展规划、协调与统筹侨务工作、确立与资助教育项目等职能，负责制定、评估与监督宏观方针政策；省级管理机构主要包括各个省市外事办公室、侨务办公室等。该层次是管理机制的中间层，担负着传达文件精神、监督实施效果的责任；高等院校管理机构主要负责管理留学生的生活与学习，执行相关决议、法律与政策。在国际推广背景下，力求建立起横向与纵向统筹规划的组织管理体系和机构，进而形成横向明确分工、相互协调，纵向宏观规划、统一指挥的行政网络体系。

汉语文化国际推广应该以教育部国家汉办为主导，以国务院侨务办公室文化司为配合，协同领导与指挥。国家汉办应以联合办学的方式继续构建并维护海外孔子学院、孔子课堂等汉语推广网络，借助招标或者分配的方式编写教材，同时应该建立起集市场发展、科学研究、人才培养于一体的研究机构。按照国际推广汉语的要求，建立更多的汉语文化国际推广基地。此基地的主要责任应包括汉语教师培训、汉语水平考试评估、教材研究推广等方面，目前这几项任务基本由孔子学院和当地华文学校承担。积极探索出适合我国语言文化发展、汉语文化国际推广的创新道路。

2. 汉语文化国际传播研究机构优化策略

一国语言文化的广泛传播需要以该领域的科学研究、学术水平提高为依托，纵观英美语言发展与传播历史，英语语言教学研究，语言习得规律，词汇、语法本体研究，以及与之相关的测试开发，教材、教学大纲编制研发等与英语传播相配套的学科基础研究、实用性研究，近三十年来在世界各国都进行得如火如荼，在中国更甚。英语教学和托福、雅思等各类英语考试之所以能够在世界长盛不衰，其原因就在于其语言教学背后有一支强大的科研团队。汉语文化国际推广的重点并不限于语言的教学，因此，厘清国内汉语教学与汉语文化国际传播的关系、把握语言教学与文化

---

① 胡仁友. 汉语国际推广战略研究. 长春：东北师范大学，2014.

传播的关系是扎实推进该领域科学研究的前提。在此基础上以科学的传播方法、充足的教材、高质量的师资体系为依托，集中各个领域的顶尖专家对汉语教学进行探索，使汉语文化国际推广体系系统化、科学化、规范化，使 HSK、YCT 等汉语测试具有更高的认可度和有效性。这样才能加强汉语的竞争力，把中华文化更有效率地推向世界。

（1）厘清对外汉语教学与汉语文化国际传播的关系，借鉴共同点，立足差异化。

我们通常用"对外汉语教学"来指称"在国内对来华留学生进行的汉语教学"，用"汉语国际教育"指称"在海外把汉语作为外语的教学"①，而"汉语文化国际传播"则是一个更为广义的概念。汉语文化国际传播以汉语国际教育为重点与核心，但不仅仅局限于教育领域，同时，它又借鉴了对外汉语教学领域长期以来取得的研究成果，包含如汉语人才培养、课程设置、教学技术与教学方法的应用与创新等学科论与课程论方面的汉语教学研究本体化课题，结合汉语国际教育教学对象、环境改变等差异性，在海外汉语教育的基础上，增加了语言政策、语言规划、语言战略、文化安全、文化认同、文化推广等国家战略议题。汉语文化国际传播离不开卓有成效的对外汉语教学。前者侧重于国家总体战略布局层面，涵盖领域包括教育、人文、政治、经济，为对外汉语教学指明未来发展的方向，对外汉语教学专业化研究为汉语在海外的推广奠定理论基础，如果汉语文化国际传播忽略了对外汉语教学自身规律，势必欲速而不达。从教学理念上看，单纯的语言教育已经不能适应时代的需要，语言加文化式的博雅教育将成为对外汉语教学和汉语文化国际传播的主要观念。所以，重视语言传播也离不开文化的精进与发扬。

（2）明确语言推广与文化传播的关系，使二者互为助力。

以汉语为载体的汉语文化国际推广不单是语言的问题，更是一个文化的问题。作为文化的载体，语言的推广不可避免地进行着文化的传播，借助民族语言来推广本国文化，已成为很多国家加强文化软实力建设的不二选择。基于美国、泰国、黎巴嫩、俄罗斯、日本五国汉语学习者学习目的的相关调查数据显示，出于找工作等实际需要学习汉语的比重为28%，而出于增长知识、兴趣所在与了解中华文化这三种目的的占49%。② 对于学习者来说，了解中国既是他们的学习目的，也是他们学习汉语的动机之一。更具体地说，他们来华学习汉语的目标主要是以汉语为媒介，了解中国的过去与现状、政治与经济、历史与文化。③ 因而，汉语的国际推广实

---

①　崔希亮.对外汉语教学与汉语国际教育的发展与展望.语言文字应用，2010（2）.

②　吴瑛.孔子学院与中华文化的国际传播.杭州：浙江大学出版社，2013：122－123.

③　辛平.充分利用文化大环境开设文化实践课.北京：北京大学出版社，2000.

质上是"汉语文化的国际推广",那么,如何把握推广过程中语言与文化之间的关系,以及文化推广在汉语推广中应该占多少"份额",是一个值得研究的问题。文化涉及的内容众多,而适用于借助语言对外传播,同时助力于语言传播的文化则需要进行甄别。汉语文化国际传播中的文化传播应包括两方面的内容:一是对当代中国政治、经济、人文风貌的客观介绍,二是对中国人的思想观念和民族心理特征、生活方式和风俗习惯以及由此带来的特殊的语言表达方式和语言表达习惯的介绍。①

首先,当下汉语文化海外传播机构普遍存在的问题是语言教学与文化教学脱节,即语言教学采用现代汉语,以口语为主,文化教学方面却依赖古代传统资源如书法、太极拳等。然而,大多数学习者表示更想了解的是"当代中国"与"普通中国人的生活"。因而,客观介绍当代中国政治、经济、社会生活及人文风貌,破除外国人眼中古老落后的中国形象,或为西方人歪曲之下的中国印象正名,都需要在汉语文化国际传播过程中注重对当代中国文明的宣传与介绍。

其次,对汉语习得产生影响的中华文化需要重点介绍。例如,中国人注重家庭观念引出的"安土重迁",谦虚含蓄的文化带来语言表达的"婉转",再如一些专项文化点如姓氏文化、称谓文化,以及成语、俗语、惯用语中所包罗的传统故事以及现代可运用的语言环境与场合,甚至当代中国社会中的"关系"文化等。世界上每个国家的国民都拥有自己的思想观念与生活方式,这些必然属于国家文化,也会在本国民族语言中烙下印记。所以,只有真正掌握了这些深刻影响思维方式及语言表达的文化,对汉语的掌握才能达到融合与精通的程度。当然,不同的汉语学习层次和阶段所需了解的文化内容差别很大,因此近年来很多学者极力主张建立《汉语教学文化大纲》,明确每个汉语等级所要接触的中华文化层次。而这一大纲的合理化编排并非易事,在何种语言层级该接触哪些中华文化并不容易界定,这也为我国汉语文化传播科研机构在大纲及教材开发方面提出了具体而艰巨的任务。

(3)设立更多的汉语文化推广研究机构,展开多领域研究。

建立专门的国内外汉语文化推广研究机构,研究语言传播规律,针对不同国家编制本土化教材,研发适应本地的教学法与教学大纲。暨南大学于2012年4月28日成立了华文教育研究院,这是全国高校中首家专业的华文教育研究院,依托暨南大学华文学院强大的学科优势和教学科研力量,承担国家华文教育重大科研公关项目,致力于华文教育领域的学术研究、产品研发和社会服务,为国家相关政策制定、全球华文教育发展提供

---

①  朱瑞平. 汉语国际推广中的文化问题. 语言文字应用, 2006 (2).

了良好的智力支持和咨询服务。

　　另外，整合国内外汉学研究资源，将国外大学汉学系的研究工作纳入汉语文化国际推广体系，使汉语文化国际推广研究在海外大学找到支撑，形成良性互动。具体来说，一是孔子学院等海内外汉语文化传播机构应借助国家在这方面的主导力量，利用相关政策和财政支持，将教育学、心理学、语言学、跨文化传播学等学科的相关研究专家汇聚起来，针对海外语言文化教学中存在的各种问题进行深入研究，为对外文化战略的推进提供更多的理论支持和方法支持。二是设立海外汉语文化专项研究机构，将机构的运作与孔子学院相结合，定期举行研讨会，集思广益，不断提高办学质量。三是有计划地组织中国传统文化典籍和现当代优秀文化作品的翻译工作，源源不断地为教学一线提供鲜活的教学资源，为汉语和汉文化爱好者提供学习资料。同时，展开面向全球汉语文化传播机构的专项研究项目，利用孔子学院、国侨办外派师资在海外教学一线的优势，收集传播案例、教学素材，展开对基于传播对象汉语文化受纳特点和本土文化融合性等方面的资料搜集，鼓励外派教师和国外相关研究者对孔子学院进行全方位、多角度的研究，包括孔子学院"外围"研究、"内部运作"研究，我国汉语文化传播机构与世界其他国家"语言学院"的比较研究等。[①] 对比并丰富现有的跨文化传播和多元文化教育理论，打破汉语文化推广研究机构的主要职能就是编写教材这一传统认识和固有模式，支持汉语文化国际传播机构在"走出去"的同时"请进来"，力争在国家语言文化传播学术领域走出有中国特色的发展之路。

　　3. 汉语文化国际传播实施机构优化策略——孔子学院、海外华校与中华文化中心

　　（1）孔子学院汉语文化传播优化路径。

　　第一，放缓孔子学院开办速度，注重品质保障，建立质量评估与监管体系，引入市场化竞争与淘汰机制。从辩证的观点来看，没有数量就无所谓质量，没有一定的规模就很难产生应有的作用。但从长远的观点来看，只有树立品牌意识，坚持质量第一，加强规范管理，才能保持孔子学院长久的生命力。[②] 鉴于2004—2015 年 12 年间孔子学院空前的增长速度和参差不齐、不容乐观的教学质量，教育主管部门需重新审视孔子学院的准入机制，严把管理与质量监督关。教学质量是孔子学院赖以生存的基础，因此孔子学院在申办之初就必须认真考虑和全面衡量申办方的资质和能力，同时还要加快建设教学质量认证标准，建立和完善自身质量评估和质量保

---

①　刘程，安然. 孔子学院比较研究. 北京：中国社会科学出版社，2012.

②　张德瑞. 对孔子学院国际传播战略的思考. 人民论坛（学术前沿），2016（2）.

障体系。评估是指评估主体对评估客体的价值大小或高低的评价、判断、预测，孔子学院评估的目的是对其运行效果进行评价和判断，并为下一步发展规划的制订提供指导。评估应尽量涵盖以下方面：机构运作效率、组织管理结构合理性、资金使用情况、教材开发情况、学生数量、学生来源及结构、授课形式及效果、中外双方教师教学质量及学生满意度、机构其他志愿工作满意度、孔子学院硬件建设情况及未来五年发展规划等，以保证评估的全面性、准确性及前瞻性。

加强对孔子学院运营机构组织管理制度、财务会计制度、资产管理制度、办事程序等方面的监管。在财政收支方面做到专款专用，争取中方院长在财务支出方面有与外方院长同等的权利，从而形成双方互相牵制监督的管理模式。同时孔子学院的设立和运营接受本地政府及教育部门的监督，遵守当地法律法规，加强媒体、社会大众以及捐助机构的监督，使孔子学院不偏离非营利性社会公益组织的基本宗旨。

第二，差异化推进孔子学院建设，根据不同国家的实际需求平衡世界各地孔子学院的建设数量、规模和传播特色。孔子学院的设立不宜以外方的需求作为主要动因，而应了解国家的全球战略，围绕国家和平发展总体目标在世界范围内合理布局，从初期的"遍地开花"到之后的"精心布局"，是孔子学院建设的必然趋势。汉语文化国际传播机构在非洲、拉美等国家推行缓慢，非洲有53个国家，位居世界第一，截至2015年底，非洲只有36个国家建立了46所孔子学院和23所孔子课堂，孔子学院仅占全球500所的9.2%，孔子课堂仅占全球1 000所的2.3%。非洲经济条件落后，教学基础设施严重不足，《孔子学院章程》第23条规定"孔子学院由中方投入一定数额经费启动后，年度项目经费由外方承办单位和中方共同筹措，按照1：1比例承担"，这一经费规定，对于不发达的非洲地区而言是难以做到的。然而，落后的教育现状与近年来在中资企业带动下愈演愈烈的汉语热形成强烈反差。因此，非洲地区文化渴求与传播环境不佳之间的矛盾，低层次文化传播现状与高水平文化人才需求之间的矛盾，以及语言文化差异与本土师资奇缺之间的矛盾，成为非洲地区汉语文化传播的区域化特征，这些矛盾正是当地孔子学院急需在我国教育主管机构支持下解决的现实问题。

汉语文化的推进还要与所在国历史渊源、文化传统、国家政策、政府态度等状况相挂钩。东南亚国家华人众多，与我国商贸往来频繁，是汉语文化国际推广的重点区域，新加坡作为东南亚唯一的发达国家，其地域和人口总量虽然不大，而华人比例却高达75%，为世界华人比例最高的国家。新加坡政府自1999年起开始"华语推广运动"，时任副总理李显龙在国会咨文中强调"母语（华语）是构成我们的世界观、根源和认同感的重要部分，所以华文教学不只是听说读写的教学，更重要的是灌输华族文化与传统价值观"。新加坡华文课程设置总体目标中的思想文化性目标为以人为本、以家庭为根、胸怀祖国、放眼天下。由此可见，新加坡华文教育在传授华文的同时，无论是教育目标还是教育主题都充分体现了中华优秀传统文化，同时强调与本国价值观的融合。因此，在新加坡推行汉语文化传播的过程中要特别注意这一特点，要做到两国语言与文化的共存、包容与融合，而尊重其本土文化是前提。

第三，积极建立社区关系，促进本地化融合，增强与当地华人世界的联系。

社区关系是指组织与周围同处于这一区域的其他组织和个人的关系。社区是社会组织发展的根基，组织能否持续发展，"睦邻"工作扮演着重要的角色。为所在社区服务是孔子学院的天职。然而，由于意识形态不同，尽管各国人民有学习汉语的强烈需求，但其社区组织还是对孔子学院或多或少存在一些戒备心理。但社区对孔子学院的大力支持有利于为孔子学院提供教育需求、资源支持，从而推动孔子学院的可持续发展。在争取与社区建立良好互动关系方面，孔子学院也做出了很多努力，通过开展各项活动，一方面使当地社区了解更多的汉语和中国传统文化，另一方面有效地开发潜在学习者。此类活动包括三类：一是中华文化活动，如泰国东方大学孔子学院 2009 年组织 35 名来自春武里府各校的学员参加了为期 10 天的丰富多彩的汉语夏令营活动；二是中外合作交流活动，如冰岛北极光孔子学院促成了冰岛大学与宁波大学开展校际学生交流项目；三是学术交流活动，孔子学院中外高校合作办学的背景，使它们在促进国际学术交流方面具有信息获取快、研究实力强的独特优势。2010 年罗马大学孔子学院联合世界汉语教育史学会和北京外国语大学中国海外汉学研究中心，举办了"欧洲人的汉语研究历史"国际研讨会暨世界汉语教育史研究会第三届年会。①

但是，孔子学院目前的社区关系建设还处在单方面"引进来"阶段，建议孔子学院各级负责人、教师与学生多"走出去"参与当地社区活动。缓解孔子学院教师难融入社区、水土不服的现象，促进当地社区民众改变意识形态偏见，更好地接纳孔子学院。在与社区互动方面，孔子学院可联合与社区关系紧密的当地华文学校，争取华人世界主流认同与支持，学习华文学校社区关系建立方法，加强与华人社会教育界名流的联系，分享交换优质师资、教学资料与生源，协同华文学校共同建立长期并有利于孔子学院的可持续发展的社区关系。

---

① 严晓鹏. 孔子学院与华文学校比较研究. 杭州：浙江大学出版社，2014.

（2）孔子学院与华文学校相互借鉴，取长补短，适度整合双方资源。

目前，海外汉语文化传播的方式比较多，而孔子学院与华文学校的传播模式是其中最为重要的两种。在汉语文化国际传播大背景下，发挥各自优势，以己之长补彼之短，可实现汉语文化国际传播的效益最大化。

首先，不同于立足国内面向国际的汉语文化传播，华文教育依托于海外华侨华人，大多已作为驻在国民族文化教育的一部分，纳入当地教育体系，拥有驻在国悠久的教育资源，其目的更多的是不忘血脉，传承中国传统文化。海外华文教育有两大特点助其成为汉语文化国际传播的有力支持：一是地域集中性。根据 2015 年数据，在海外华人人数排名前 24 位的国家中，东南亚国家占 9 位，但人数却达到 2 600 万，占全球华人总数6 000 万的将近一半。在华人集中的东南亚国家，华人文化圈具有鲜明的标志，他们对中国认同感强烈，较好地保存了中华文化的完整性，从而对社会非华裔的汉语及汉文化接纳产生深刻影响。二是华文教育根植于驻在国，拥有成熟且良好的社区关系网络，教育工作者更加熟悉当地教育发展状况和政策法规，有利于语言及文化的"软"传播，消除当地政府及主流教育的警戒及抵触情绪，减少汉语及文化传播的阻力。

其次，华文学校在发展过程中也可借助孔子学院平台。在师资发展方面，从宏观看，孔子学院与华文学校都存在一定程度上的师资困难，如教师数量短缺、素质不高、专业化程度差、流动频繁稳定性差等。但从微观看，它们并不相同，孔子学院的教师为输入型师资，来自中国，一般至少具备本科学历，且有相当大一部分来源于汉语言、对外汉语或者汉语国际教育专业，专业素质较高，具有一定的教育或者汉语教学经验。而华文学校的教师则以本土师资为主，普遍文化程度不高，特别是在东南亚等华文教育较为繁荣但经济和教育条件相对落后的国家。华文学校的教师缺乏教育学与心理学方面的专业训练，大多为兼职，难以具有专业发展的要求。在流动性方面，孔子学院的教师流动具有计划性和后备性，而华文学校教师流动的不确定性则更为突出，容易造成师资的青黄不接。如能实现孔子学院与华文学校在师资方面的互通及协调，则可帮助华文学校大大缓解这一困难。

总而言之，统一且辐射面积大的平台是汉语文化国际推广的有效载体，在孔子学院和华文学校发展过程中，政府的作用不可忽视。我国政府应积极推进成立孔子学院与华文学校协调中心，促进汉语文化国际传播与海外华文教育资源整合和二者共融的平台建设。孔子学院可借助华文学校积极建立社区关系网络，在资源获取特别是资金支持方面，借鉴华文学校的多渠道模式，在总部支持的前提下，争取华人社团、企业与当地政府的资助，可通过适当的市场化来开拓资源获取渠道，以提升自身的发展能力。华文学校也可争取与孔子学院合作，争取获取中国政府更多的扶持，借鉴孔子学院组织网络体系建立华文学校联合组织，同时加强教师队伍专业化建设，加强与海内外华文教育机构的交流与合作，以促进华文学校的健康和可持续发展。

（3）提升海外中华文化中心的传播能力。

海外中华文化中心是文化部下属驻外机构，其文化的对外传播活动是一种国家政府行为，承担公共外交的使命，建设经费同样依靠国家财政拨款。它的目标是提供专业的文化服务和高品质的文化产品，借此加深各国人民之间的友谊。传播途径是各类文艺演出和休闲文化活动。中华文化中心的海外发轫早于孔子学院，第一所海外文化中心于1988年建于非洲的毛里求斯，但它的发展非常缓慢，将近30年的时间只成立了20所，且极少受到关注。较之孔子学院和世界其他语言文化传播机构，社会影响力要小得多。

中华文化中心与孔子学院有一些相似与差异之处，具有对照研究的基础。首先，它们都是官方政府机构，在海外传播中华文化，塑造中国形象，从事公众外交。然而，孔子学院强势，文化中心弱势，在国外造成的影响大不相同。其次，虽然它们都从事文化传播，但是孔子学院侧重教育，姿态严谨，文化中心侧重文艺，生性活泼，人们对这样两种事业也抱有不同的观感和期待。最后，孔子学院和文化中心都发展了在海外的国际合作，但是孔院与正规高等教育机构长期"联姻"，而文化中心更多与市场团体短期"结缘"。因此，它们给予人们的组织化印象高低不同。[①] 2014年，海外"欢乐春节"活动在112个国家和地区的321个城市举办了570多项大型活动，成为展示中华文化软实力的重要品牌。中华文化中心所从事的文艺传播与孔子学院的教育传播也存在一定差异。文化艺术所产生的深入而持久的影响，需要长期的积累和历史的验证。因此，中华文化"走出去"的效果不可能速成，只有不具有威胁感和更友好的方式才能产生可持续的真正成功。中华文化中心应秉承其谦虚谨慎的传统作风，改善中国形象，加深人民之间的友谊，同时发动民间机构，采取市场合作的方式，通过文艺表演和文化活动等柔性方式，向国外普通民众推广政治意义淡化而充满中华文化元素的文化产品，润物无声地进行更具吸引力与张力的文化传播。同时，应积极加强与民间机构和社会团体的合作，探索更加有效的市场机制和经营策略，以期具有远景的可持续发展。

---

①　郭镇之，张小玲．海外中华文化中心发展策略思考——以孔子学院为镜鉴．新闻春秋，2016（2）．

## 二、 宏观传播客体优化策略

汉语文化国际传播的宏观客体主要指传播受纳国，推广应该根据国家利益和不同地区的特点等多方面情况有重点地展开，在这方面要有基本的设计和规划。因为文化和政治情况的差异，每个国家和中国的关系不同，对汉语和中华文化的传播的态度和政策也就有所不同。因此，必须对不同国家和地区汉语和中华文化的需求和接受情况进行历史和现实的考察和分析，比较汉语文化传播机构在不同国家，不同文化、意识形态下传播效果的差异及原因，探究孔子学院如何与受纳国政府互动，以取得和谐沟通与文化融合的效果，从而有针对性地制定传播策略。

1. 受纳国汉语文化接受度"顶层设计"制定

从优化受纳国政府层面接受度入手，帮助该国政府通过"顶层设计"推进汉语文化的可持续性推广。与政府合作有助于提升汉语的教学地位，使得汉语教学带动文化传播尽快与主流教育接轨。在当地政府制定和实施汉语教育标准细则时，孔子学院可以通过提供咨询服务等方式参与进去，以在一定程度上促进汉语教学地位的提升。以泰国为例，泰国是汉语热最突出的国家之一，无论是华裔还是非华裔群体都对汉语学习非常重视，其汉语快速传播模式可归纳为"母语国政府主导，民间响应，中国支持、媒体造势，超常发展"①。近年来，泰国政府一直与中国教育部和国家汉办保持着友好合作关系。2001 年 12 月，泰国教育委员会与中国教育部国际交流合作司签署了合作协议，双方决定共同拟定教学课程标准和教学大纲。在双方共同推动下，泰国政府陆续制定了符合其国情的多项汉语推广政策，获得中国教育部及国家汉办在孔子学院建设、师资培训、HSK 考试、教材本地化编写和配给方面的大力支持，有效地推动了本国各层次的汉语教学，使得汉语与中华文化的传播在泰国顺利、健康发展，侧面推动了中泰关系的蓬勃发展。

在国与国之间教育机构对话的基础上，从政府机构决策者或相关领域专家学者层面入手加强联系，增进了解，同样有助于受纳国国家层面对汉语文化接受度的提升。如国家汉办举办 5 年之久的传统项目"中小学校长访华之旅""驻华外交使节汉语学习班""理解中国：欧盟来华官员研修班"，和国侨办经典项目"亚洲华校校长访华团""海外华教高层访华团""澳大利亚教育官员访华团""外国政府官员中文学习班"等，这些都是受国家全额资助的，以增进友国对中国的认识与了解，消除分歧与误会为目

---

① 吴应辉，杨吉春. 泰国汉语传播模式研究. 世界汉语教学，2008（4）.

的的，从国家政府层面对友国发出邀请而成行的项目，内容主要为介绍中国语言文化、探讨国家之间的教育合作与文化交流。从政府官员、知名学者、高层教育工作者这一角度着手展开的汉语文化推介，具有较之民间、学生层面推广更重要的意义，可起到以一当十的作用。

2. 与当地政府及教育机构沟通渠道的拓展

拓展与当地政府及教育机构的沟通渠道，展开中层对话，寻找文化与意识形态契合点推动合作办学，同时为当地提供就业岗位。密歇根州立大学孔子学院就是这方面的成功案例。该孔子学院为全球第一家网上孔子学院，自2007年成立以来，积极寻求密歇根州教育部门的支持，与主流教育机构建立了密切的合作关系，聘任中小学专家顾问为学院运作和推广提供咨询和帮助，了解中小学对汉语及中华文化的需求点，利用密歇根虚拟高中的推广渠道和销售网络，迅速进入美国中小学市场。与此同时，聘请密歇根州教育联盟成员为顾问，帮助宣传以提升信誉度。密歇根州立大学孔子学院自开办以来，美国国家和地方各种媒体对其做过多次报道，反响良好。[①] 此外，我国海外汉语文化传播机构还可以加强与当地汉语培训机构及文化交流研究机构的联系。世界各地由于"汉语热"催生出各种汉语培训机构，一些大型机构在生源、社会关系方面具有较强优势，我国官方汉语文化传播机构应与之和平共处，借鉴其教学特色与课程设置等，深入机构与社区，充分利用其资源迅速完成本土化进程。如日本有许多公民馆和地方政府组织的汉语学习班，日本的公民馆是市政府、区政府或者街道管理的文化设施场所，市民可以利用公民馆来组织和参加各种文化活动，很多公民馆都在组织市民开展汉语业余学习，这是孔子学院发展可以借助的组织和力量。

# 第二节　基于汉语文化国际传播微观主客体的优化策略

## 一、微观传播主体优化策略

稳定、高质量、多层次的汉语师资系统是汉语文化国际推广能否可持续健康发展的决定性因素。教师数量匮乏和专业素质欠缺是汉语文化国际推广领域由来已久的待突破瓶颈。为克服这一难题，必须储备一批具有专业教学素质和可适应海外教学任务的输出型教师，同时以"种子教师"[②] 带动汉语师资的海外本土化培养，加强对输出型教师和本土教师汉语专业

---

① 易明. 全球第一家网上孔子学院. 中国远程教育, 2007 (4).
② 王路江. 在科学发展观指导下做好汉语国际推广工作. 世界汉语教学, 2007 (1).

知识以及中华文化知识的双向培养，优化汉语文化国际推广师资整体结构。

1. 输出型师资优化策略

首先要解决的是输出型教师储备数量和专业素养问题。在当前汉语文化国际传播背景下，有意愿赴海外从事汉语教学工作的人员，实际上并不是"缺"，而是多了。师资不足究其根源，实质上是"合格"师资的奇缺，对外汉语教学工作中师资培训环节的薄弱是造成这一现象的根本原因①。具体说来，应从以下方面着手应对：

（1）保证合格汉语教师的数量。首先，坚持"国际汉语教师中国志愿者计划"的实行，并将其派出机构从孔子学院进一步扩大到海外文化中心及海外有汉语教师需求的华校及国际学校。志愿者计划具有广泛的动员性，为汉语师资缺口的填补开拓了有效途径，丰富了汉语教师的层次及来源，扩大了师资选拔领域。但其弊端也显而易见，那就是教师素质的参差不齐，因此在保证数量的前提下，教师选拔标准的制定及任前培训就显得十分重要。一是志愿者选拔应该实行更为严格的制度，宜将"对外汉语教师资格考试"作为准入门槛，从而缩小社会非专业入选教师同专职对外汉语教师的差距，为其未来的海外课堂实践多做一些知识和技能上的准备。二是适当延长培训时间，增加培训次数。国家汉办现行任前培训期为五周，其中包括报到、出游及考核时间，故实际培训时长不足四周，约300学时，这对切实提高外派教师专业素质的作用比较有限。国务院侨办的外派教师因大部分是在职教师，专业化程度略高，派出数量不多，分布零散，故现行任前培训期不足一周，且无法做到每位外派教师都能参加，故任前培训强度亟待加强。因此，建议国内教师派出部门适当延长国内培训时间或增加培训次数，并在教师赴任后于任教地定期组织集中培训，及时发现外派中的问题，交流、分享教学及工作经验。其次，加大汉语国际教育硕士培养力度。仅2007年至2010年4年时间，国内开设汉语国际教育专业的高校就从第一批24所发展到82所。同时简化高校申请汉语国际教育硕士点程序，把专业设立审批权由教育部下放到省级教育主管部门，截至2015年，全国已有107所高校设立了汉语国际教育专业硕士点。这些做法，无疑可以为汉语国际推广师资数量及素质的提高提供有力保障，也可以为汉语实践型教师积累经验后向学术型、研究型人才的转变奠定基础。

（2）提高输出师资质量，以新眼光关注海内外师资培训动态需求。师资培训应以培养具有扎实专业理论素质和出色专业实践能力的对外汉语教师为主，在汉语教师中华文化素养的提高方面，除了书法、绘画、剪纸等

① 李凌艳. 汉语国际推广背景下海外汉语教学师资问题的分析与思考. 语言文字应用, 2006 (6).

教学技能的培训，应更加注重中华文化、历史、现代经济与社会情况多方面知识的培训与学习，将中华文化融入汉语教学课堂，带领学生认识现代中国，改变海外学习者对中国的片面认识。除此之外，推动汉语师资培养模式创新，加强与国外有汉语师资需求的院校或机构的合作，建立长期稳定的教师输出渠道，加强现代化课堂教学手段运用能力的培养，这些都是时代对当今汉语师资培养提出的新要求。

（3）从政策、心理和情感等方面帮助输出教师更快适应海外教学。一是落实国内教师派出机构同海外学校签订的师资输出合同并动态监督合同履行，严格规定教师课时数量、餐饮及住宿质量，保证教师安全，维护教师切身利益，解除其离乡背井到海外工作的后顾之忧。二是适当结合外派教师的个人意愿，延长优秀志愿者的服务期，或者通过选拔培训将其吸纳入孔子学院专职教师队伍。三是激发和维护外派教师三感（光荣感、使命感、责任感）、三情（热情、感情、激情），敦促其提高第二语言能力、跨文化交际能力。帮助联系所在地离任和将赴任教师，注重离任教师经验总结，帮助将赴任教师提前熟悉教材、教法，以完成地域性、针对性和适应性教学的转变。

2. 本土师资涵养策略

无论是师资、教材还是教法，都应定位准确，即有针对性。汉语文化国际传播应根据三个战略区域——海外华人社区圈、汉字文化圈和辐射圈，选择恰当、适用的师资输出模式和教学模式。汉语文化推广机构在教学师资方面依赖于外派教师或志愿者，这在经济文化相对落后、汉语推广群体小的非洲或南美国家较为适用；相反，日韩等"汉字文化圈"国家汉语教学起步早，传播应用广泛，习得和研究都较为深入，本地师资即可满足教学，因此，师资培训工作应为日韩孔子学院的重中之重。再如，东南亚国家华人总量约占世界华人总量的一半以上，在这些国家，华文教学深入华人社区、团体、家庭的方方面面，全日制或者华文补习院校本土化师资的培养则应是这些国家汉语推广应关注的重点。本土师资较之输入型师资具有无可比拟的天然优势，主要包括：更加了解所在国语言文化，了解学生心理，便于因材施教；能够站在二语习得角度教授汉语，便于总结与传授汉语学习技巧；工作稳定性大，有利于当地汉语师资队伍的整体建设等。① 因此，应加大对本土师资的培养力度。

首先，本土教师的培训可采取学历教育与短期速成培训相结合的方式。高学历者（非汉语教育专业，但为口语听力佳的华裔或在中国取得其

---

① 李东伟. 大力培养本土汉语教师是解决世界各国汉语师资短缺问题的重要战略. 民族教育研究，2014（5）.

他专业学位）可接受汉语专业知识、教学技巧的速成培训；低学历但拥有教学经验者可由速成培训逐步转至学历教育，进而取得学位。国家汉办可积极推进国家汉语教师资格证书在海外的考核与颁发，国内设立汉语国际教育专业硕士点的高校也应与海外高校建立联系，帮助其进行师资培训，或者吸收留学生进入汉语国际教育专业学习。

其次，注重"种子教师"的带动作用。我们可以在国内选拔一些汉语素质高、教学能力强的优秀教师，在提高其教学能力和研究水平的基础上，着重提升其师资培训能力。这些教师可作为输出型"种子教师"，出国或者在回国后根据当地情况，有针对性地开展师资培训工作，他们可以对社区学校中的非专业中文教师和留学生做教学理论和实践上的指导，提升学校或社区整体师资水平。① 同时，也可本土化培养"种子教师"。目前本土教师中高层次部分为高校中文系、汉学院专职教师，或受过正规汉语教育类本科或大专培养后，从事汉语教师工作的留学生。这类素质的教师数量较少，但因其汉语基础好，可培养成本地"种子教师"，"培养一个，带动一片"，真正使"种子教师"在汉语师资培训中发挥出其核心带动作用。

最后，切实保障本土师资的稳定性。这也需要我国机构做出一些努力。如推动汉语国际教育专业、国侨办华文教育专业留学生奖学金建设，为本土教师提供更多的赴中国培训的机会，培训前根据教师需求制订先期培训计划，并完善培训考核及质量评估体系建设，建立个人培训档案。为本土汉语教师定期提供多种类型教材，为教学硬件较发达的国家和地区提供更加丰富的多媒体及视听教学资源。

## 二、　微观传播客体优化策略

在国家财力和人力有限的情况下，汉语文化国际传播应根据国家利益和受纳国的不同国情有的放矢地开展。大国关系有亲疏，国情和文化存在差异，对汉语文化推广政策的接受度也不同。对外汉语教学同汉语文化国际传播最为重要的差异之一即为教学"阵地"的转移和教学对象的转变，汉语教学由国内转战至海外，使得教学环境和教学对象都发生了本质性的转变。因此，应正确面对文化差异，充分考虑学习者所处的文化背景与文化传统，明确其民族、地域、种族、社会制度以及文化层次，根据受众的立场、观点，求同存异，以进行语言文化推广。具体说来，在教学实践中，华裔学习者或多或少都具有与祖籍国相似的文化背景，至少他们更容

---

① 周士宏. 汉语国际传播师资问题初论. 暨南学报（哲学社会科学版），2009（1）.

易理解和认同中华文化，而对于非华裔学生来说，他们对文化差异问题的处理更加敏感。

除此之外，在前面部分中曾提到，学习一种语言的动机分为工具型和融合型两种。来华留学生学习汉语的动机本质上为工具型，但身处中国后无论是学习需要还是生活需要都要求其动机迅速转变为融合型，从而正面加速了语言学习进度。而在海外进行语言文化传播过程中，传播对象即学习者都处在自己的母语环境而不是目的语环境，完全工具型的学习动机带给汉语学习诸多不稳定性。面对这一情况，注重教学方法、教材选择、课程设置就成为保持生源、吸引工具型学习者持续接受第二语言与文化的核心关注点。

海外汉语文化传播客体中还存在一个较为普遍的问题：学生结构的失衡以及高学历专业汉语人才的缺乏。国家教育部近年来不断放宽汉语国际教育专业硕士海外生源招生条件，扩大招生比例。国家汉办自2014年启动"孔子新汉学计划"，招收海外汉学专业硕士生来华攻读博士学位，2015年招收了来自37个国家的112名"孔子新汉学计划"博士生，较去年同比增长50%，项目推行至今，已累计录取260名外国博士生。2004年教育部正式批准暨南大学开办华文教育专业本科，此专业面向有志于从事华文教育工作、具有高中毕业或同等程度学历的海外华侨及外籍学生，并为其提供高覆盖率的丰厚奖学金。重庆师范大学、湖北师范大学等5所高等院校陆续开设此专业，之后华文教育硕士研究生专业和博士研究生专业也相继在华侨大学等相关高校设立。这些高学历专业汉语人才在学成后除部分从事华文教育事业外，还有一部分进入汉语及中华文化研究机构，或进入政府机构从事与汉语相关的工作，此类人才的培养在充实海外华文教育师资体系、加强汉语文化海外国别化研究以及汉语文化本土化推广方面起到了巨大的推动作用。由此可见，国家和国内相关汉语文化推广部门已经充分意识到了培养高学历专业汉语人才的重要性，不过，我们仍需鼓励并推动更多的高等院校加入面向海外学习者招生，培养高层次专业汉语人才的队伍中来。

## 第三节 基于汉语文化国际传播媒介的优化策略

### 1. 汉语文化国际传播中教材认可度（接受度）提高策略

赵金铭提出汉语教学环境由国内至海外的转变对教材编写产生着巨大影响，国别教材并不单纯指用当地语言翻译过的通用教材。[①] 编写适用于

---

① 赵金铭. 教学环境与汉语教材. 世界汉语教学，2009（2）.

海外推广的汉语文化教材，需要考虑的环境因素包括目的语与非目的语环境、教材运用简体字还是繁体字、普通话还是方言、学习者母语与汉语关系的亲疏、教材教授对象年龄、汉字文化圈抑或非汉字文化圈、学习目的与有效学习时间等。上述方面所构成的汉语海外教学环境，直接影响着本地化教材编写的针对性和适应性，决定着教材的可接受度与认可度。国别本土化教材编写可分为两个阶段进行：一是编写适合海外各国学习者使用的汉语通用型教材；二是根据不同国情编写国别化教材。国家汉办在汉语通用教材小语种翻译方面不断做出努力，自2008年开始，就陆续组织国内外专家把各国反映较好的通用型教材改编翻译成45个语种。根据不同国情编写国别化教材则更为复杂一些，需要考虑的因素更多。

首先，针对海外华侨华人和非华裔学习者的汉语教材应有所不同。华裔群体占全世界汉语学习者的绝大多数，约70%以上。这一群体的共性为以汉语为"继承语"，在正式学习汉语之前已经具备部分听说能力，对汉字也有一些感性认识。故而目前针对华侨华人学生的教材应以听说为辅，读写为主。国内在侨办的规划下，已出版《中文》《汉语》等针对华裔学习者的教材，此教材在海外华裔学习者群体中应用广泛，特别是东南亚国家，泰语、印尼语等小语种翻译版本已部分推出。但此两套教材也存在内容陈旧、趣味性弱、难度不均衡、不适合成年学习者学习等缺点，故更适合海外华裔学习者的教材亟待开发。

针对非华裔群体，则更多以口语教学为主，教材内容应多样化、创新化：编写上应尽量贴近当地人的思维、生活习惯，在文化、价值观方面努力寻找共同点，以求得共鸣，增强学习兴趣，同时注重互动性、趣味性和课堂时长、进度和节奏的把握。在欧美地区编制国别化教材时，应重点考虑到，在欧美主流中小学，汉语多为选修课，课时安排一般为每学期60学时，也就是每周2~4学时。因此，编写适合这一课程设置的短期汉语教材应注重教材内容与现实生活紧密联系，增强其情景性与实用性，使每周课程内容相对独立，学生每次课都有收获，同时注重互动性和趣味性，加大生活百科类内容的含量。对于成人学习者，在编写教材时应引入现当代中国政治文化风貌方面的内容。这些都有助于吸引学生，增强其学习兴趣和主动性，间接减少生源流失。

其次，教材内容的母语注释非常重要。现行大部分海外汉语教材使用英语作为中介语解释词义及语法现象。由于翻译水平的局限，生词释义过于简单，看不懂用于讲解语法的英文的现象层出不穷，且对于母语为小语种的国家来说，作为中介语的英语注释内容不充分的现象更为严重。因此，规范英文释义版本教材，开发小语种释义版本教材是本土化教材开发需要重点解决的问题。

　　再次，教学内容设计需考虑语言与文化的有机结合，注重衡量汉字在教材中的地位。语言是文化的载体，语言教学中不适宜直接教授文化，但可适当融入文化内容，在内容选择上应立足于当代社会，反映中国改革开放以来的巨大变化，让学习者通过鲜活的图片、视频、话题等方式了解当代中国，纠正部分西方媒体笔下的片面化形象。汉字在教材中的地位对于母语为拼音文字的学习者来说是制约其学习兴趣、决定其能否持续学习的关键。对于汉字情有独钟者，教材可从识字入手，进入书面语教学，同时兼顾口语训练。对于对汉字缺乏了解的学习者，教材要特别注重汉语拼音的辅助功能，使学习者尽快奠定口语基础，培养语感，与此同时展示汉字字形，用学习者母语简单介绍汉字的结构和特点，利用他们已有的口语能力作为识字的入口和资源。①

　　纵观近十年来我国海外汉语教材建设，已取得不少成果，相关语言文化传播机构的不断努力也有目共睹。2015 年，国家汉办携自编教材参加新加坡教育书展、东京国际书展，启动"中外文对照词典工程"工具书建设项目，出版《BCT 标准教程》，初步建成孔子学院本土教材库，涵盖 81 个国家 293 个孔子学院/课堂开发的本土教材 938 套、1 225 册，涉及语种 47 个。国侨办组织整理编订"三常"教材并出版多语种版本②，于 2011 年组织暨南大学、北京华文学院完成《中文》《汉语》两套教材的修订工作，又先后完成华裔青少年夏令营系列教材和华文教师培训教材的编写、出版工作。启动本土化教材编写，出版适用于印尼华裔幼儿园的《千岛娃娃学汉语》系列教材，并配套发行音像制品和电子书。2014 年，暨南大学为柬埔寨华文学校量身定做的《华文》（初中版）举办成书审稿会，随后教材正式出版。同年，由中国华文教育基金会组织、北京燕京文化专科学校和文莱中华学校联合编写的《高级华文》（四年级上）出版并在文莱投入使用，这类由中外教育机构联合编写的教材非常适用于本土华文教育，既符合国内 HSK、YCT 考试标准，又兼顾海外小学华文课程标准，同时结合海外教学实际，秉持"寓教于乐"理念，注重实用性与中外文化共同点及差异性的呈现，在海外教学实践中反响非常好。

　　另外，鼓励驻在国本地出版社引进改版，促进中外合编教材。引入或增加多媒体课件辅助教材，使教学内容生动具体化，为缺乏语境的海外学生创造一个以自我体验为中心的互动式教学平台。努力打造品牌教材，如"新概念英语"那样成功的集商业模式与语言传播于一体的代表性教材。

---

　　① 赵金铭. 教学环境与汉语教材. 世界汉语教学，2009（2）.
　　② "三常"教材为《中华文化常识》《中国历史常识》《中国地理常识》，三册为一套，由华语教学出版社出版，现已有英语、西班牙语、阿拉伯语、韩语、日语、泰语、印尼语、马来语、缅甸语、俄语、波兰语等版本面世。

这些不失为汉语文化国际推广教材建设方面的有效途径。

## 2. 教学法优化策略

一是改善课程设置。在课程设置上，需充分考虑亚洲国家课程设置体系与欧美国家的不同，培养汉语研究型人才的课程设置和培养实用型人才的课程设置不同。在教授汉语过程中，由于汉语固有的语音、文字和语法特点对于不同国家的学习者来说，难度不尽相同，习得速度也会有所差异。如对华裔和非华裔学生来说，口语和听力的学习速度大相径庭。再如汉字课的入门，对于有汉字基础的日韩学生来说相对容易，但对欧美学生来说却十分困难。因此，应充分考虑这些因素，加强相关研究，制定出合理、高效、规范、便于操作和有助于稳定生源的课程设置。如针对实用型人才培养的课程设置，要进行汉语课程与专业课程设置的对接研究，综合考虑学习者对知识结构和能力结构的需求，从心理学、教育学、语言学角度进行综合考量，合理配置汉语课程和专业课程，以促进学习者汉语和专业水平的同步提高。

二是改变教学方法。如第四章中所述，汉语课堂教学法种类繁多，但教无定法，总而言之兴趣是最好的老师，语言教学必须坚持趣味性原则。如果课堂教学枯燥无味，不能激起学生的学习兴趣和积极性，教学效果将难以保证，教学任务也难以完成。内容有趣而实用才能"抓住"学生，使他们产生真正持久的兴趣。因而，在青少年课堂中可较多引入汉语游戏操练环节。在成人课堂中则应更多注重互动性，充分结合情景因素，为学生提供真实有效的文本，以场景为线索让学生在轻松自然、身临其境的状态下完成教学内容的操练。无论是青少年还是成人学习者，同学之间、师生之间多进行交际式互动，允许学生创造性地使用语言，赋予其表达的自由，促使学生在做中学、学中做，这对提高学习兴趣有着极大的推动作用。

## 3. 传统教学媒介优化，新媒介拓展运用策略

我们在第五章中曾提到，目前汉语文化国际传播的首要方式是教学，多媒体、网络技术的加入给这一传统媒介的优化带来了新的机遇。2008年，中央广播电视大学的 My E Chinese（网络孔子学院）远程汉语网络教学系统上线，旨在提供关于汉语和中华文化的学习资源以及远程学习支持服务。到 2015 为止，网站已建成 58 个频道，涵盖汉语学习、中华文化、教学资源、互动社区、孔子学院等五大内容领域，拥有 10 个语种内容，发布了 12 000 多个不同类型的学习课件，以及近千小时的音视频多媒体内容，为全球汉语学习者、教师以及中华文化爱好者提供了丰富的汉语学习资源和多彩的文化内容；2014 年 9 月，孔子学院总部官方微信开通；2015年 11 月，《汉语 900 句》19 个语种网络版正式上线；12 月，"iChinese"

汉语学习 App（安卓版）上线试运行。

除此之外，报刊、广播、电影、电视、文化产品等作为教学以外领域的传播媒介和宣传形式，其传播普遍性和渗透性更能以潜移默化的效果影响受众，既拓宽了传播渠道，扩大了受众群体，又使传播方式柔和化，更容易并乐于被他国接受。

涉及汉语文化推广类的刊物分为综合类和汉语文化推广类。目前海外发行的华文报纸基本都属于前者，美国的《国际日报》，菲律宾、印度尼西亚的《星洲日报》，新加坡的《联合早报》，法国的《欧洲时报》，日本的《中文导报》等都是在本国华人界乃至全国非常有影响力的刊物。华文报纸是很多国际汉语学习者接触汉语汉字的一种重要途径，世界上其他国家获取该国华人资讯也主要依靠这些报刊。目前，我国国内刊物种类繁多，但是缺少像美国 *Time*、*Future* 这样具有全球影响力的中文刊物，因此，汉语刊物提升品牌形象，关注世界性话题，以开放姿态走出国门是目前汉语刊物国际化，助力于汉语文化国际推广的发展方向。

汉语文化推广类刊物是目前汉语文化推广领域的薄弱环节。目前国内知名的汉语学习类刊物有《学汉语》《汉语世界》等。《学汉语》杂志由教育部主管，北京语言大学主办，创刊于 1987 年；《汉语世界》则由中国出版集团主管，商务印书馆和汉语国际推广北京基地主办，创刊于 2006 年。这两份刊物可以说是国内目前面向海外传播汉语和中华文化的主要刊物，但是它们的纸质发行量每期却仅有一万份。情况较为乐观的是，《汉语世界》的门户网站以短小轻快的博客为主，包括语言、文化、美食、生活等资讯，兼有网上商店，可以预览和购买杂志。网站 2014 年全年的独立访客有 100 多万人，其中 91% 的访客来自海外，仅美国访客就有近 30 万人。由此可见，在提高纸质刊物办刊水平的基础上，接通世界时讯，丰富办刊内容，把更多实时反映中国政治、经济、文化、社会、生活新风向的资讯融入刊物，同时推动刊物电子化、网络化进程，紧跟全球互联网发展，实现移动终端掌上阅读与资讯查阅，不失为目前我国汉语文化推广类刊物的努力方向。

除了报刊这一传播媒介外，文化产品、广播、电影、电视，乃至与电影、电视不可分割的广告行业，都是汉语文化国际传播可积极凭借的新媒介。面对第五章中所提到的国内文化产品所面临的品质低端、缺乏原创类创新产品、文化产品世界竞争力弱、欠缺中国特色等问题，应积极采取以下措施：有重点地开拓国外市场，扩大中华文化产品的贸易联系持续期，寻找中华文化产品的长期稳定进口国家；完善文化产品出口扶持政策，为文化产品生产企业提供生产补贴与出口补贴，提高出口企业的比较优势；鼓励和引导文化企业自主创新，严把质量关，提高文化产品出口品质；综合运用国家政府文化宣传、合资合作电影以及衍生产品等多种手段，提高核心文化产品的国际影响力。[①]

在利用广播与电影、电视等媒体推进汉语文化国际传播方面，借鉴美国、韩国、日本视听传媒类制作经验，积极形成富有中国特色的影视品牌与呈现方式，注重文化与普世类价值观的融入，利用文化差异吸引海外观众关注，因为只在广泛关注的基础之上汉语文化才具有传播与推广的可能。除此之外，保持现有品牌媒体的水平与推进层次，如中国国际广播电台汉语文化推广类经典节目《空中汉语课堂》，中央电视台国际频道的《全景中国》，以及于 2014 年推出的风靡华人世界的中英文双语系列美食节目《舌尖上的中国》。

## 第四节　结语

我国向世界传播语言文化拥有悠久的历史，从秦到清各个朝代都不同程度地将中华文化远播海外。进入 21 世纪后，世界范围内出现汉语学习热潮，为其提供了良好的发展环境。汉语文化的国际推广逐步上升到国家战略层面，所涵盖议题包括国家实力、语言规划、语言政策、文化认同、文化安全、民间融资、机构改革等，是传统意义上以教学研究为根本的对外汉语教学的延伸与拓展。国家战略包括对内和对外，要求我们在强调国际推广的同时，着眼于国内语言文化建设，为汉语言文化走向世界建立一个稳固、内外连贯的战略系统。纵观英、法、德语海外推广机构长达百余年的发展经验，在漫长的传播过程中，文化与语言融合度加深，语言测试与认证逐步规范化，传播形式日益多样化。我国通过不同途径推广汉语文化的时间较短，也存在很多问题。因此，国家以及各大推广机构要积极行动，立足国内，重视语言政策规划、尊重世界文化、努力寻求认同，同时注重"三教"涵养，发展语言文化产业，在当今国际推广背景和趋势下，制定实施汉语文化国际传播的新模式。

---

① 张欣怡. 中华文化产品出口的现状、问题与对策研究. 云南社会科学, 2015 (4).

# 参考文献

［1］MCRAE K D. The principle of territoriality and the principle of personality in multilingual states. International journal of the sociology of language, 1975（4）.

［2］蔡燕．新媒体环境下的语言国际传播研究．山东社会科学, 2015（10）.

［3］曹叠峰．各国语言推广机构运营模式和决策机制比较分析．湖南师范大学社会科学学报, 2014（1）.

［4］陈永莉．汉语国际传播的制度建设问题．暨南学报（哲学社会科学版）, 2009（1）.

［5］程曼丽．论我国软实力提升中的大众传播策略．对外大传播, 2006（10）.

［6］董海樱.16 世纪至 19 世纪初西人汉语研究．北京：商务印书馆, 2011.

［7］董于雯．汉语国际推广的意义和策略．教育理论与实践, 2013（33）.

［8］范常喜, 杨峥琳, 陈楠, 卢达威．国际汉语教材发展概况考察——基于"全球汉语教材库"的统计分析．国际汉语, 2012（2）.

［9］郭熙．汉语的国际地位与国际传播．渤海大学学报（哲学社会科学版）, 2006（11）.

［10］郭熙．华语传播和传承：现状和困境．世界华文教育, 2013（1）.

［11］贾益民．华侨华人研究报告（2015）．北京：社会科学文献出版社, 2015.

［12］贾益民．海外华文教学的相关问题．语言文字应用, 2007（3）.

［13］姜红．论汉语国际推广的经济价值．华东经济管理, 2009（6）.

［14］李洁麟．传播学视野下的汉语国际传播．新闻爱好者, 2013（2）.

［15］李黎明．传播学概论．武汉：武汉大学出版社, 2011.

［16］李红宇，倪小恒，李晶．语言传播规律的数量化研究及其对汉语国际推广的意义．云南师范大学学报（对外汉语教学与研究版），2011（4）．

［17］李建军．实现中国语言文化传播的六大转变．中南民族大学学报（人文社会科学版），2014（6）．

［18］李清清．英语和法语国际传播对比研究．北京：北京外国语大学，2014．

［19］李泉．文化内容呈现方式与呈现心态．世界汉语教学，2011（3）．

［20］李泉．国际汉语教学：学科与事业∥汉语应用语言学学科建设与发展高峰论坛．北京语言大学，2012．

［21］李宇明．什么力量在推动语言传播．汉语国际传播研究，2011（2）．

［22］李宇明．信息时代的中国语言问题．语言文字应用，2003（1）．

［23］李智．文化外交：一种传播学的解读．北京：北京大学出版社，2005．

［24］林秀琴．汉语教师志愿者在汉语国际传播中的作用及相关思考．前沿，2013（19）．

［25］刘珣．汉语教学大发展形势下学科建设的断想．国外汉语教学动态，2004（2）．

［26］卢德平．汉语国际传播的理论维度．语言战略研究，2016（4）．

［27］卢德平．汉语国际传播的推拉因素：一个框架性思考．新疆师范大学学报（哲学社会科学版），2016（1）．

［28］卢德平．汉语国际传播的真相与假象．社会科学报，2016（5）．

［29］陆俭明．对汉语教学要有这样的认识．语言战略研究，2016（2）．

［30］陆俭明．汉语国际传播中的几个问题．华文教学与研究，2013（3）．

［31］吕振梁．中国历史讲稿．北京：人民出版社，1984．

［32］骆峰．汉语国际传播的性质、体系和模式．汉语国际传播研究，2013（1）．

［33］宁继鸣．汉语国际推广：关于孔子学院的经济学分析与建议．济南：山东大学，2006．

［34］齐涛．中国古代经济史．济南：山东大学出版社，2011．

［35］沈玲．海外汉语教育与国家文化软实力的建构．南京社会科学，2011（9）．

［36］孙晓明．汉语国际传播与语言标准研究．民族教育研究，2013（3）．

［37］吴建民．公共外交札记：把握世界的脉搏．北京：中国人民大学出版社，2012．

［38］吴应辉．国际汉语教学学科建设及汉语国际传播研究探讨．语

言文字应用，2010（3）.

［39］吴应辉．汉语国际传播事业新常态特征及发展思考．语言文字应用，2015（4）.

［40］吴应辉．汉语国际传播研究理论与方法．北京：中央民族大学出版社，2012.

［41］吴应辉．加强研究，指导实践，让汉语又好又快地走向世界——汉语国际传播笔谈前言．云南师范大学学报（对外汉语教学与研究版），2007（5）.

［42］吴应辉．让汉语成为一门全球性语言——全球性语言特征探讨与汉语国际传播的远景目标．汉语国际传播研究，2014（2）.

［43］吴思科．文明对话与交流是公共外交的核心内容．公共外交季刊，2011（1）.

［44］王华．海外华文报刊的历史与现状研究．长春师范学院学报（自然科学版），2013（2）.

［45］王建勤．"一带一路"与汉语传播：历史思考、现实机遇与战略规划．语言战略研究，2016（2）.

［46］王建勤，等．全球文化竞争背景下的汉语国际传播研究．北京：商务印书馆，2015.

［47］王祖嫘，吴应辉．汉语国际传播发展报告（2011—2014）．新疆师范大学学报（哲学社会科学版），2015（4）.

［48］徐贲．语言纯洁主义的庸人自扰．上海采风，2012（11）.

［49］徐守磊．从国际比较视角看汉语国际推广拨款机制．比较教育研究，2010（11）.

［50］杨国章．文化教学的思考与文化教材的设计．世界汉语教学，1991（4）.

［51］严晓鹏．孔子学院与华文学校发展比较研究．杭州：浙江大学出版社，2014.

［52］严晓鹏，孙将文．政府在孔子学院与华文学校发展中的作用比较——基于新公共服务理论视野．云南师范大学学报（对外汉语教学与研究版），2015（4）.

［53］央青．泰国汉语快速传播对其它国家顶层设计的启示．西南民族大学学报（人文社会科学版），2012（2）.

［54］张西平．中华文化走出去年度研究报告．北京：北京大学出版社，2016.

［55］张西平．世界汉语教育史．北京：商务印书馆，2009.

［56］张西平．世界主要国家语言推广政策概览．北京：外语教学与

研究出版社，2008．

　　［57］张西平．加强汉语国际传播理论的研究——《汉语国际传播研究理论与方法》评介．汉语国际教育，2013（1）．

　　［58］张西平．简论孔子学院的软实力功能．世界汉语教学，2007（3）．

　　［59］张欣怡．中华文化产品出口的现状、问题与对策研究．云南社会科学，2015（4）．

　　［60］张晓曼，谢叔咏．传播学视域下汉语国际教育受众分析．山东大学学报（哲学社会科学版），2016（2）．

　　［61］赵启正．跨国对话：公共外交的智慧．北京：新世界出版社，2012．

　　［62］赵世举．语言与国家．北京：商务印书馆，2015．